Unlocking Creativity

How To Solve Any Problem And Make The Best Decisions
By Shifting Creative Mindsets

チームの創造力を解き放つ最強の戦略

マイケル・A・ロベルト 著
Michael A. Roberto
花塚 恵 訳

東 洋 経 済 新 報 社

幼少期に私の好奇心と創造力をかき立ててくれた
すべての先生に捧げる。

とりわけ小学生のときに出会ったクリスティン先生は、
子供のことをいちばんに考え、
教育に身を捧げる最高の先生だった。

UNLOCKING CREATIVITY:
How to Solve Any Problem and
Make the Best Decisions by Shifting Creative Mindsets
By Michael A. Roberto

日本の読者のみなさんへ

Introduction to Japanese Version of *Unlocking Creativity*

私は光栄にも、東京にある野村マネジメント・スクールが提供するトップのための経営戦略講座で16年にわたって講師を務めてきました。これまでに受講された大手日本企業の経営幹部の数は１０００人を上回ります。私のようなアメリカのビジネススクールの教授にとって、業界を牽引する日本企業で働く人々の前で教鞭をとれる機会は実に貴重です。なにしろ講座の受講者は、熾烈な競争市場が抱える課題、破壊的なイノベーションの脅威、停滞する経済成長といったものと対峙している方ばかりなので、こちらにも多くの学びがあります。本書は、そうした課題の解決に挑む人々、とりわけ、社内に成長とイノベーションを促したい人々の力になりたいという思いから生まれました。

日本でもアメリカでも、多くの大企業が成長の危機に瀕しています。扱う商品の大半がすでに成熟しているため、そうした企業が有機的成長を成し遂げるのは至難の業です。加えて、破壊的なイノベーターが業界に参入し、市場のシェアを奪っています。こうした状況から、これまでにない発想で商品やサービスを生み出して、売上を再び盛り返したいと多くの企業が願っています。しかし、クリエイティブな発想や、オリジナリティのあるアイデアの生み出し方、アイデアを実行に移すやり方に対し、不満を抱えているリーダーが多いのもまた事実です。

「創造力」の話になると、「箱の外に出て考えられる人材がほしい」「社員には常識に挑んでもらいたい」といった正論をよく耳にします。ですが、その言葉どおりに行動する経営幹部はほとんどいません。実際に現状に疑問を呈する社員が現れれば、「なぜ波風を立てるのか？」「なぜわれわれのやり方を素直に受け入れられないのか？」と心のなかで思う。要するに、口では創造力を求めても、本当のところは迎合と統制を求めているのです。社員を規則に従わせ、社内で当たり前になっている手順や慣例を守らせ、経営陣が掲げる優先事項に同意させたいというのが本音で、会社としての常識ややり方に異を唱えそうな人材は厄介に感じています。こうした感情は、リーダーとしての権威が弱まることへの恐れからくるのでしょう。

日本には、社内の創造力やイノベーションを刺激して後押ししたいと思っている経営幹部が大勢います。みな、世界でトップクラスのイノベーション企業の何が特別なのかを知りたいと考えていて、そういう人たちは、アマゾン、アディダス、ザラ、イケア、ネットフリックス、セールスフォースといった、業界を牽引する海外企業をよく引き合いに出します。私が研究したさまざまな組織を思い返してみると、売上を大きく伸ばすことに貢献した大胆で独自性の強いアイデアを経営陣が思いついたというケースはほとんどありません。では、経営陣は何をしたのか。才能あるクリエイティブな社員が、立場に関係なくその能力を発揮できる環境を整えたのです。つまり、社員が新製品や新サービスに関するアイデアを考案し実行に移すうえで、支障をきたすものを取り除いたというわけです。

あなたの会社にはイノベーティブな人材がすでにいる

日本の経営幹部のみなさんに伝えたいことはシンプルです。あなたの会社には、画期的なイノベーションを実現できる才能を持つ人材がすでに揃っています。才能も、調査・開発の力も、トップクラスのグローバル企業に引けを取りません。ですから、やるべきことはただひとつ。社員の才能を解放することに全力を注ぐのです。そのためには、才能あふれる社員たちを抑え込んでいる社内文化や障壁となっている構造を見つけ出し、そういうものから彼らを守ってやる必要があります。

　会社のリーダーとしてなすべきことは、アイデアが生まれる道筋を示すことであり、次にくるビッグアイデアを自ら生み出すことではないのです。アイデアは、社内のどこから生まれてもおかしくありません。実際、重要なトレンドやチャンスに真っ先に気づくのは、顧客やテクノロジーともっとも身近に接している社員たちです。インテルのCEOを長きにわたって務めたアンディ・グローブは、リーダーは組織の「中心部」たる本社の会議室で膨大な時間を過ごすが、将来的に脅威となるものやチャンスとなるものを目ざとく指摘するのは、往々にして現場で働く社員であると気づいた、といいます。現場で働く人たちは、顧客、サプライヤー、競合他社と日常的にかかわるなかで、そうした発見をします。ですから、彼らの考えていることや才能に触れ、それらを活用することがリーダーには不可欠なのです。

日本をはじめとする世界のさまざまな国の組織において、創造力を抑えつけているものは何だと思いますか？　こう尋ねるとたいていの人は、階級分けされた組織構造、官僚化した社内文化、短期的に必要となる資金面での締めつけ、リソース配分を牛耳る主力事業といった、よく耳にするものを並べ立てます。ある経営者が言っていたように、「大きな企業は下の立場の者を犠牲にする」ことは事実です。たしかに、主力事業が利益のほとんどを生み出し、投資資金の大半がそれに注ぎ込まれている状況では、新しいアイデアはなかなか生まれません。顧客ニーズに関する前提や、自社のビジネスモデルに関する前提が深く頭に刻み込まれていると、上層部の思考はどうしてもそうした前提にとらわれてしまいます。

ですが、私の調査では、そうしたよく問題にされる障壁以上に創造力を阻害していると思われるものがあることが判明しました。実は、社内に定着している特定の思い込みのせいで、創造力が抑え込まれている組織が多いのです。

そういう思い込みは、「独創的なアイデアはこうやって生まれるもの」「そのアイデアはこう評価されるもの」といった共通認識が社内に広く浸透することで生まれます。では、その思い込みとは具体的にはどのようなもので、創造力を阻む障壁を壊すにはどうすればいいのか。それを本書で詳しく説明します。具体的には、創造的なアイデアの生まれ方に対するこれまでの考え方を変え、新しいアイデアが提示されたときの質問の仕方を変える必要があります。アイデアがうまくいかない理由探しはもうやめましょう。これからは、顧客や投資家のためにも、大胆で型破りなアイデアを現実にして成長させるにはどうすればいいかを想像するのです。ときには反抗的な意見を社内で募り、社内や業界で常識となっていることに異を唱えやすい環境を整える必要もあります。

計画の立て方を見直す

社内の創造力を解放するためにはまず、戦略的な計画の立て方を見直す必要があります。詳しくは本書で説明しますが、この過程で創造力が阻害されることが多いのです。理由はいくつかあります。ひとつは、非常に直線的にものごとを進めようとすること。企業の多くは、調査をして状況を分析し、計画を立て、それを実行に移します。ですが、真に画期的なアイデアがそういう過程のなかで生まれることはほぼありません。そういうアイデアが生まれるには、ある程度の試作や実験、試行錯誤が必要です。アイデアを形にして、顧客から何度もフィードバックをもらうのです。社内でもっとイノベーションが生まれてほしいと思っているなら、小さい規模で安くすむ実験をスピーディに何度も行う仕組みを整えたほうがいいでしょう。とはいえ、実験段階で苦戦することは十分に考えられます。テストや実験は、アイデアの妥当性を実証するためのものではなく、あくまでも改善できるところを素早く見つけるための手段だと思ってください。

人は、自分で完璧だと思えない限り、頭のなかにあるアイデアをまわりに伝えようとしません。ピクサー・アニメーション・スタジオの社長を退いたエド・キャットムルは、「アイデアがまだ不格好で不完全な、むしろ少々見苦しいくらいのときにまわりに意見を尋ねると、創造力が花開く」と述べています。要するに、多くの企業は一般に、調査と計画立案に時間をかけることを優先し、大きな見返りが期待できると見込んだ少数の大きな賭けに出ることばかり考えますが、創造性の高い組織は、小さな賭けをたくさん試みつつ、早い段階から、さまざまな関係者の意見にもとづいて修正と改善を繰り返しているのです。

戦略的な計画の立て方を見直すときは、競合を調査して基準を設けることについても考えを改める必要があります。日本の企業の多くは、ライバル社がどのようにビジネスを行い、彼らのベストプラクティスは何かを調べることに多大な時間とリソースをつぎ込みます。主要ライバル社が力を注ぐ開発に後れをとるまいと時間を費やすのは自然なことです。ですが私の調べでは、ライバルを基準とし、それに遅れをとらないようにすると、イノベーションではなく模倣を招く結果に終わることが多いと判明しました。革新的なことどころか、気づけば他社のまねをしているのです。企業が互いを互いの基準とすれば、業界全体に群衆行動が広がり、どの企業の戦略も似通ったものとなって収益が減少します。

思ったことを言えない環境ではないか？

そして何といっても、率直にものを言える環境を社内に育むことが欠かせません。ありとあらゆるレベルの人材が、安心して自分のアイデアを話せる環境を整えるのです。エイビスレンタカーのCEOを務めたバリー・ランドは、「イエスマンが部下にひとりいれば、自分自身のなかのひとりがお役御免になる」と言っていました。自身の姓を冠したチューイングガム企業のCEOを長きにわたって務めたウィリアム・リグレー・ジュニアは、同じイエスマンを少々違う視点からとらえ、次のように述べています。「生まれついてのイエスマンも多少はいるだろうが、ほとんどはつくられる。不安が彼らを次々に生み出すのだ」

要するに、社員のなかに、生まれつき勇気がない人やおべっか使いになりたい人はほとんどいないということです。しかしながら、ときとして、怖くて思ったことを口にできないと社員に感じさせる環境や文化が生まれてしまいます。そうすると、才能ある人々の頭のなかにある、大胆で画期的なアイデアを耳にすることは絶対にかないません。そういう人たちが自由にアイデアを共有し、それをよりよくすることにつながる生産的な対話に専念できる環境を整える。これはリーダーという立場にある人が取り組むべき課題です。この課題を担う日本の読者のみなさんが、社内の創造力を解き放てるようになることを心から願っています。

マイケル・A・ロベルト
ブライアント大学経営学教授（アメリカ）
野村マネジメント・スクール講師（日本）

はじめに

Preface

1979年9月11日火曜日。午後8時になると、私は家族と一緒にリビングにあるシルヴァニア製のコンソール型テレビの前に座った。数日前にスーパーマーケットで買ってきた『TVガイド』で、この秋から始まる新番組をチェックする。その日の選択肢は3つ。CBSは新ドラマ「カリフォルニア・フィーバー」。ありがちなティーンドラマで、のちに10話で打ち切りとなった。NBCでは、クロード・エイキンス主演のドタバタ冒険活劇「保安官ロボの災難」が初お目見えした。[1] 数年後、このドラマは『TVガイド』で史上最悪のテレビ番組50に選出されている。[2] 我が家はどちらの番組にも見向きもしなかった。火曜日の夜に観るテレビは決まっている。9歳の少年だった私は、高校生の青春を描いたドラマ「ハッピーデイズ」に出てくる、アーサー・フォンザレリやリッチー・カニンガムたちに夢中だった。もちろん、選択肢がほかになかったというのもある。ともあれ、まともな人ならこれ以外の2番組を観ようと思うわけがない。

ほどなくして、両親が「ケーブルテレビ」という新サービスに加入した。作業員がリビングにセットトップボックスを設置しにきた記憶がある。それからは、テレビの前面にあるつまみを回す代わりに、ボックスについている12のボタンを押してチャンネルを変えることになった。なんと、３つしかなかった選択肢が12に増えたではないか！　それでもやはり、チャンネルを変えたいときはソファーから立ち上がらないといけなかったが。

12番目のボタンはＥＳＰＮで、私のお気に入りのチャンネルとなった。近所でこのチャンネルのことを知っている人はいなかった。ＥＳＰＮは、スポーツに関連する番組を24時間放送すると謳っていた。といっても、ロデオ、ビリヤード、オーストラリアンフットボール、そして大学生の試合がかなりの割合を占めた（おまけにしょっちゅう音が遅れて聴こえた！）。当時のＥＳＰＮは、主要なスポーツの放映権を持っていなかったのだ。私は友人と一緒に毎朝のように「スポーツセンター」を観るのが楽しみだった。これは前日に行われたさまざまな試合のハイライトを見せるスポーツニュース番組で、ボブ・リー、ジョージ・グランデ、トム・ミーズ、クリス・バーマンがキャスターを務めていた。

ここで18年後に飛ぼう。ケーブルテレビは大きく成長し、チャンネル数も増えた。ＥＳＰＮはディズニーに買収され、７０００万以上のアメリカの家庭で放送されるようになった。[3] だがこの１９９７年に、テレビ放送業界の勢力図を変える重要な出来事が３つ起こる。まず、ＨＢＯが初のオリジナルドラマ（「OZ／オズ」）を放送し、その後も「ザ・ソプラノズ」など画期的で高い評価を得たドラマが続いた。[4] それから、リード・ヘイスティングスとマーク・ランドルフがカリフォルニアのスコッツバレーでネットフリックスを創業した。この新会社は、メールでＤＶＤがレンタルできるサービスを提供した。[5] そしてシリコンバレーでは、ともに起業家で友人のジム・バートンとマイク・ラムジーがティーボを創業した。彼らが開発したデジタルビデオレコーダーの誕生により、テレビ番組の録画、視聴番組の一時停止、ＣＭのスキップが簡単にできるようになった。[6]

いまのテレビ放送業界は、すっかり様変わりした。この20年で、ネットワークテレビ放送の視聴率は大幅に低下した。ネットフリックスとＨｕｌｕ（フールー）のアメリカでの契約者数は、合わせると約７５００万になる。[7] ケーブルテレビとの契約を解除するいわゆるコードカッティングが全国的に広がり、その余波を受けたＥＳＰＮはこの7年で１６００万の契約を失った。その年間損失額は10億ドルを上回る。[8]

いまの我が家には、上質な番組の選択肢が驚くほどたくさんある。ほんの15年前でも１８２番組から選べたが、いまや約５００のオリジナル制作番組から選ぶことができる。[9] うちの子供たちなら、ネットフリックスやアマゾンのオリジナル番組の新シーズンが配信されれば、数日でイッキ見してしまうだろうし、「フレンズ」や「ジ・オフィス」など過去の名作ドラマをシーズンごとに観ることもある。妻と私は、最近お気に入りの新ドラマ「ザ・クラウン」をイッキ見しつつ、そのとき視聴できない番組を録画したりする。このように、消費者の視聴習慣は劇的に変わった。にもかかわらず、テレビ局の主な連続ドラマのほとんどが、いまだに9月から週に1話ずつ放送し、5月に最終回を迎えるという形式のままだ。現状維持にもほどがある。

２０１７年のエミー賞候補作を見ると、いかに新規参入者が上質で独創的な番組を制作しているかがよくわかる。コメディ部門ではＡＢＣから2番組がノミネートされたものの、それ以外はすべて、ＨＢＯ、ネットフリックス、ＦＸ（ＦＯＸ傘下の有料テレビ局）の作品だった。ドラマ部門にネットワークテレビ局からノミネートされたのは1作品のみで（ＮＢＣの「ＴＨＩＳ ＩＳ ＵＳ 36歳、これから」）、ネットフリックス、Ｈｕｌｕ、ＨＢＯ、ＡＭＣがほかの6作品を占めた。[10] ドラマ部門でエミー賞を最後に受賞したネットワークテレビ局制作ドラマはＦＯＸの「24」で、12年前にさかのぼる。[11]

私が生きているあいだに起きたテレビの変遷から、興味深い疑問が頭に浮かんだ。ひとつは、新たに台頭した企業はどうやってそれほど独創性の高いコンテンツを生み出し、新たなビジネスモデルを構築したのか？　そしてもうひとつは、従来のテレビ局がいまの流れに適応できない理由はどこにあるのか？　従来のテレビ局に創造力が足りないはずがない。ならば、新しいビジネスモデルへの適応を妨げているものは何で、ネットフリックスやＨＢＯなどと競合できる上質で独創的なコンテンツを生み出せずにいる原因は何なのか？

こうした疑問は、さまざまな業界や状況に当てはめることができる。差し迫った問題を創造力で解決したいという欲求は、当然ながらテレビ放送業界に限った話ではない。ＣＥＯを対象に実施された調査では、今後リーダーシップに不可欠な資質のひとつとして、業界を問わず多くのＣＥＯが「創造力」をあげている。[12] いまは、多くの企業が成長の危機に直面している。別の言い方をすれば、これまで満たされていなかった消費者ニーズを満たす独自の製品やサービスをウリにした新しいビジネスモデルを掲げる新規参入者に対して、業界を破壊されていると感じている。そういう苦労を抱えている既存の企業は、創造的な解決策を見つけるのに必死だ。いま適応しなければ、彼らは滅ぶしかない。

７年前、私は大学の同僚とともにこの難題について考えた末、私たちが教える学生の創造力を高める必要があるとの結論に至った。職場の変化や激動する環境に、彼らをもっと備えさせる必要がある。創造力は不変ではなく育める、というのが私たちの考え方だ。そして、ブライアント大学にＩＤＥＡという３日間の集中プログラムをつくった。新入生は全員このプログラムに参加し、ここでデザイン思考の進め方や、多くの企業で採用されている創造力を使った問題解決を体験してもらう。ほんの数日のうちに、厄介な問題を解決に導く画期的なアイデアを生み出せるようになる学生の姿には、本当に驚かされる。このプログラムを受けると、爽快な気分と刺激の両方を得られるようだ。

この独自のプログラムを７年にわたって改良しながら提供する一方で、私は世界中の企業の創造力についても調査した。すると、残念なことに創造力を阻害するものがたくさん見つかった。幹部クラスのリーダーたちは、これまで以上に創造的なアイデアが必要であり求められていると繰り返し口にするが、独自のアイデアや策を提示した社員は、苛立ちや失望を味わわされているように思う。そういったことを目の当たりにし、私はこの本を書くと決めた。創造力を阻むものについて、もっと深く理解したいと考えたのだ。

組織が創造的なアイデアを十分に生み出せない理由については、すでに多くの説明がある。才能の不足もそのひとつだ。これはつまり、古くからある既存の企業は、創造性に富んだ人材をひきつけてとどめるための努力が十分でないと言っているのと同じだ。また、組織構造を原因にあげる人は、上下関係や形式を重視する仕組みが多くの企業で創造力を阻害していると訴える。ほかにも、ウォール街が発表する利益予測に対するプレッシャーや、場当たり的な報奨や補償の導入を原因とする説もある。いずれも一理あるが、それらがすべてではない。

本書ではもっと根本的な原因について見ていく。具体的には、「組織に蔓延している思い込み」についてだ。独創的なアイデアが生まれることについてどう思い、そのアイデアをどう判断し、そのアイデアにどう対処するかを決定づける体系的な考え方にはいろいろある。ここでいう「思い込み」は、創造力の邪魔をする体系的な考え方のことを指す。この種の思い込みは浸透しやすく、社内の隅々まで行き渡る。一部の個人の頭にだけ住みつくというものではない。そしてそうした思い込みによって、新しいものはどのような流れで生まれるのか、創造の原動力となる要素は何か、創造的なアイデアはどう評価すべきか、といったことについて胸の内でどう思い、どういう態度をとるかが決まる。

社内でリーダーという立場にある人は、その役割の大きさに関係なく、誰もが創造力を促進する考え方へと改めなければならない。「優秀な」人材を探し求めることがすべてだと思わずに、すでに社内に存在する、才能ある人材の創造力を阻害するものを取り除く必要がある。優秀なリーダーは、会社が抱える重要な問題の解決策を自分では生み出せないかもしれないと知っている。だから、まわりにいる社員の知識を集め、彼らの創造力を解放することに努める。社員を支援する環境を整え、創造力を阻む障害を取り除くことを、自分の責務として受け入れる。そういうリーダーたちの、創造力を発揮できる会社にするというミッションをまっとうするために、本書を役立ててほしい。本文で紹介する６つの思い込みを読んで、それらが会社組織の考え方や行動にどんな影響を与えているのか考えてみてほしい。

　立場や権限がどういうものであれ、社内にはびこる思い込みを変えるためにできることは必ずある。ただし、ひとりで変えることは不可能だ。正式な肩書きのあるなしにかかわらず、部下がいる人やとりまとめの責任を抱えている人はすべて、この重要な任務に参加していただきたい。

目次 contents

第4章 予測に関する思い込み
The Prediction Mindset

第5章 構造に関する思い込み
The Structural Mindset

第6章 集中に関する思い込み

The Focus Mindset

第7章 反論に関する思い込み

The Naysayer Mindset

注記にあるＵＲＬについては原書通りに記載している。

Unlocking Creativity

チームの創造力を解き放つ最強の戦略

第1章 The Resistance to New Ideas

新しいアイデアへの抵抗

——新しいアイデアを考案することより、
古いアイデアから抜け出すことのほうがよほど難しい。

ジョン・メイナード・ケインズ（経済学者）

１８６３年5月15日。パリで開かれた展覧会に、40歳のエドゥアール・マネが描いた『水浴』という衝撃的な作品が展示されると、多くの批評家から厳しい意見があがった。たとえばこんな具合だ。

・けばけばしい色彩がノコギリのように目を貫く。人物は型で抜いたようであり、こわばっていて滑らかさが微塵もない。熟すことのない青い果実の受け入れがたさがすべて揃っている。[1]

・若輩者の悪ふざけ。こちらが恥ずかしくなる痛々しさであり、このような形で展示する価値はない。[2]

・バカげた作品。[3]

物議を醸したマネの作品には、森のなかでくつろぐ立派な身なりをしたふたりの男性のそばに、全裸で座る女性の姿が描かれていた。女性の脇には彼女が脱いだ青いドレスと麦わら帽子、それにピクニック用のバスケットやパンがあり、奥では別の女性が川に入って水浴びをしている。公序良俗に反するのは明らかだ。マネが描いた裸の女性は、伝統にのっとった多くの画家が描いたような神話の一場面に登場する裸の女神ではない。どう見ても当時のパリに暮らす女性だ。パリ西部のブローニュの森で客をとる娼婦を描いたのではないか、という声もあった。マネの絵は、展覧会にきた人たちからひんしゅくを買い、バカにされた。ある人は、マネの絵は「本気の非難の声を浴びた」と評した。[4] 別の批評家は、「これほど物笑いにされるのにふさわしい作品は見たことがない」と述べた。[5]

マネの『水浴』（のちに『草上の昼食』と改められた）が非難にさらされたのは、パリの低俗な一面を描いたことだけが理由ではない。その画風が、従来のしきたりや伝統に異を唱えるものでもあったからだ。マネのアプローチはかなり大胆で、むしろ過激だと多くの人からみなされた。彼は正確に細部をとらえようとしていない。これについて、作家のロス・キングは次のように書いている。「（マネは）写実的に自然を描写するつもりも、主題を屋外にふさわしい姿に描くつもりもなかった」[6]。『水浴』は、「スケッチのような輪郭線」で描かれ、「描き方が荒い」と受け止められた[7]。何週間、場合によっては何カ月もかけて塗り重ねていく技法を使うことも、完成した絵の表面に透明な顔料も塗ることもしていない。マネは、大胆な筆使いをもって一度で描写するという技法をいち早く用いた。微妙な色合いではなく鮮やかな色彩の対比が特徴的で、遠近法も正確ではない[8]。この急進的な新しい画風は、多くの批評家から拒絶された。彼らが慣れ親しんでいた技法が欠けていたからだ。

サロン・ド・パリが却下した作品のゆくえ

1863年に「もっとも名声を得ている画家」と聞いて多くの人が思い浮かべたのは、ジャン＝ルイ＝エルネスト・メソニエだ[9]。メソニエはマネと違い、当時の大半の画家と同様に、17世紀や18世紀の暮らしの一場面を精緻に描いた。メソニエの作品は懐古の情を誘うもので、馬の背に乗った騎士や、チェス、音楽、絵画、読書といった高尚な趣味をたしなむ男性の姿を描いたものが多い。また、ナポレオンが率いた軍事作戦の有名な場面も好んで描かれた。彼は、史実にもとづいて細部に至るまで正確に描くことに努めた。彼が細心の注意を払って描いたすべ

“マネの急進的な新しい画風は
多くの批評家から拒絶された”

Many critics rejected this radical new style.

てを味わおうと思ったら、拡大鏡が必要になる。批評家はメソニエの器用さに驚嘆した。そうしてメソニエはひと財産を築き、作品に対する高い評価を得た。彼が称賛を受けるなか、マネは「中傷が雨あられのように降り注いでくる」という言葉を残している。[10]

当時のフランスの画家は、サロン・ド・パリの名称で知られる公式な美術展覧会に自分の作品が展示されることを目指していた。この展覧会はシャンゼリゼ通りにあるグラン・パレで毎年開かれ、6週間の開催期間に100万人が押し寄せた。マネは1863年に『水浴』を出品し、審査を通過することを期待した。審査の総責任者に就いていたのはエミリアン・ド・ニューウェルケルク伯爵だ。彼はサロンの審査基準を最高水準に保つことを第一に考えていた。また、歴史と理想主義を主題とするメソニエの作風がお気に入りで、あらゆる階級の人の日常を描く写実主義の流れに否定的だった。新たに登場したそうした急進的な画家たちに対し、ニューウェルケルクは次のように言い放っている。「これは民主主義者の絵だ。そこに描かれているのは、下着を取り替えない男たちだ」[11]

ニューウェルケルクはサロンの審査員を芸術アカデミーの会員に限定した。上流階級の保守派で固めることで、現状維持を図ろうとしたのだ。1863年のサロンに向けて絵を出品した画家はおよそ3000人で、絵の数は5000点にのぼる。4月中旬に審査の結果が発表された。審査を通過したのは、988人の画家による2217点の絵画のみだった。マネが出品した『水浴』は、一緒に出したほかの2作品とあわせて選に漏れた。マネと同じく落選となった画家には、ギュスターヴ・クールベ、ピエール＝オーギュスト・ルノワール、カミーユ・ピサロ、ポール・セザンヌ、ジェームズ・アボット・マクニール・ホイッスラーもいた。多くの落選者を出したことで論争が巻き起こると、ナポレオン皇帝が腰を上げ、社会に混乱が生じ、不満が生まれていることを考慮して、審査に落ちた作品を集めて別に展覧会を開くことを決めた。この展覧会は落選展と呼ばれるようになり、一日に１０００人以上の来場者を集めた。だが、その多くが落選した絵を嘲笑した。マネが『水浴』を出品すると、それを描いたマネまでもがあざけりを受け、愚弄された。

非難の雨が降り注ぐ一方で、サロン・ド・パリが認めた作品と却下した作品を鋭く比較した人も何人かいた。彼らは、絵に対する見方が変わりはじめたことを感じ取っていた。著名なジャーナリストで美術批評家でもあったテオフィール・トレは、「保守派と革新派、伝統とオリジナリティ」という対比を用いている。[12] 多方面から責められるなか、若きアーティストたちは、新たな試みを通じて新境地を切り開きたいという思いを分かちあうことを慰めとしていた。マネはこの新たな世代のリーダー的存在となり、パリのカフェ・ゲルボワで、エドガー・ドガ、クロード・モネ、ルノワール、ピサロといった革新的な画家たちと定期的に集まった。日曜日と木曜日に意見をぶつけあって議論しアイデアを共有する彼らは、いつしかバティニョール派と呼ばれるようになった。

サロン・ド・パリの騒動から10年後、モネ、ルノワール、ピサロ、ドガが中心となって、画家、彫刻家、版画家の共同出資会社が設立された。彼らはサロン・ド・パリに作品を出品しないと決め、代わりに独自に展覧会を主催し、誰でも自由に批評できるようにした。モネが『印象・日の出』というタイトルの絵を出品すると、批評家のルイ・ルロワが「印象派の展覧会」というタイトルの記事でその絵を嘲笑した。「印象というタイトルはそのとおりだと思った。私は自分に向かって、印象に残っているのだから、何らかの印象があるはずだとひたすら言い聞かせた。そして気がついた。何と自由で、何とラクな仕事なのか！　つくりはじめたばかりの壁紙のほうが、この海景よりよほど完成している」と彼は書いている。[13]

　この記事をきっかけに、モネら異端の集団が「印象派」と呼ばれるようになると、作品の酷評から生まれた表現であるにもかかわらず、彼ら自身までその名称を使いはじめた。このストーリーの結末はみなさんもご存じのとおりだ。その後、マネは「近代美術の父」と呼ばれるようになり、印象派の登場は美術史におけるもっとも重要な時代のひとつとしてその地位を確立した。

　マネと印象派のストーリーは意外でも何でもない。この種の話は何度も耳にしたことがある。今日の専門家は明日のクリエイティブな天才を否定する。社会通念、先入観、認知バイアスに邪魔されて、大胆な新しいアイデアのよさに気づくことができないのだ。私たちは専門家を信頼し、賢明な判断、正確な予測、健全なリーダーシップを彼らに期待する。テレビをつければ、経済、政治、社会に関するさまざまな問題に対し、専門家が当たり前に呼ばれて意見を述べて

> “今日の専門家は明日の
> クリエイティブな天才を否定する”
>
> Today’s experts reject tomorrow’s
> creative geniuses.

いる。しかし、専門知識に未来を予見する力があるとは限らないし、特定の知識があるからといって、誰も見たことがないアイデアを評価する力がそうでない人に比べて高いとも限らない。専門知識を持つ人は、飛行機の操縦、心臓外科手術、橋の設計といったことに専念すべきだ。車の修理や骨折した腰の治療なら、新米に任せたいとは思わない。だが、クリエイティビティやイノベーションになると、専門知識はときに負債となる。アメリカに禅を広めた鈴木俊隆もこう述べている。「初学者の頭には多くの可能性が描かれるが、熟練者の頭にはほとんど描かれない」[14]

死後に業績が認められた科学者も

アルフレート・ウェゲナーは、１世紀以上前に地質学の分野に初学者の発想を持ち込んだ。彼の斬新なアイデアはマネの絵画と同じで、すぐには受け入れてもらえなかった。ウェゲナーは１９０４年に天文学の博士号を取得し、その後気象学の研究に専念するようになる。また、異なる大陸でよく似た動物や植物が発見されたことや、海によって分けられた陸塊が補完し合うという地質学的な特徴に興味を抱いた。そうして１９１０年代の初めに大陸移動説を提唱すると、地質学者たちから強い反発が起きた。たとえば、シカゴ大学のローリン・Ｔ・チェンバリンは次のように述べている。「ウェゲナーの仮説は総じて思いつきによるものである。地球のことをかなりねじ曲げてとらえており、対立する理論の大半に比べて、条件による制約や厄介で不快な事実を真摯に受け止めていない」[15]。ウェゲナーの考えが科学者に広く受け入れられるようになったのは、彼が亡くなったあとのことだ。

チェスター・カールソンは１９３０年代にゼログラフィー（電子写真の製法）を考案したが、多くの会社から出資を断られた。何十年もあとになってから、ゼログラフィーの開発に携わった物理学者のハロルド・クラークは次のように書き残している。

> ゼログラフィーには科学的な根拠がないに等しかった。チェスターは奇妙に思える多くの現象をひとつにまとめた。一つひとつの現象だけを見ると奇異なものでしかなく、それらに関連性を見いだそうと考えた人は過去に誰もいない。だが、彼が関連性を見いだしたことで、写真そのものの誕生以降、画像業界における最大の成果が生まれた[16]。

１９４０年代半ばになってようやく、のちにゼロックスとして知られる企業がカールソンを支援すると決めた。そして１９６５年には、ＸＥＲＯＸ９１４という小型複写機の売上が2億４０００万ドルを超えた。同社の総売上の60％以上を占める金額だ。「ＸＥＲＯＸ（ゼロックス）」は「コピーする」という意味の動詞としても使われるようになった。「グーグル」が「ググる」という動詞的な意味で使われだしたのと同じだ。

１９８０年代に入ると、バリー・マーシャルとロビン・ウォレンが、潰瘍の原因はストレスではなく細菌感染であると主張した。マーシャルは、研究成果を発表する医学カンファレンスの場で成果を初めて公言したときの反応を次のように語っている。

> 消化器を専門とする方々にとって、細菌が潰瘍を引き起こすという意見は、地球は平らであると言っているようなものでした。そのときに、私の論文は簡単には受け入れられないものなのだと気づきました。「科学ならば受け入れられて当然だ」と思うでしょうが、絶対にそうなるとは限りません。私の発想はあまりにも飛躍しすぎていました。[17]

医学界の本流の反応に不満だったマーシャルは、胃潰瘍で苦しんでいる患者の胃からヘリコバクター・ピロリ菌を採取して自ら飲み込んだ。すると、具合が悪くなった。数日のうちに、嘔吐、口臭、胃炎（胃の内壁の炎症）の症状が現れた。そして抗生物質を摂取すると、症状は完全に治まった。それでもやはり、マーシャルとウォレンの説は何年にもわたって受け入れられず、２００５年にようやくこの研究の功績が認められ、ふたりはノーベル生理学・医学賞を受賞した。

「専門家だ」という自覚が罠に

新しいことを始めたばかりのスタートアップ企業に投資したら、莫大な成功を収めて投資家に大金が舞い込んだ、といった話はしょっちゅう耳にする。たとえば、ピーター・ティールが２００４年にフェイスブックに投資した50万ドルは、８年後には10億ドル以上になった。

だが、業界の専門家からことごとく投資を断られている起業家は多い。ジョー・ゲビア、ブライアン・チェスキー、ネイサン・ブレチャージクの３人は、２００８年に起業を決めて資金集めに奔走した。10%のリターンを提示して15万ドル集めることを目標に、シリコンバレーで名を馳せていた投資家７人に接触したところ、５人から断りの手紙が届き、残る２人からは返事すら届かなかった。[18] ９年後、３人が設立したＡｉｒｂｎｂ（エアビーアンドビー）は時価総額３１０億ドルの企業となった。７人のうちの誰かが２００８年の時点で投資していたら、９年後には15万ドルが31億ドルになっていたのだ。Ａｉｒｂｎｂの例はちっとも珍しいケースではない。たとえ世界一優秀なベンチャー投資家であっても、成果をあげられないスタートアップや、莫大な利益を生んだかもしれない取引をものにできないスタートアップに何社も投資している。どんな投資家も、大きな後悔を少なくともひとつは抱えているものだ。

エリン・スコット、ピアン・シュー、ローマン・ルビンスキーが、ＭＩＴ（マサチューセッツ工科大学）のベンチャー支援サービスを活用する６５２のスタートアップに関するデータを調べた。この支援サービスは、スタートアップと経験豊富なメンターを引き合わせることを目的としている。メンターに与えられるのは、スタートアップが抱いているさまざまなアイデアに関するデータのみ。つまり、メンターは創業者に関する情報を手にすることや、その会社で働く人たちと対面することなく、受け取ったデータだけでアイデアを判断しなければならない。スコットの調査チームは、製品の商品化に成功したスタートアップの数を調べた。すると、研究開発に多額のコストがかかる会社の場合は、アイデアに対する評価が高いほど商品化できるチャンスに恵まれていることがわかった。調査チームはさらに、研究開発を専門とするメンターは、そうでないメンターに比べて成功を言い当てる確率が高いかどうかについても調べることにした。対象とするメンターは、研究開発の分野で実際に仕事をした経験がある人、もしくはその分野の博士課程を取得している人に絞った。すると、業界で長く働いたことのあるメンターも、大学院で研究を積んだメンターも、研究開発を重視する分野で成功するスタートアップを言い当てられていないことが明らかになった。[19]

なぜ彼らは、新しいことを生み出す天才に気づかないのか？　これについて、ヴィクター・オッターティを中心とする研究チームが、「体得された独断効果」と呼ぶものの存在を立証した。彼らによると、新しいアイデアの受け止め方には新米と専門家に対する社会通念が大きく関係しているという。オッターティらは次のように説明する。

たとえば、がんについてのセミナーを思い浮かべてみてほしい。そこには「新米」の役割を担う人（医療の素人など）がいて、「専門家」（がんの研究者など）の役割を担う人がいる。世間では、新米には限られた知識しかないという理由から、新米は話に耳を傾けて何ごとも受け入れようとする態度をとるべきだという見方が大勢を占める。一方、専門家には膨大な知識があるので、独断的な態度や強引な姿勢をとる権利があるとされている。独断的な物言いは、「新米」の発言より「専門家」の発言のほうが受け入れられやすい。新米の知識には限りがある等の理由から、彼らには謙虚に話を聞く姿勢をとることが期待されるのだ。[20]

オッターティを中心とするチームは、体得された独断効果を調べるために6つの実験を実施した。とりわけ彼らは、その効果に専門家であるという自覚が及ぼす影響について知りたかった。要するに、その分野に詳しいという自覚さえあれば、たとえ実際にはそうでなくても人は頑なな態度になるのか、ということだ。実験では、参加者に特定の分野に関して専門家もしくは新米のどちらかの自覚を植えつけた。すると、専門家だと自覚した参加者のほうが頑なな態度を見せたという。

具体的にどんな実験をしたかというと、たとえば、政治の歴史に関するテストを被験者に受けさせた（「リチャード・ニクソンの最初の副大統領は誰か？」といった選択形式の問題を15問）。ただし、参加

“「自分は専門家だ」と思っている人のほうが頑なな態度を見せた”

The scholars discovered that those who felt as though they were experts tended to act in a more close-minded fashion in subsequent parts of the study.

者の半数には簡単な問題を出題し、残りの半数には難問を出題した。テストを終えると、調査員が参加者にウソの情報を与えた。簡単な問題を出題されたグループには全体の86％より上位の成績だったと、難問を出題されたグループには全体の86％より悪い成績だったと、いずれのグループにもウソの結果を告げたのだ。その後、全員に寛容さを測る認知テストを実施すると、成績がよかったと言われた（専門家であるという自覚を植えつけられた）参加者のほうが、頑な態度をとる傾向にあったという。成績がよかったというのはまったくのデタラメであるにもかかわらずだ！　そうしてオッターティのチームは、自分は専門家であるという自覚が生まれると、人は独断的になりやすいと結論づけた。

　だが何より独断的な考えや頑なな態度が露わになるのは、常識とされてきたことを打ち破る理論がよそ者や新参者から提案されたときではないか。１９６２年、トーマス・クーンが『科学革命の構造』という画期的な本を上梓した。物理学者としてのキャリアを重ねていたクーンは、科学の哲学と歴史にもっとも影響を及ぼす存在となった。彼の主張は次のようなものだった。科学は、段階的に少しずつ積み重ねていくだけでは進歩しない。ときには前に進もうとして、革命的に大きな変化が起こる。そういう切れ目のことを、クーンはパラダイム・シフトと呼んだ。革命が起こると、物議を醸す新しいモデルがその分野の土台を揺るがす。クーンによると、パラダイム・シフトを引き起こすのは新参者であることがほとんどだという。

新たなパラダイムの土台となる発明を成し遂げる人は、非常に若い人か、パラダイムを変える分野に参入したばかりの人のどちらかだといっても過言ではない。わざわざ言う必要もないと思うが、当然ながらそういう人は、通常科学で伝統とされている規則を優先的に守ろうという意識はほとんどない。それどころか、そういう規則をもはや通用しないものとみなし、代わりとなる別の何かを生み出そうとする。[21]

先に紹介したウェゲナーのストーリーは、新参者がこれまでの見方を根底から覆すパラダイム・シフトを引き起こした例のひとつだ。専門家たちが彼の大陸移動説を否定したのは、単純に説に信憑性がないからではなく、その分野を支配しているパラダイムに異を唱えたからだ。もちろん、彼が経験を積んだ地質学者でなかったことも一因にある。畑違いのよそ者は、現状に対して先入観を持たないからこそパラダイム・シフトを起こしやすい。しかし、よそ者という立場とその分野に特化した経験を積んでいないせいで、理論を打ち立ててもなかなか受け入れてもらえない。「天文学と気象学の専門家が、地質学の分野で何世紀にもわたって定説とされてきたことを覆すなど絶対にありえない！」となるのだ。１９１８年にノーベル物理学賞を受賞したマックス・プランクは、科学のパラダイムを覆すことの難しさについて次のように述べている。「新たに判明した科学的な事実は、反対派が納得して事実を理解することで認められるというよりも、反対派がやがて死に、新たな世代が成長してその事実に慣れ親しむから認められ

“パラダイム・シフトを起こすのは
先入観がないよそ者”

Outsiders often drive paradigm shifts
because they do not exhibit a bias toward the status quo.

るのである」[22]

創造力に対するダブルスタンダード

企業で働くクリエイティブな人の多くは、過去に開拓者となったアーティスト、科学者、発明家が経験したのと同じような反発に遭う。専門家が彼らのアイデアを否定し、現状を維持しようとするからだ。技術のスペシャリストが新参者から慣例となっていることに異を唱えられたり、定着しているやり方に疑問を投げかけられたりすれば、頑なな態度になり、新参者は服従を強いられる。こうなるのは、リーダー的立場の人が、新しいアイデアがあっても怖くて発言できない環境を生み出しているせいでもある。会社として、実験を試みることや、リスクをとる行動を後押しする文化を育んでいないのだ。効率性や生産性を重視することが報酬につながり、それらの向上を奨励することが制度化していれば、学習や模索の機会は生まれない。

企業のトップは創造力やイノベーションの必要性をよく口にする。創造力が最優先事項になったと声高に唱える。数年前、巨大テクノロジー企業のＩＢＭが世界の主要企業の経営層を対象にした「グローバル経営層スタディ」を実施した。60カ国33業界のＣＥＯ、ゼネラルマネジャー、公共事業のリーダー１５４１名について調べたところ、将来的な成功のためにもっとも重要となるリーダーシップの資質は何かという問いに対し、対象者の約60％が創造力をあげた

（図1−1参照）[23]。

創造力のことになると、経営陣たちはもっともなことを口にするが、はたして行動は伴っているのか？ ２０１６年、人材育成コンサルティング企業のＯ・Ｃ・タナー・インスティテュートが、５カ国にわたってさまざまな企業で働く３５００名の社員について調査した。するとほとんどの社員が、経営陣によるサポートや、彼らの影響によるモチベーションアップを実感していないことが明らかになった。経営陣がイノベーションを最優先事項にあげるなか、社員のほうは、新しいアイデアの創出を後押しされているとも、そのための時間やリソースがあるとも感じていなかったのだ。調査を実施したＯ・Ｃ・タナーは、経営陣が創造力やイノベーションを強調するほど、多くの社員の心は沈み、「どうせ口ばかりだ」と冷笑するようになるという結論に至った。[24]

図1−1 今後5年でもっとも重要となるリーダーシップの資質トップ3

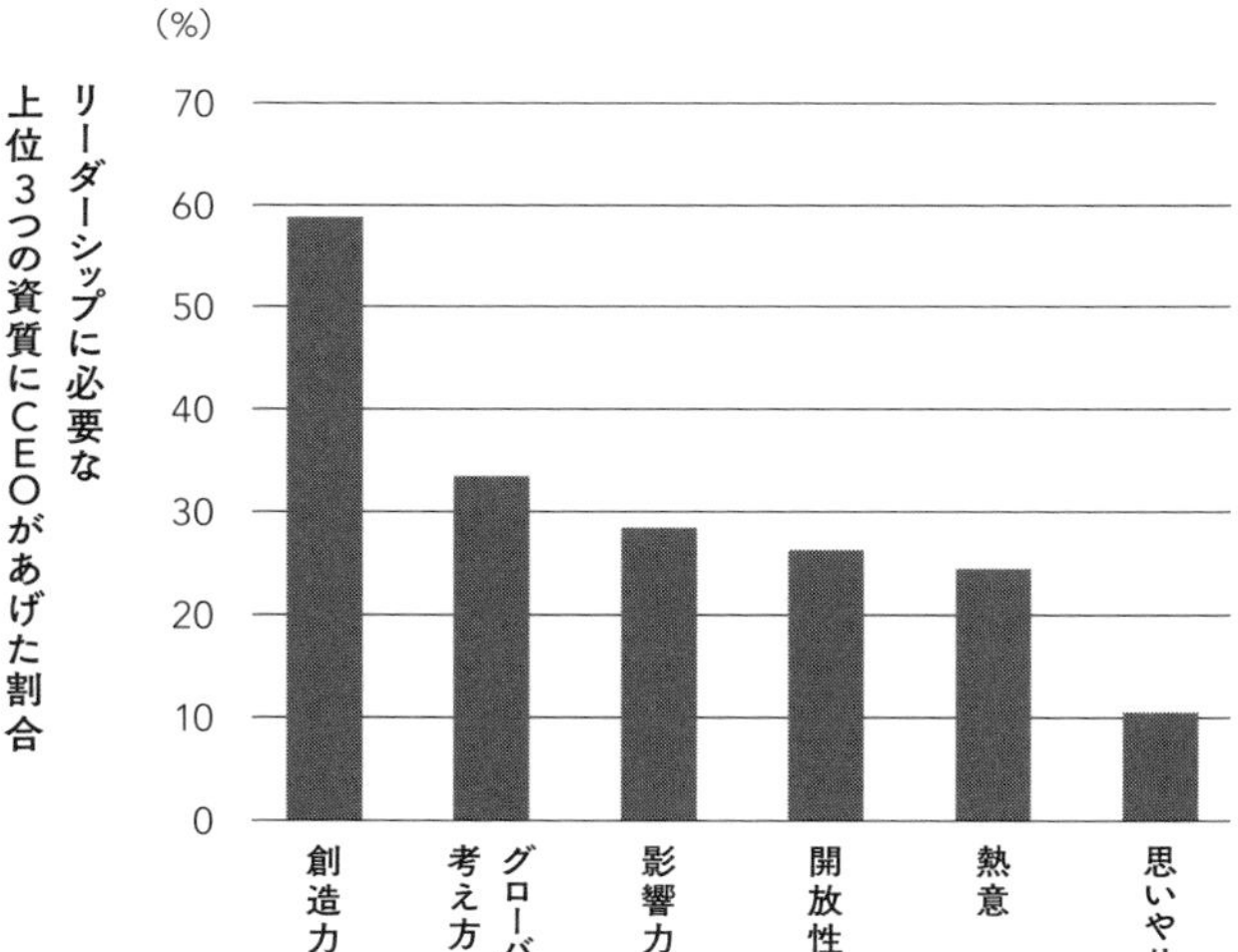

出所：2010 IBM CEO Study[25]

創造力に対する偏見

残念ながら、創造力に対する偏見は社内に広く蔓延している可能性が高い。サンディエゴ大学のジェニファー・ミューラーの研究を紹介しよう。彼女の調査から、人は創造力に対して複雑な感情を抱いていることが見て取れる。ミューラーは、人が創造力を肯定する姿勢を見せるのは、社会の風潮がそうなっているからではないかと考えている。ただし、その姿勢と実際の言動が一致するとは限らない。ミューラーが同僚とともに実験を行ったところ、人は不確実な状況や曖昧な条件を前にすると、創造力より実用性を優先することが明らかになった。おまけに、不確実な状況から脱したいと思っていると、創造的なことを受け入れる力が弱くなる恐れがあるという[26]。

ミューラーの実験では、創造力の発揮を得意とするクリエイティブな人は、リーダーシップの潜在能力について評価されるときに「不利」になる恐れがあることも明らかにされている。彼女たちが行った3つの実験により、クリエイティブな力を発揮するとリーダーシップの潜在能力が低いとみなされる傾向があることが実証されたのだ（カリスマ性の高い人が評価対象になった場合を除く）。

なぜそんなことになるのか？　人はクリエイティブな同僚に対して複雑な感情を抱きやすい、

とミューラーたちは推察する。[27] 彼女によると、クリエイティブな人に対し、「人は『先見の明がある』や『カリスマ性がある』だけでなく、『ひねくれている』『集中力がない』『協調性がない』といった言葉も使う傾向が見受けられる。つまり、クリエイティブな人を肯定する感情だけではなく、好悪両面の感情を抱えているのだ」という。[28] 調査によって大きなジレンマが露わになった格好だ。リーダーの資質に創造力を強く求める一方で、実際に誰かが型破りなアイデアを提案すれば、否定的な反応をとる。つまり、クリエイティブな発想をする人は、変わっていて理解し難いとも周囲から思われているのだ。

創造力に対する偏見が広まっているのは企業だけにとどまらない。学校でも、クリエイティブな発想を見せる生徒はさまざまな形で足を引っ張られる。教師は自分ひとりで考える力や好奇心といった資質が大事だと主張するが、従順な姿勢や協調的な姿勢を褒めることが数々の調査で明らかになっている。[29] 子供の教育について忌憚なく意見を述べることで知られるケン・ロビンソンは、ピカソが残した次の言葉を引用する。「子供のときは誰もがアーティストだ。しかし大きくなるにつれ、アーティストでいつづけることが難しくなる」。ロビンソンは、学校は特定の知性や能力、すなわち従来の学力に関連する能力を特別視する場所だと言いたいのだ。「どの国の公教育を見ても、その目的は大学教授を生み出すことだとしか思えない」[30] と彼は皮肉を言う。加えて、教師や親が、安定した雇用に就ける確率が高いと自分が思う分野へ子供を向かわせようとするケースも多い。いまは、ＳＴＥＭ（科学、技術、工学、数学）と呼ばれる分野が注目

“人はクリエイティブな人に対して
好悪両面の感情を抱えている”

The fact is people don't feel just positively about creative individuals
—— they feel ambivalent about them.

を浴びている。そうした風潮は、工学は学ぶ価値がある重要な科目だが、音楽や美術は重要ではないと子供たちに言っているのと同じではないのか。

人は成長するにつれ、さまざまな態度や考え方を通じて創造力を抑え込むようになる。スタンフォードで創造力について研究するボブ・マッキムが、数年前に考案して実施したエクササイズを見てみよう。マッキムは、エクササイズの参加者（成人）に向かって「隣に座っている人の似顔絵を30秒で描いてください」と告げた。室内にざわめきが起こったことは想像に難くない。この課題を告げられると、たいていの人はそわそわしだす。動揺を隠せないのだ。そして30秒たったら、描いた絵を隣の人に見せるようにと指示される。するとどうなるか？　みな恐る恐る絵を見せはじめる。下手な絵で申し訳ないとしきりに謝る。絵心のなさを恥じているのだ。興味深いことに、子供の反応はまったく違う。同じ課題を子供に与えると、大いに盛り上がった。隣の子に描いた絵を見せるときは、実に誇らしげな態度だったという。[31]

私自身、マッキムの報告を裏づける経験がある。私の10歳になる息子が美術の時間に制作したものを持って帰ってくるときは、いつも顔を輝かせている。でも私は、ブレーンストーミングのときにアイデアを絵で表すようにと言われると、いつもきまりの悪い思いをする。大人になるとなぜそうなるか？　理由はいろいろあるが、周囲からどう思われるか、周囲にどう評価されるかが怖いのだ。どう思われるかを怖がるという頭は、クリエイティブな力を阻害する。こういう怖がる頭やリスクを嫌悪する姿勢が身につくのは、学校に原因があるのではないか。ロ

“「周囲にどう思われるか」と怖がっていると、
クリエイティブになれない”

We fear how others will perceive or judge us.
That mindset of fear impedes our ability to be creative.

ビンソンはそうだと断言する。著名なＳＦ作家で生化学者でもあるアイザック・アシモフが残した次の言葉は、きっと正しかったのだろう。「創造力を受け入れないのが世の中であり、公にクリエイティブなことをしようとするなどもってのほかだ。自分の考えを公にすることすら不安がつきまとう[32]」

いまこそ創造力が必要とされている

だが、いまほど創造力が必要な時代はない。現代社会は、教育、医療、貧困といった解決が必要な厄介な問題を抱えている。ビジネスにおいても、さまざまな業界の一流企業が生き残れるかどうかの瀬戸際に立たされている。たとえば実店舗を展開する従来型の小売企業は、ｅコマース革命に対処しようと必死だ。トイザらス、スポーツオーソリティ、ラジオシャックが経営破綻したのは記憶に新しい。20世紀にもっとも名を馳せた小売企業のひとつであるシアーズも、衰退の一途をたどって２０１８年10月に破綻した。

企業の重役たちが創造力を再優先事項に掲げるのは、成長と立て直しが急務だからだ。いまや、多くの大手企業が停滞の危機に直面している。近年のデータ分析（図1－2参照）を見ると、２０１４年から２０１６年にかけて、フォーチュン５００企業の３分の１以上の売上が減少したことがわかる。そのうち59社は、10％以上の減少を経験した。ただし、同じ期間に１桁台の成長を遂げた企業も多い。[33]

投資家は当然ながら、企業の成長を重視する。アマゾンを例にあげよう。同社は23年の歴史のなかでほとんど利益を生み出していないが、株主へのリターンは莫大だ。株式公開された当初に５０００ドルをアマゾンに投資したとすれば、20年後にその資金は２４０億ドルになっていただろう。[34] こうしたことはアマゾンに限った話ではない。マッキンゼー・アンド・カンパニーが約３０００のソフトウェア企業やオンラインサービス企業の調査を22年にわたって実施したところ、最速で成長を遂げている企業は平均的な企業の５倍のリターンを株主にもたらしていることがわかった。企業の成長が失速するとどうなるか？　長期にわたる低迷や衰退から復活できる企業はほとんどなく、多くの重役が職を失う。リストラや支店等の施設の閉鎖が実施されて社内の士気が下がり、どの立場の社員も何らかの犠牲を強いられ

図１－２　2014～16年におけるフォーチュン500社複合年間成長率分析

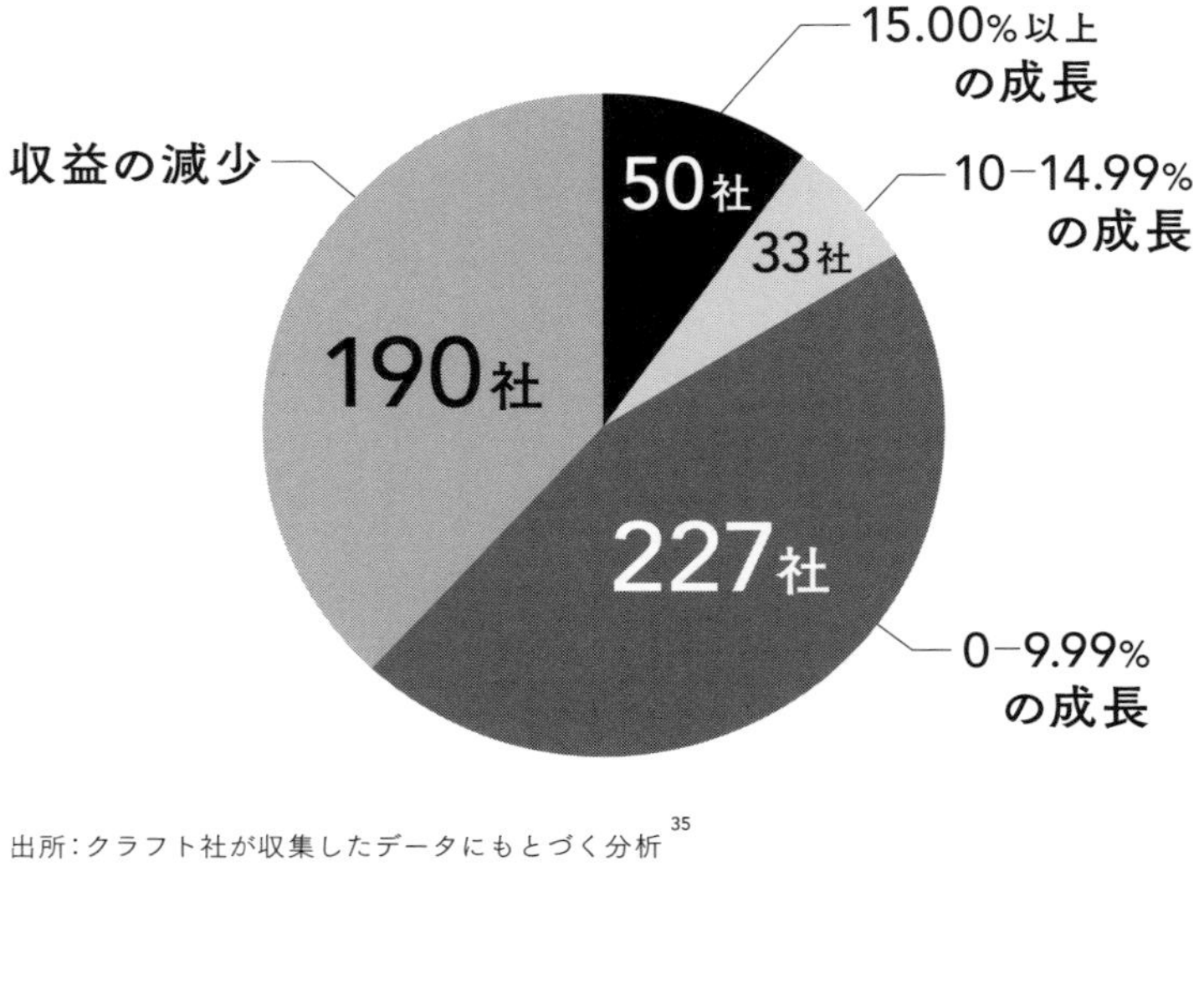

出所：クラフト社が収集したデータにもとづく分析[35]

る。大幅にコストを削減すれば、一時的に収益は回復するだろうが、売上が減少しつづければ結局は生き残れない。[36]

企業は新たな成長の原動力となるものを求めてやまないが、残念ながら優れた新しいアイデアを見つけることはどんどん難しくなっているようだ。ニコラス・ブルームが中心となり、経済全体としての生産性に加えて、半導体、農業、医療といった特定の分野の生産性に関する調査が実施された。すると、驚くような発見や発明は絶えず生まれているが、それはあくまでも、イノベーションに費やす人員とリソースが増えたからだという。一方、研究開発活動の生産性については、この数十年で大きく下がっていることが明らかになった。

1965年、インテルを共同設立したゴードン・ムーアは、集積回路1平方インチあたりに使用されるトランジスタの数がおよそ2年に一度のペースで倍になっていると気づいた。そしてこの傾向はまだ続くと予想し、その予想は数十年にわたって的中した。しかし、半導体技術を継続的に進化させるには多額の資金を要した。いつしか、研究開発活動の生産性は大幅に落ちていた。ブルームらによると、「研究開発の生産性が減少したことで、ムーアの法則にもとづく指数関数的な成長を生み出すことは、1971年のときに比べて18倍ほど難しくなった」という。[37]

どの業界を見ても、研究開発に費やす人と資金を増やすことで、新たな発見や新たな収入の流れが生まれることを期待している。だが、ブルームによる経済全体についての調査では、

「１９３０年代以降、研究開発活動は23倍に増えた。平均して年４・３％の成長である。一方生産性の低下は著しく、41分の１（１年あたりの平均成長率がマイナス５・１％）にまで減少した」とある。[38] ちなみにイノベーションについては、かつて得ていたほどの成果が生まれることは単純に期待できない。

人の行動は状況に左右される

発明や発見のペースを上げることはできないのか？　非常に厄介な問題を解決するための独創的なアイデアはどうすれば見つかるのか？　これまでの数十年と同じように、解決に向けて投入するリソースの量を増やすことはできる。もしかすると、解決に適した人材を企業が雇っていないのかもしれない。適した人材さえ見つかれば、本物の打開策を考え出せる人さえ見つかれば、新しいアイデアが生まれるのではないか。数年前、『インク』誌が創造力のための人材についての特集を組んだ。そこでは、枠にとらわれずに考えられる人を採用するためには、企業の採用方法を変える必要があると論じられていた。[39] たしかに、候補者の創造力を評価するのに総合テストを使う企業はいくつもある。記事の考え方に従うと、ネットフリックス、アマゾン、グーグルといった革新的な企業は、クリエイティブな頭の持ち主を見つけるのが単にうまかっただけということになる。

だがちょっと待ってほしい。1970年12月にプリンストン神学校で47名の学生に実施された実験を見てみよう。彼らはふたりの教授から、神学部の学生の職業選択に関する学習の一環として、3〜5分のスピーチを準備して録音するようにと言い渡された。半数の学生は、神学部の学生が力を発揮できて満足できる仕事や職業について話す準備をした。残りの半数は、善きサマリア人の喩え話（聖書に出てくる、通りすがりに出会った見知らぬ怪我人を無視するか助けるかという話）について話す準備をした。数分後、学生たちは録音のために別の校舎まで歩いて移動するようにと指示された。その際、一部の学生だけ急ぐようにと告げられ、残りの学生は、時間は十分にあり、校舎に着いても録音まで少し待たされるかもしれないと言われた。

学生たちが別の校舎へ移動すると、入り口のところに誰かがうずくまっていた。目を閉じて下を向いている。学生が近づくと、この「仕掛け人」は咳き込んで唸った。実験の調査員は、病人のふりをした仕掛け人に対する各学生の態度を記録した。結果はどうだったのか？　急ぐようにと言われた学生はやはり、入り口にうずくまっている人を見てもあまり助けの手を差し伸べようとしなかった。意外にも、善きサマリア人について話す準備をしていた学生の助けようとする姿勢は、将来の職業について話す準備をしていた学生とほとんど変わらなかった。それどころか、病人に目もくれずに隣の建物へ駆け込んで講義に出席した学生も何人かいた！　このことから、病人を助けた人とそうしなかった人がいた理由は、性格の違いによるものではないということが明らかになった。[40]

困っている人がいたら、「善人」は助けるが「悪人」は何もせず通り過ぎると最初は思うかもしれない。入り口のところに苦しんでいる人がいるのに無視して通り過ぎることなど自分にはできない、と思うだろう。だがこの実験から、人は状況が持つ力を軽く見ていることがわかる。人の行動は、私たちが思っている以上に置かれている状況やその人を取り巻く環境に左右される。それが基本的な事実だということは、私たちが実際にとる行動で繰り返し証明されている。

　考えてみてほしい。１８５０年代のパリに、クリエイティブな新しいタイプの芸術家はいなかったのか。それとも、サロンという制度が新しい技法やものの見方を抑え込んだのか。斬新なアイデアを求めているリーダーは、問題は人にあるのか、それとも状況にあるのかを自問する必要がある。会社にクリエイティブな人材が不足しているのか。それとも、すでに社内にいるマネ、ウェゲナー、マーシャルの妨害をしたり、否定したりしているのか。そう考えた末に人の問題であるという結論に至ったのであれば、クリエイティブな発想ができる人材を見つけることに時間とエネルギーを注げばいい。だが、自分の頭が頑なになっていないか、独断的な態度をとっていないかと振り返ることや、自分が生み出した社内環境を客観的に評価することを怠ってはいないだろうか。斬新な視点を持つ新参者の扱いについて確認することを、怠ってはいないだろうか。

　そうやって考えることで、社内にいる誰もがクリエイティブな力を発揮する可能性を秘めていると気づくこともあるだろう。その場合は、アイデアが生まれるのに適した状況を整えてやりさえすればいい。成長を求めている企業の多くは、人ではなく環境に問題がある。優秀なリーダーなら、新しいアイデアへの反発や創造力に対する偏見が態度に表れるようになる経緯や理由を明らかにするはずだ。当たり前となっていることに異を唱える人を軽んじることも、順応しない人を罰することもない環境を整える。問題は人ではなく人が置かれている状況にあるとリーダーが認識すれば、社内で創造力の発揮を邪魔している真の障害を特定し、それを取り除くことができる。

6つの思い込み

次章からは、創造力が開花しやすい環境につくり変える方法について見ていく。具体的には、社内にはびこる6つの「思い込み」について説明する。これらを変えない限り、創造力を発揮できるようにはならない。6つの思い込みは心と身体を覆い囲み、独創性の高いアイデアをどのように分析し評価するのか、そのアイデアをどう判断するのか、そのアイデアにどう対処するのかといったことを形づくる。この6つが蔓延していない業界は皆無といっても過言ではないだろう。創造力を阻害する思い込みは次の6つだ。

・過程に関する思い込み：クリエイティブな発想が生まれるには反復の過程が必要で、直線的

“問題は、人ではなく環境にある”

For many growth-starved firms, the problem resides in the environment, not the workforce.

な過程をたどっても生まれない。こうした特性を理解しようとも受け入れようともせずに、分析からアイデアを生成して実行に移そうとする組織は多い。

- **基準に関する思い込み**：ライバル企業を徹底的に研究する企業は多いが、それにより執着が生まれ、結果的に独自路線ではなく他社を模倣する戦略を採用してしまう。
- **予測に関する思い込み**：次にくるものを知りたいと強く望むあまり、自分には未来がわかると過信する。アイデアが生み出す利益の大きさばかり追求していては、かえって創造力を抑え込むことになる。
- **構造に関する思い込み**：創造力の鼓舞やパフォーマンスの改善を促す目的で、組織の構造を変えようとする経営者は多いが、組織図の線引きの仕方を繰り返し変えることの効能には限界がある。
- **集中に関する思い込み**：組織は、とにかくチームが集中できる環境を整えれば優れた創造力が発揮されると思い込んでいて、社内で隔離することも厭わない。だがクリエイティブな発想は、集中している状態とそうでない状態を行き来することで生まれる。
- **反論に関する思い込み**：早い段階で互いにアイデアを批判し合うようにと奨励する経営者は多いが、残念ながら、異議や反対意見を前向きにとりまとめられないせいで、多くの優れたアイデアが実を結ばずに枯れてしまう。

ここにあげた思い込みはどれも、クリエイティブな発想の大きな妨げとなるので、何としても根絶しなければならない。リーダーが優れたアイデアを次々に出す必要はない。リーダーの務めは、チームや組織にいる好奇心旺盛な人が実験して学び、発見できる道筋を明確にすることだ。部下や社員を信頼し、彼らの障害となりうるものを取り除けば、大胆で独創的なアイデアは必ず生まれる。

過程に関する思い込み

——私のやり方は面倒で、直線的ではない。間違ったところから取りかかってあちこち寄り道しているかと思ったら、いますぐやらないといけないことが唐突に発生する。それは何かを得るための闘いだ。どんなものでもいいから、紙に書く何かを得ようとしているのだ。

エレン・クレイジス（SF作家）

その画家はすぐに集中力をなくした。締切を破ることもしょっちゅうで、完成させる前に制作をやめてしまった作品も大量にある。完璧主義な性格のため、どの作品にも必ず欠点を見つけてはいつまでも修正を繰り返した。絵を描いていてもすぐに違うことに興味が移り、その対象は多岐にわたった。一度興味を持ったら探求せずにはいられず、時間を忘れて夢中になる。戦争のための武器のつくり方を研究していたと思ったら、死体を解剖して大動脈の弁の機能を解明している。その間、描くと約束した絵の制作はストップしたままだ。彼にとっては、何かを完成させることよりも、アイデアを生み出すことや未知の学問を探ることのほうが楽しかったのだろう。彼に絵を依頼したパトロンたちは、締切を守らないことに当然腹を立て、作品が未完のまま完成しないことが明らかになると、彼への援助を打ち切った。

　このレオナルド・ダ・ヴィンチという画家に、私はいつも驚かされてきた。彼に興味を抱いたのは、彼が生まれたトスカーナ地方を何度か旅行したことがきっかけだ。まだ子供だったころ、私のおじがダ・ヴィンチの生家の近くにある小さな美術館に連れて行ってくれた。そのとき初めて、私はダ・ヴィンチが単なる優れた画家ではないのだと知った。美術館に展示されている、彼が空想で描いた航空機は、一度見たら絶対に忘れられない。[1]

　レオナルドは、分野を問わず幅広い知識や技術を持っていた。博学という概念を体現する人物であり、いまならルネサンス的教養人と呼ばれるだろう。彼は、『モナ・リザ』『最後の晩餐』『岩窟の聖母』といった名画を描いただけではない。解剖学、建築学、工学、植物学、地学、数学をはじめとするさまざまな学問を学んだ。科学を研究することが多く、それで得た知識は作品に還元された。光についての研究が遠近法や影の使い方の習得に一役買ったのは明らかだ。ただし、科学の探求を続けた理由はそれだけではない。彼の知的好奇心はとどまるところを知らず、自らを取り巻く世界のありとあらゆることを知りたがった。そのことは、彼の生涯に幸福と不幸のどちらももたらしたと言える。[2]

レオナルドは14歳のときに、フィレンツェにあるアンドレア・デル・ヴェロッキオの工房の見習い職人となった。10年ほどそこで学びながら働き、１４７７年にはついに独立を果たして彼自身の工房を構えた。そこで5年ほど過ごすと、その後北上してミラノ公国へ移住した。レオナルド個人に初めて仕事の依頼がきたのは１４７８年のことで、ロレンツォ・デ・メディチからフィレンツェにあるヴェッキオ宮殿のサン・ベルナルド礼拝堂に絵を描いてほしいと頼まれた。[3]この制作のために計画は立てたものの、どうやら実際に描きはじめることはなかったようだ。

フィレンツェで工房を構えていた5年のあいだに、彼はさらに2つの制作依頼を受けた。のちに傑作と評されるようになった、『東方三博士の礼拝』と『荒野の聖ヒエロニムス』だ。ただし、どちらの作品も実際には未完成である。完璧主義が災いしてそうなったのだ。この時期にレオナルドが残したノートから、彼の苦悩、混乱、自信の喪失が見て取れるので、そうした部分が絵の完成に影響したのかもしれない。ただし、自伝作家のウォルター・アイザックソンは、レオナルドが作品を完成させなかったことについて別の理由をあげている。

レオナルドは実行より思索を好んだ。父親をはじめとする彼の身近にいた人たちが、彼に依頼がくると厳しい制約を課した契約書を作成したことからもわかるように、当時29歳だったレオナルドは、目の前のことをすぐに忘れて未来に思いを馳せた。彼は勤勉になれない天才だったのだ。[4]

その行動パターンは、彼の生涯にわたって何度も繰り返された。依頼を受けては制作を先延ばしにして知的探求に没頭し、結局作品は完成されないまま未完に終わる。あの『モナ・リザ』の誕生に至っては、１５０３年から彼が亡くなる１５１９年まで制作期間が延びた。フィレンツェにいるときに描きはじめたものの、その後10年以上にわたって修正しつづけたのだ。ミラノ公国へ戻ることになったときも、その後ローマで過ごしたときも、最終的にフランスに移住したときも、彼は絵を携えていた。そして彼が亡くなる間際に、『モナ・リザ』はレオナルドのパトロンで友人でもあったフランソワI世に託され、フォンテーヌブロー宮殿に飾られた。

いまの時代にレオナルド・ダ・ヴィンチのような社員がいたら、嫌がる上司は多いだろう。約束が守られなかったり、割り当てたタスクを蔑ろにされたりすれば、腹が立つ。組織は社員に対して秩序を守ること、すなわち期日と予算を守ることを期待するものなので、彼の才能を評価する組織はおそらく少ない。格言にもあるように、約束は控えめにして約束以上のものを届けるべきだ。スティーブ・ジョブズはかつて、「本物のアーティストは出荷する」と述べた。要するに、最終的には思索をやめて、完成した商品を世に届けなければならないということだ。そ

“いまの時代、上司はダ・ヴィンチのような社員を嫌がるだろう”

In today’s world, an employee such as Leonardo would frustrate many leaders.

れができなければ、商業的な成功を手にすることも、顧客の生活に影響を与えることもできない。ダ・ヴィンチの生き方は、ジョブズの主張にあてはまるものではなかった。契約書に署名をし、先にお金を受け取ることまであったにもかかわらず、契約もお金も、彼に期日を守らせることはおろか、仕事を完了させることすらできなかった。

　ダ・ヴィンチは実験が大好きだった。仮説の域でしかないことや抽象的な理論を鵜呑みにすることは絶対になかった。不確かなことは確かめればいいし、アイデアの妥当性は有効な試験を実施すれば調べられるとわかっていたのだ。たとえば、人体の大動脈弁の閉じ方について、彼はひとつの仮説を立てた。そして、牛の心臓をかたどったロウとガラスを使って模型を制作すると、その大動脈に草の種を浮かべた水を流し入れた。種も一緒に入れれば、水の流れや弁の閉じ方を実際に目で確かめることができる。こうした実験を通じて、彼は自らの仮説の裏づけをとっていた。ただし、ダ・ヴィンチのこの仮説が正しいと医師が認め、医学界の常識が覆ったのは、４００年以上あとになってからである。

　ダ・ヴィンチは試作品をつくることで、アイデアや創作の質を高めた。試作品をつくっていると、すぐにアイデアが広がって、斬新な技術や技法を試すことができたのだ。スケッチをしたり何かをつくったりすることで、より具体的に考えることができたのだろう。絵を描きはじめるときは、必ず下準備として全体の一部分をスケッチし、下絵を描いた。ときには実物大の下絵を描くこともあった。『聖アンナと聖母子』のために描いた下絵の1枚がフィレンツェで公開されたとき、世間は大騒ぎになったという。

　試作品づくりは絵画以外のものを制作するときにも行われた。１４８９年に大きな騎士像の制作を引き受けたレオナルドは、馬を解剖して研究した。さまざまなスケッチを描き、最終的には粘土で騎士像の原型をつくった。ミラノで大聖堂の塔の設計に取り組んでいたときも、もっとも工夫を凝らした部分の模型を木でつくってみせた。

　レオナルドは何を制作するときも、実際にやってみて学習するアプローチで取り組んだ。計画を立ててから実行に移すという直線的なやり方ではなく、準備、省察、修正という工程を繰り返し行った。彼にとって、絵を描くことは旅であり、目的地にたどり着くことではなかった。描きはじめる前に計画を立ててスケッチは描いたが、それについて省察したうえで独自のアプローチで独自の技法を使って修正した。絵を完成させるという思いが彼の頭をよぎったことは一度もない。なぜなら、実際にやってみて学習するというアプローチをとっていれば、絶えず重要な改良点が生まれるからだ。しばらく絵を脇に追いやることはあったにしても、新たなアイデアや発見が次々に生まれれば、制作途中の作品に引き戻されたに違いない。

　レオナルドが行った多数の人間や動物の解剖を含むさまざまな科学調査は、彼の作品に反映されている。生体構造に詳しくなるほど、体の部位や動きの描き方のバリエーションが広がった。アイザックソンの記述にあるように、「彼はわかっていたのだ。学べるものや新たに習得できる技法はつねに存在し、さらなるひらめきが生まれる可能性もあるということを」[5]。現代社会では、最終的に出荷しなくてはならないが、そこにたどり着くまでのあいだに、実行と修正を繰り返す過程は十分に組み込める。実験と試作品づくりを行えば、学習と改善がすぐにも可能になる。いや、将来的に改善することを考えたら、出荷したあとも学びつづけるべきだ。はっきりいって、学習に本当の意味での終わりはない。

直線的な考え方とは

ダ・ヴィンチがものをつくるときの過程とは対照的に、現代の企業経営者が問題解決にあたるときは、直線的に考えることがほとんどだ（図2−1参照）。まずは入念に計画を立て、それを実行に移す。行動を起こすよりも先に、大掛かりな分析を徹底して行う。何カ月、場合によっては何年もかけて詳細な計画を準備する。この準備段階のあいだに、過去の歴史にもとづいて詳細な予測を立て、重要な前提をいくつもつくりだす。そうして計画と予算を完璧にしたら、実行を開始する。ところが現実はというと、意外にも計画や見積もりどおりに進むことはほとんどない。マイク・タイソンの言葉を借りるなら、「計画があるのは、口にパンチをもらうまでの話だ！」ということだ。

レオナード・シュレシンジャー、チャールズ・キーファー、ポール・ブラウンは、この直線的なアプローチは「未来が過去とよく似たものになるとの見込みが具体性を帯びる場合には、本当に効果的である」と主張する。だが、これまでにない状況や問題が相手となると、分析力の高いＭＢＡ保持者ではなく好奇心旺盛な子供のような行動が求められる。もちろん、下調べをしてデータを収集し、戦略を立てることは必須だが、じきに行動を起こして検証と学習を行い、学んだことに応じて行動を修正することになる（図２－２参照）。オフィスで調査レポートの山に囲まれて座っていても、完璧な計画は生まれない。クリエイティブな力を使って問題を解決するには、世界に飛び込んでいってトライアルアンドエラーを何度も繰り返すことが必要になる。やってみて学ぶということだ。

ところが企業経営者の多くは、この種の直線的でない面倒なアプローチをひどく嫌がる。彼らが求めるのは直線であり、始めたと思ったら止まって脱線し、フィードバックを求めるという流れではない。従来の計画策定や問題解決のアプローチは、明快に順を追って進んでいくものだ。たいていは、問題を特定し、解決のための選択肢を見いだし、分析して策を選定し、それを実行に移すという順で進む。この種の直線的なアプローチに、経営者や責任者は安心感を覚える。未来を正確に予測できて、スケジュールどおりにものごと

図２－１　企業の典型的な計画策定の流れ

が進み、未来に起こることの流れを把握できると感じるのだ。企業戦略の専門家であるラッセル・アコフは、経営者が問題解決に取り組むときや決断を下すときにとりがちな姿勢について、ユーモアを交えてこう語る。「企業の計画策定は、ほとんどが雨乞いの儀式と同じだ。天候に何の影響も与えないにもかかわらず、主導権を握っていると錯覚させる」[7]

ダ・ヴィンチの作品が実証するように、クリエイティブな力の発揮に葛藤と不確かさはつきもので、行き詰まることも多々ある。ロスアラモス国立研究所で理論部門を率いていたピーター・カラザースも、かつてこう言っていた。「絶えず新たな知識を生み出す立場にいる人は、独特の緊張感を抱いている。心が落ち着いているときはない」[8]。彼は最初、そういう心の状態を煩わしく思っていたが、強く興味をひかれることを学ぶためには、ある程度の不快感はついてくるものなのだという結論に至った。ダ・ヴィンチ

図2－2 反復によって問題を解決する流れ

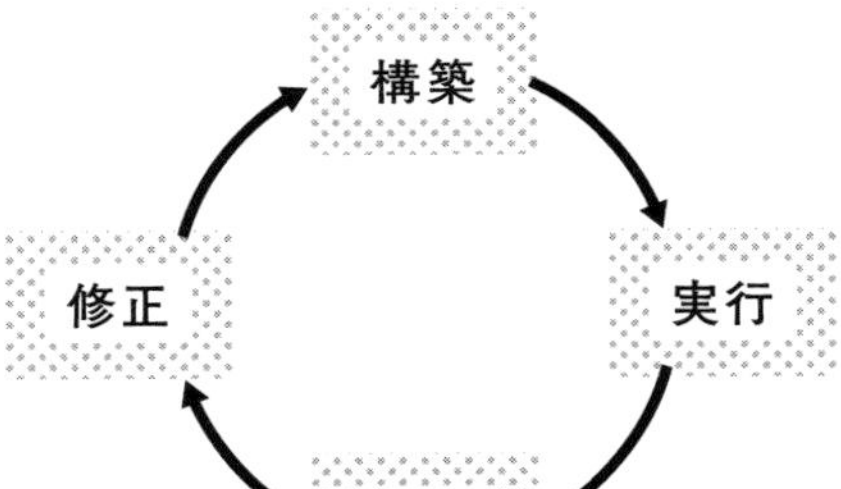

は興味をひかれるままに多くを学んでいたのだから、「心が落ち着かない状態」をきっと味わったはずだ。このような状態で考えたり作業をしたりすることは、単純に現代の組織の大半がよしとしない。経営者が雇いたがるのはたいてい、限定的な範囲で深い知識を持つ専門家であって、好奇心旺盛なルネサンス的教養人ではない。経営者は、主導権、確実性、秩序を求める。そして直線的な考え方を好むそうした傾向が、社内の創造力を阻害しているのだ。

マウス設計者が研磨ブロック、制汗剤、バターケースを買ったわけ

ジム・ユルチェンコは１９７０年代の初めにアンティオック・カレッジを卒業した。その後彫刻家になりたくて、スタンフォード大学の修士課程に進んで美術を専攻した。数年後、彼は気がつけばアップルのコンピューター「リサ」用のマウスを設計していた。なぜそんなことになったのか？　彫刻を学んでいたユルチェンコは、スタンフォードで製品設計を学んでいる学生のワークショップに好んで顔を出し、さまざまなプロジェクトに取り組んだ。そこでデイヴィッド・ケリーという若きエンジニアと知り合う。ケリーは１９７３年にカーネギーメロン大学を卒業し、ボーイングへ就職した。彼の初仕事のひとつが７４７ジェット機のトイレマークのデザインで、彼はその制作に数カ月かけて取り組んだ。

スタンフォードの大学院を修了したケリーは、大学院で知り合ったディーン・ハヴィと一緒

“経営者は直線的なアプローチに安心感を覚える”

This type of linear process offers managers the comforting feeling.

にハヴィ-ケリー・デザインという製品デザイン会社を立ち上げた。彼はユルチェンコにも声をかけ、ユルチェンコは創業間もないケリーの会社の社員となる。また、アップルが同社のクライアントになったのもこのころだった。スティーブ・ジョブズが「リサ」用のマウスを必要としていたのだ。ジョブズは事前に、ゼロックスのパロアルト研究所で開発されたマウスを見ていた。ただし、ユルチェンコは当時についてこう話す。「ジョブズが必要としたものは、どう考えても無謀に思えた。なにしろ、本当に安いコストで簡単に製造も再生産もできる、消費者向けの製品だったのだから」[9]。ジョブズが見たゼロックスのマウスは、製造に４００ドルかかったという話もある。ハヴィ-ケリー・デザインは、リサ用のマウスの開発を引き受けた。おそらく想像がつくと思うが、スティーブ・ジョブズは実に要求の多い顧客だった。

　ユルチェンコはマウスの内部構造の開発に専念し、ほかの同僚たちがその他の要素を担当した。若い会社でやる気は十分にあるが、金銭的な余裕はない。コンピューターを使う設計ソフトや3Dプリンターといった高機能ツールもまだ存在していない。ユルチェンコによると、当時は大ざっぱなデザインをすぐに形にするのが当たり前だったという[10]。同僚のひとりだったジム・サックスは、ＢＭＷのギアノブを切り取ったものをベースに初期段階の試作品をつくったと語る。また、ケリーの話では次のような試作品もあったようだ。

> 私は研磨ブロックに目をつけた。研磨ブロックというのはゴムの塊で、紙やすりを巻き

つけて使うものだ。それを手ごろな大きさに切り分けて、ゴルフボールのように小さなくぼみを表面につけ、動物のマウスに見立てて小さな目をふたつ描いた。これが初めてつくったマウスだ。アップルに見せると一蹴された。[11]

ユルチェンコの話では、近所のドラッグストアでスティック型の制汗剤とバターケースを買ってきたこともあったという。制汗剤は容器に使用されているボールを試作品のひとつに使うためで、バターケースは別の試作品のカバーに使われた。一つひとつの試作品を通じて、彼らは何が使えて何が使えないかを学んだ。試作品を実際に使ってみた感想を集め、試作品を見せたときのアップルの反応を記録した。リサは商業的に成功しなかったが、のちに発売されたマッキントッシュモデルにも同じデザインのマウスが付属された。ハヴィ-ケリーがデザインしたマウスの核となる要素は、その後何十年にもわたってコンピューターメーカーに採用されつづけた。また、このときから、デイヴィッド・ケリーとジョブズ率いるアップルのデザインチームとの数十年にわたる関係が始まった。

デザイン思考の隆盛

1990年代の初めになると、ハヴィ-ケリー・デザインはビル・モグリッジの会社とマイク・ヌタルの会社と合併し、ＩＤＥＯとなった。[12] その数年後、ＡＢＣ放送の報道番組「ナイトライン」で、スーパーマーケット用の新しいショッピングカートのデザインに取り組む同社の様子が報じられた。すると、同社の独特な文化や、新製品のデザインを生み出すやり方に注目が集まった。視聴者が目にしたのは、プロジェクトごとに多種多様な人が集まってチームが結成される姿だった。ショッピングカートのデザインチームには、エンジニアやデザイナーに加えて、心理学者、言語学者、生物学者、マーケティングの専門家も参加していた。「ルネサンスチーム」と呼びたくなるような人選だ。ケリーの言葉を紹介しよう。

> はっきりいって、私たちには専門とする分野がありません。強いて言うなら、モノをデザインすることの専門家でしょうか。ですから、歯ブラシ、歯磨きチューブ、トラクター、宇宙船でも関係ありませんし、もちろん椅子でも構いません。何を依頼されても同じなのです。[13]

しだいに多くの企業が、ＩＤＥＯをはじめ、マヤ、フロッグ、アダプティブ・パスといった産業デザインの会社が実践しているやり方を学びたいと強く思うようになった。これについてケリーは次のように話す。「製品をたまに生み出すことはできても、優れたアイデアが絶えず生まれる文化や仕組みを構築できるとは限らない。企業が本当に求めているのは後者です[14]」。企業は、ケリーたちが取り入れている方法やテクニックを習得したいと考えたのだ。また、そのやり方は繰り返し使える秩序だった仕組みであり、製品デザインに限らずさまざまなタイプの厄介な問題の対処にも活用できるという点も、企業には魅力的だった。誰でも学べて使えるロードマップがここにあったのだ。彼らのやり方を学べば、特別な創造力を持って生まれた人を雇うという考えに頼る必要がなくなる。

　ＩＤＥＯなどのデザイン会社が採用している問題解決の方法論は、「デザイン思考」と呼ばれはじめ、そのやり方は産業デザインの分野以外にも広く適用されるようになった。ＩＤＥＯでケリーの後任に就いたティム・ブラウンは、デザイン思考のことを「人間を中心としたイノベーションに対するアプローチであり、デザインする者が持てる力を使って、人々のニーズ、テクノロジーの可能性、ビジネスの成功に必要とされる何かをひとつにまとめるもの」と定義する。[15] ＩＤＥＯのＣＥＯを退いたケリーは、スタンフォード大学でディー・スクールと呼ばれる機関を設立した。このスクールは、デザイン思考の使い方を教育し、それによって医療、教育、ビジネスなどさまざまな分野が抱える複雑な問題の解決策を創造的に考えられるようにすることを目的としていた。その後、多くの機関がデザイン思考を教えるようになったことからも、企業がこのアプローチを何としても習得したがっていたことは明らかだ。

　どの企業もデザイン思考の過程に独自性を加えているものの、大筋は共通すると思えばいい。スタンフォードでは、5段階に分かれるものとして教えている（図2−3参照）。まずは、デザインしたものを使うユーザーに深く共感することから始まる。ユーザーはどのような行動をとるものなのか。どのように考え、どのように感じるのか。さまざまな手段を使ってそういったことを理解し、ユーザーに感情移入するのだ。この段階では、普段の生活を送っているユーザーを観察することが主な仕事となる。人類学者が行う民俗学的な調査を活用して、意外な行動や予期せぬ行動をとる人についても理解を深める。ユーザーが使っている回避策とその広がりについても調べる（要するに、抱えている不満や満たされていないニーズを埋めるためにユーザーが独自に考案した解決策にはどういうものがあり、どの程度浸透しているかを知るということだ）。類似の事象について学ぶことも忘れてはならない。デザイナーのリッケ・ダムとテオ・シアンが語っている例を紹介しよう。「精神的な負荷が非常に高く、時間に敏感になるという意味では、病院の救命病棟で行われる患者の手術と、ピット・インしたレーシングカーに給油と交換を行う作業は似ていると言える」[16]

第2段階では、収集したデータを読み解く。学習したことを総合してパターンを探すのだ。第1段階で学んだ、ユーザーがとる行動の理由を解明し、最終的には問題の現状を定義することを目指す。要するに、ユーザーが抱える不満、ニーズ、欲求についての見解をまとめるということだ。第3段階では、アイデアの生成に従事する。ブレーンストーミングなどを通じて、定義した問題に対処する選択肢を幅広く生み出すことを目指す。この段階では、ライナス・ポーリングが唱えた「優れたアイデアを生み出す最善策は、たくさんのアイデアを出すことである」の精神に従う。

“デザイン思考の出発点は
ユーザーへの感情移入”

At the start, you must empathize deeply with the user.

図2-3 デザイン思考の流れ

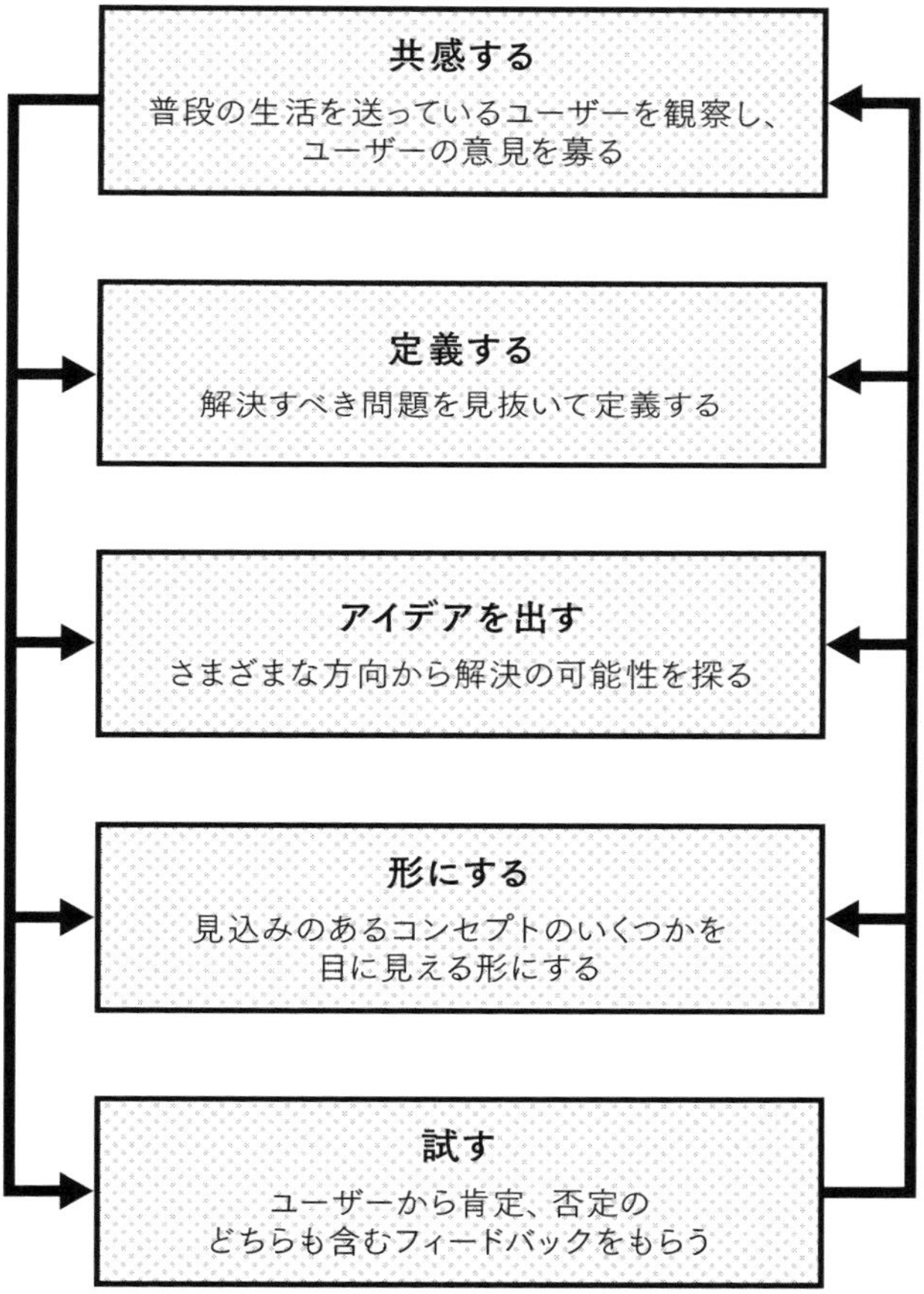

出所：スタンフォード大学ディー・スクールが提案するデザイン思考の流れ[17]

第4段階では試作品づくりに入る。議論と分析の延長線上で最善のアイデアを決めてはいけない。まずは、アイデアを大まかな形にした試作品をいくつかつくる。安く上がる大ざっぱなものなら、時間をかけずにつくれるはずだ。試作品とひと口に言っても、その形は多岐にわたる。絵コンテ、ロールプレイ、動画、模型など、ユーザーに使ってもらう意味があると思えばどんな形でも構わない。最後の第5段階はテストとなる。複数の試作品を実際にユーザーに試してもらってフィードバックをもらう。単なる実験の段階から、仮説を検証して未知の答えを探求する段階に入るのだ。この段階で得た学びは、さらなる試作品づくりにつながり、ユーザーへの感情移入、彼らのニーズの定義、アイデアの生成に役立つさらなるヒントを与えてくれる。

ダ・ヴィンチはデザイン思考の先駆者だ

お気づきだろうか。デザイン思考は、15、16世紀にダ・ヴィンチが実践していた制作の仕方に驚くほどよく似ている。ダ・ヴィンチは、発明や制作に手をつける前に、まずはその人並み外れた観察力を使って、人、仕組み、自然現象の理解に努めた。たとえば、血液が心臓を流れる様子、物体を照らしている状態の光、空を飛ぶ鳥、人が動いているときの体の部位の動き方などを注意深く観察した。観察したことは体系的に記録し、スケッチやコメントが添えられた

“デザイン思考はダ・ヴィンチの
制作手法に似ている”

Notice the striking similarities between design thinking and the creative
process employed by da Vinci in the 15th and 16th centuries.

ノートを大量に残した。過去に専門家が述べたことや書き残した言葉だけに頼ることなく、人や動物はどのようにふるまい、仕組みはどのように機能するかを彼自身の目で慎重に確かめたのだ。

また、自分のアイデアはどこから生まれ、どのように育まれたかを知りたいとの思いから、類似するものを探して理解した。要は、分野の垣根を超えて適用できるテーマや原理を探したのだ。たとえば彼は、人体を流れる血液と地上を流れる水の流れ方に類似性を見いだしている。もちろん、類似性に目を向けることにはリスクがある。ふたつの領域の類似点にばかり目を向けていれば、重要な違いを見落とす恐れがあるからだ。ダ・ヴィンチは類似性を見いだすことでできることとその限界を理解していた。川と海を研究していて、人体の血液の流れとの類似性に誤りがあったと気づいたときは、自らの理論を修正している。とはいえ、類似性を見いだそうとしたおかげで、一見すると異なる領域の無関係な概念でしかないものを結びつけることができ、重要な発見を成し遂げられたことは間違いない。

現代のデザイン思考の使い手と同様に、ダ・ヴィンチは実験を行い、多くの試作品をつくった。ケンブリッジ大学のイアン・ハッチングス工学教授は、ダ・ヴィンチは研究を始めたばかりのころに摩擦の法則に関する実験を行っていて、その実験が彼の調査重視のものづくりに重要な役割を果たしたとの主張を続けている。ハッチングスは、ダ・ヴィンチが残したノートを徹底的に検証し、それらの実験が行われた証拠を見つけたのだ。[18] また、ダ・ヴィンチは絵画、彫刻、発明のどれに取り組むときも、大ざっぱな試作品をつくった。機械仕掛けの騎士を設計したことすらある。15世紀のロボットと呼べそうなこの作品は、実際に組み立てられて、ミラノ公ルドヴィーコ・スフォルツァ邸に展示されていたとする専門家もいる。それが事実なら、その騎士を見た人々の驚きや、ダ・ヴィンチの耳に届いた評判はどれほどのものだっただろう！[19]

デザイン思考は決して、これまでになかった事象ではないのだ。創造力を駆使するこの思考の起源は、イタリアでルネサンスが起こった時代までさかのぼる。やってみて学ぶという現在のデザイン思考は、何世紀も前にダ・ヴィンチが実践していたこととほとんど同じだ。熱意あふれる目で観察し、スケッチ、絵コンテ、模型を通じて「考えを形にする」。何度もやり直しながら、素早く学んで必要に応じて変えていく。デザイン思考の使い手もまたダ・ヴィンチと同じで、直線的にものを考えないし、曖昧なことがあっても不安にならない。残念ながら、現代ではデザイン思考の使い手が大企業に入ろうとすれば、その多くから、臓器の拒絶反応に似た反応を味わわされることになる。

デザイン思考が企業のなかでつまずくわけ

インテュイットのカーレン・ハンソンは、同社でいち早くデザイン思考を支持したひとりだ。インテュイットは個人や中小企業の会計や税務を扱うソフトウェアを製造する。ハンソンは同社のCEOブラッド・スミスと連携し、インテュイットをユーザー体験の向上に専念する「デザイン優先企業」に変えた。ふたりの旅の始まりは２００７年の経営会議だった。スミスは会議の出席者に対し、心から気に入っているものをひとつ会議に持参するようにと伝えた。出席者はみな、ワインオープナー、蓋と一体型のカップ、リュックサックなどさまざまなものを手に会議室へやってきた。[20] ハンソンの話では、この試みは、インテュイットの顧客に味わってもらいたい感覚を全員にわかってもらうのに役立ったという。だが、会社を変えることはそう簡単にはいかず、最初の1年はほとんど進展がなかった。[21]

ゆっくりとではあるが、ハンソンとスミスは社内全体にデザイン思考を導入しはじめた。デザイン思考について教え、その使い方を指導する重要な人材を、イノベーションの仲介者として雇った。[22] リーダー育成プログラムにもデザイン思考を盛り込んだほか、独自のやり方もいくつか考案した。たとえば「ブループリンティング（青写真をつくる）」という言葉は、同社では「部門の枠を超えてユーザー体験を詳細にマップ化（計画）し理解すること」という意味で使われている。顧客が体験すること（インテュイットではこれを表舞台の体験と呼ぶ）と、その体験を支えるために裏で同社が行う業務や業務の流れ（これを裏方の体験と呼ぶ）の両方をマップ化するのだ。インテュイットでデザインを担当するエリック・フラワーズは、ブループリンティングのおかげで顧客へ提供するサービスのプロセスを端から端まで可視化できるようになったと話す。[23]

ブループリンティングをはじめとするデザイン思考にもとづくやり方を活用することで、イ

“デザイン思考の使い手は
直線的にものを考えない”

They are nonlinear thinkers.

ンテュイットは顧客体験を大幅に改善する道を見つけた。要はひらめきが生まれる瞬間を生み出せるようになったのだ。同社の収益はこの10年で70％以上増加し、純利益は倍になった。スミスはこの成功について、社内全体にデザイン思考がもたらした影響によるところが大きいと評している。

ＩＢＭでは、２０１０年に役員に就任したフィル・ギルバートが中心となってデザイン改革を進めている。ギルバートはさまざまな資料を参照し、ＩＢＭにふさわしいデザイン思考の取り入れ方を考案した。そしてデザイン担当者を大量に雇い、世界中にスタジオを開設した。ジニ・ロメッティＣＥＯの強力なサポートの下、ギルバートは全社的にデザイン思考を教えるためにも資金を投入した。同社は既存のハードウェア事業の低迷に伴い、収益の減少が長く続いているが、デザイン思考によってその状況をひっくり返したいと考えているのだ。[24]

ほかにも多くの大手企業が、収益の増加と顧客満足の向上のスピードアップ化を求めてデザイン思考を取り入れている。Ａ・Ｇ・ラフリーはＰ＆Ｇにデザイン思考を導入し、そこから大ヒット商品となったフロアワイパーの「スイッファー」が生まれた。大手新聞社のガネットは、ローラ・ラモスを責任者に任命してデザイン思考を使って新聞事業の再編を図った。フェデックスでは、ラス・フレミングとミッシェル・プロクターが中心となってデザイン思考を取り入れた独自のやり方を考案した。小売大手のターゲットでは、パトリック・ダグラスがＩＤＥＡＳというチームを結成し、人間中心のデザインを活用して店内体験の強化に努め、ｅコマース改革も行っている。[25] ペプシやフィリップスは、デザインの責任者を経営陣に加えている。

しかしながら、デザイン思考を導入しても期待どおりの成果があがらない会社は多い。経営陣は研修プログラムや社員参加型のワークショップに多額の資金を投資し、それに参加する社員は、デザイン思考のコンセプトやそのやり方を面白く刺激的だと感じている。アイデアを追求するためのラボやイノベーションの拠点となる場の設置など、クリエイティブな力を発揮して協力し合える環境も整えている。可動式のホワイトボードや大量の付箋紙も購入してある。だが残念ながら、そうした準備はたちまち浪費と化す。さまざまなワークショップからアイデアはたくさん生まれるが、残りつづけるものはほとんどない。試作品はいつまでたっても完成品にならない。

経営陣は投資の見返りがないことを嘆きはじめる。結果を出さねばならないというプレッシャーが生まれれば、デザイン思考への熱狂はあっという間に冷める。そして、これもまた単なる流行りの経営戦略のひとつにすぎないのではないかと思いはじめる。デザイン思考を導入すると、何が起こるのか。これについて、コンサルティング会社メード・バイ・メニーの共同設立者でデザイナーのティム・マルボンが、ユーモアを交えながら世間であまり認識されていないことを鋭く指摘している。

デザイン思考にかかわると、たいていは、退屈な日常業務という現実を忘れさせてくれる素晴らしい1日や2日を経験する。自分の席（仔牛を太らせる囲いも同然だ）から解放されて、ブレーンストーミングという名の島で同僚とペンや付箋紙で戯れた日のことは、いつまでも忘れない。デザイン思考の冒険旅行に出れば、下の名前もろくに知らなかった同僚と知り合う。彼らと一緒に（おそらくはチームとして）仕事をするあいだは、現実に抱える厄介な仕事上の問題から逃げ出して空想にふけることが許される。エクセルやワードでつまらない作業をしながら、会社が立てた「計画」のごく一部を担わずにすむ。家に帰っても、愛する人にそのときのことを語って聞かせる。何年たっても、自分の席で一息ついているときに冒険のことを思い出しては寂しい気持ちになる。だが、永続的にビジネスに影響を与えるイノベーションを生むという観点からすると、デザイン思考の成績はあまり見栄えのするものではない。ブレーンストーミング島への冒険から戻ってきても、現実にはおそらく、イノベーションは何も、少なくとも会社の運気をあげる類いのものは何も生まれていない。[26]

デザイン思考を導入しても行き詰まる企業が多いのはなぜか？　専門家の多くは大企業の文化に問題があると指摘する。官僚的すぎるところ、リスクを嫌いすぎるところが問題なのだ。経営陣は起きてしかるべき失敗を許容しない。失敗を懸念するというともっともらしく聞こえるが、問題の根はもっと深い。官、民、非営利を問わず、直線的な思考はほとんどの組織に浸透している。それに対し、デザイン思考は基本的に直線的な流れではない。正式に計画を立てたところで、計画どおりには進まない。ダ・ヴィンチがすべての創作活動でやっていたように、考えてはやり直すということの繰り返しが求められる。このアプローチは、考え方を変えないことには取り入れられない。

多くの企業が、計画を立てるという従来どおりのアプローチから、やってみて学ぶアプローチへの切り替えに失敗した。戦略の構築と実行は、大きく乖離したままだ。彼らはオフィスの自分の席から未来を予測できると言わんばかりに、年間計画を立てるという儀式を続けている。おまけに、デザイン思考を直線的なアプローチとして受け止めている。第1段階の次は必ず第2段階に進むという具合に、イノベーションを起こす魔法の公式を見つけたかのように機械的に段階を進めていくのだ。これについて、ダムとシアンは次のような欠点を指摘する。

> 5つの段階を数字の順に進めていくことになるとは限らない。デザイン思考では、特定の順序に従う必要はないし、複数の段階を並行して進めることとやり直しになることもしょっちゅうある。従って、5つの段階は順を追って行うものではなく、ひとつのプロジェクトに貢献する5つの異なる状態だととらえるべきなのだ。[27]

創造力を発揮させるために行う何かを、きっちりと計画された直線的な流れに入れ込もうとするのは大きな間違いだ。優れた芸術家なら、計画した順に描いていくアプローチで『最後の晩餐』を制作できる、と言われても誰も信じない。にもかかわらず、ｉＰｈｏｎｅ、アマゾンのＥｃｈｏ、エンバーのマグカップ、ダイソンの掃除機の開発は別だと、経営者たちはなぜ思うのか？

人はやり直しが大嫌い

組織はなぜ、直線的に考える頭からやってみて学ぶ頭に切り替えることができないのか？　実は、人は頻繁にやり直すことがあまり好きでもなければ、得意でもない。それはなぜか？　ひとつの解決策に注力することは簡単にできても、それに関するフィードバックを有効に活用できないからだ。学習して修正すれば解決策の質が向上するとわかっていても、最初のアイデアに固執してしまう。模型をつくっても、学習するのではなくアイデアの妥当性を確かめる。フィードバックがほしいと口にする人は多いかもしれないが、ほとんどの人が実のところ、称賛や無償の愛しか求めていない。直線的でないやり方をとれば、単純に不快に感じる要素が増えるのだ。

　あるアイデアに、時間とお金と労力をかなりつぎ込んだとしよう。そのアイデアは、幅広いユーザーを対象にしたリサーチ、ブレーンストーミング、絵コンテの制作を経て生まれた。そ

“直線的でないやり方には
人を不快にさせる要素が多い”

Nonlinear process simply cause us for too much discomfort.

してテストの段階で、ユーザーからその実用性や実現性を真剣に疑問視する声があがったとしたらどうか？　そういう場合は、過去をすべて忘れるべきだ。ユーザーのニーズを満たさないアイデアはきっぱり捨てる。だが、多くの組織はそのまま開発を進める。さらに大量の資金と労力を注ぎ込んで挽回しようとする。ユーザーからあがった懸念を正当化するか無視するかして、もう少し時間やお金をかければ事態は好転すると自分たちに言い聞かせる。プロジェクトの責任者はひたすら前に進みつづける。まったく違う選択肢を検討するどころか、わずかな修正すらほとんど加えないだろう。

心理学者はこうした現象のことを「サンクコスト（埋没費用）の罠」と呼ぶ。サンクコストは、回収できない費用や労力という意味だ。人はこれまでの活動が失敗に終わると気づいても、すでに多大な投資を行っている場合は投資をさらに増やす。だが、自分を正当化することで認知的不協和を解消しようとすれば、サンクコストが発生する恐れがある。自分が育てたアイデアがうまくいかなかったり、それを悪く言われたりすると、自分のなかで矛盾を抱えた状態になることがある。その状態を認知的不協和と呼ぶ。アイデアに手堅さや独創性をいくら感じていたところで、結果を覆すことはできない。だが、時間、お金、労力をさらにかければ、不協和を解消する機会は生まれる。前に進みつづければ、そのさらなる努力によって状況が一変し、最初のアイデアの妥当性が認められるかもしれないという期待（に加え、自分自身に対してポジティブなイメージも）を持ちつづけていられる。[28]

“失敗に気づいても、
挽回しようと投資をさらに増やす”

We escalate our commitment to failing courses of action.

起業家は、会社が問題や困難にぶつかったときに方向転換することの必要性をよく口にする。彼らは、リーン・スタートアップの精神を忠実に守っているのだ。その精神とは、会社の存続を可能にする最低限の製品を展開し、顧客の反応にもとづいて迅速につくり直すというものだ。スタートアップというと、ツイッターのように伝説となるほどの方向転換を実行したストーリーがよく引き合いに出される。その始まりは、ポッドキャストのプラットフォームを構築したオデオという企業だ。２００５年、アップルがポッドキャスト事業への参入を発表した。アップルにはｉＰｏｄに標準インストールできるという強みがあることから、オデオの開発者チームは困った事態になったと思った。そこでオデオは方向転換し、ソーシャルメディアのプラットフォームを構築した。それがツイッターだ。ツイッターの利用者は、2年余りで１０００万人に到達した。[29]

こうしたストーリーの背後には必ず、方向転換に失敗したスタートアップが何十社も見つかる。失敗した彼らは、最初に思いついたアイデアに固執して変えることを拒んだか、市場での成功が実現しなかったときに、まったく違う選択肢を考慮するより最初のアイデアを表面的にいじくり回すことのほうを選んだのだ。

失敗を活かすには

失敗を有効に活かせなければ、やり直すこともうまくできない。たいていの人は、他人の失敗と自分の失敗で検証の仕方が違う。他人がつまずくと、その人に問題があったと考える。失敗したのはその人が判断を誤ったせいであり、知識や技能が足りなかったからだと責める。ときにはその人のやる気を疑ったり、性格上の問題から誤った判断を招いたと結論づけたりすることもある。ところが自分が失敗したときは、自分の問題点を探そうとはしない。そうではなく、自分を取り巻く条件や状況のせいにする。自分ではどうすることもできない外的な要因のせいで失敗したのだと自分に言い聞かせる。このような現象のことを、心理学者は「根本的な帰属の誤り」と呼ぶ。自らの失敗を手際よく外的な要因のせいにして自分自身の問題を無視すれば、学習と改善の機会を逃すことになる。[30]

人は批判的なフィードバックを受け取ると、身構えて話を聞くのをやめてしまう。それに、自分が信じることの裏づけとなる情報は探すが、自分の見解を否定するデータには近づかないようにして無視する傾向もある。さらにひどくなると、聞きたくないことを口にする人からしだいに距離を置くようになる。

この種の行いについて、ポール・グリーン、フランチェスカ・ジノ、ブラッド・スターツの

3人の研究者が興味深い調査を実施している。彼らは、ある企業で正社員として働く３００人以上の4年分のパフォーマンスデータを調べた。この会社では経営陣による年次評価は行われず、社員が自己評価と同僚の評価を行っていた。研究者はそのデータを調査するとともに、各社員の社内の交流関係についても調べた。それで何がわかったか？　同僚から悪いところを指摘するフィードバックをもらった場合、その同僚を自分の交流関係から外す傾向が見受けられた。外すことが無理な場合は、そのぶん自分を肯定してくれる同僚の数を増やしていた。要するに、自分の聞きたいことを言ってくれる人で自分のまわりを固めていたのだ。こうしたふるまいには代償が伴った。批判的なフィードバックをくれる同僚から距離を置いた社員は、パフォーマンスが著しく低下したのだ[31]。表2-1にやり直しを阻む思考についてまとめたので、改めてそちらを確認してもらいたい。

ビジネススクール出身者が苦手なこと

数年前、スカイプでデザインの責任者を務めるピーター・スキルマンが、「マシュマロチャレンジ」と呼ばれるデザインのためのシンプルなエクササイズを考案した。このエクササイズはチームで取り組むもので、20本のスパゲティと少量のマスキングテープと紐、それにマシュマロ1個を使って自立するタワーをつくる。制限時間は18分。マシュマロの形を変えることは許

表2−1 やり直しを阻むもの

阻むもの	定義	起こること
サンクコストの罠	損切りを拒む気持ち、失敗後も大金や労力をつぎ込もうとする傾向	最初のアイデアに固執し、それを多少いじくり回すことはあっても、そのアイデアを捨てることや別の選択肢に目を向けることはしない
根本的な帰属の誤り	他者の失敗はその人の内面を責める反面、自分の失敗は外的なもののせいにする傾向	失敗から次に活かせることを学ばない。ユーザーからの厳しいフィードバックを正当化し、改善に活かさない
正しさの裏づけを探す行為	自分の意見に否定的なフィードバックをもらった場合に、それ以上話を聞こうとしなくなる傾向	修正や見直しに活かせる類いの批判から、自分を遠ざける

されず、タワーの頂上にマシュマロを持ってこないといけない。[32]

数々のデジタルツールを開発してきたトム・ウージェックがこのエクササイズを気に入り、世界中に広めはじめた。そうしてさまざまなタイプの人にこのチャレンジに挑戦させた。想像がつくように、建築家やエンジニアはこのチャレンジを得意とする。興味深いことに、ビジネススクールを修了したばかりの人はかなり苦戦を強いられる。彼らが組み立てたタワーは、倒れたり崩れたりするものが多い。タワーの高さも平均をはるかに下回る。ビジネススクールの修了生はマシュマロを軽いものととらえ、それを支えるのに必要なタワーの強度を過小評価するのだ。[33]

ある属性のチームは、ビジネススクールの修了生をはるかに上回る結果を出す傾向が高い。なんと、マシュマロチャレンジでは小学生が優秀な結果を出すのだ！　それはなぜか？　ウージェックは、ビジネススクールの修了生は直線的な考え方で取り組む傾向にあると考える。与えられたタスクと材料について確認し、タワーを組み立てるための計画を立て、いちばん優れたデザインを求めて議論と検討にかなりの時間を使う。デザインを決めてから、組み立てを開始するのだ。制限時間近くになってようやく、マシュマロを手にとってタワーの頂上に置く。完成を祝うチームもいくつかあるが、スパゲティが折れてタワーが崩れないかとこわごわ見つめているチームがほとんどだ。[34]

ウージェックによると、ビジネススクールに通う社会人は、分析と議論を通じてひとつの最適解を見つけることを教わるという。そして、系統立ててデータを評価するテクニックを身につけ、ＮＰＶ（正味現在価値）分析や重回帰分析といった手法がもたらす定量的な精度に魅了される。ミスを犯すと高くつくと考えるようになり、規則的な準備を行うことで致命的なミスは避けられるとの結論に至る。要するに、多くの学生が直線的に考える思考を身につけてしまうのだ。だが、よくわからない未知の状況においては、ピーター・スキルマンが言うように、「さまざまな意見を踏まえて行う試行錯誤は、孤高の天才が立てる計画を凌ぐ」[35]ことが多いというのが現実だ。

ビジネススクールの修了生にマシュマロチャレンジで苦しむ人が多いのは、彼らが「唯一の最適解を探す頭」で取り組むからだ。サンディエゴ大学のジェニファー・ミューラー教授によると、その頭でものを考える人は、問題に対する最適解を探し求め、唯一の解を見つけることだけを考える傾向にあるという。そして、精度と正確さを何よりも優先して意思決定を下す。斬新なアイデアに対しては、どのように実行に移すのか、採用の妨げとなりうる障害は何かと問うことはしても、そのアイデアが成功する可能性にはあまり目を向けない。唯一の最適解を探す頭は、直線的にものを考え、最適解に導く道はひとつしかないと思い込む。人がこの頭になると、創造力は阻害される。

それとは対照的に、「可能性を探す頭」になると、創造力は活性化される。この頭で考える人は、実行可能な解決策は複数あるという前提で問題にアプローチしようとする。成功につなが

“ビジネススクール卒業生は「ミスは高くつく」と考える”

Business school alumni conclude that mistakes are costly.

る唯一の完璧な道を探すことはせず、多数の選択肢について前向きな疑問を投げかける。「これがうまくいく可能性はどこにあるか？」「これが優れたアイデアであると言える理由は何か？」「このアプローチをとったほうがいい理由は何か？」という具合だ。[36]

　マシュマロチャレンジに対する小学生の取り組み方と、ビジネスの世界にいる大人たちの取り組み方はどう違うのか？　子供たちは比較的早い段階でマシュマロを手にとる。6歳にとって、マシュマロはかなり魅力的なのだから当然だ！　マシュマロだけでなく、ほかの材料も手にとって遊ぶ。完璧なタワーのデザインを紙に描き起こすことにはほとんど時間をかけない。そんなことはせず、直ちにタワーの組み立てに取りかかる。試行錯誤を繰り返しながら、マシュマロを支えられそうな形をいろいろ試す。つまり、子供は「可能性を探す頭」でものを考えて喜んでやり直すが、ビジネススクールの修了生はそういう頭で考えていないということだ。子供は自然に試作品づくりや実験に引き寄せられる。考えてみれば、子供が歩き方を学ぶのは本や講義を通じてではない。母親の手を離して1歩か2歩進み、よろめいて倒れる。そうしたら立ち上がり、また足を踏み出す。頑丈なタワーの組み立て方も、歩き方を見いだしたときと同じようにして学習する。子供たちはやってみて学ぶのだ。

第3章 | The Benchmarking Mindset

基準に関する思い込み

——集団についていく者が、その集団より遠くにたどり着くことはまずない。ひとりで歩く者には、誰もたどり着いたことがない場所にたどり着く可能性がある。

アルベルト・アインシュタイン（物理学者）

マーク・バーネットは十代でロンドン東部にある実家を出てイギリス軍に入隊し、パラシュート部隊の精鋭となってフォークランド紛争に従軍した。その後除隊すると、彼は違う冒険に出た。６００ドルをポケットに入れてロサンゼルスへ渡ったのだ。アメリカに着いた当初は、子守として複数の家庭の子供の面倒をみた。南カリフォルニアのあちこちのビーチで古着を売ったりもした。

そんなある日のこと、バーネットは「レイド・ゴロワーズ」に関する記事に目をとめた。レイド・ゴロワーズはジェラール・フュジーが開催したアドベンチャーレースのことで、「テレビの視聴者は、『生死をかけて賞金のために闘う人々』に心を奪われるのではないか」とパラシュート部隊の元隊員は感じたのだ。[1] そして、ブライアン・ターケルセンと手を組んだ。ターケルセンはウォール街の銀行役員だった人物で、メディアやエンターテインメント業界に精通していた。ふたりは「エコ・チャレンジ」を開催した。5人1チームでユタ州南東部の山、峡谷、崖、川を横断する総距離３００マイル（約４８３キロメートル）のアドベンチャーレースだ。開催にあたり、バーネットは「このちっぽけなレースがアイアンマンを打ち負かす」という宣伝文句で煽った。[2] 参加チームは荒野のなかを歩き、走り、自転車を漕ぐという過酷な8日間を過ごした。ときには、いかだ、カヌー、馬で進むこともあり、参加した50チームのうち完走したのはわずか21チームだった。

バーネットとターケルセンの売り込みによってこのレースがＭＴＶで放送されると、ＮＢＣの報道番組「デイトライン」で特集されるなどかなり注目が集まった。次の「エコ・チャレンジ」はエックスゲームズ（訳注：ＥＳＰＮが主催するさまざまな過酷なスポーツを集めた祭典）のひとつとしてメーン州で開催され、ＥＳＰＮで放送された。その後のレースは、数年にわたってディスカバリーチャンネルとＵＳＡネットワークで放送された。[3]

バーネットはとあるパーティでイギリス人プロデューサーのチャーリー・パーソンズと出会

い、そこで新たなテレビ番組のアイデアを得る。パーソンズは、参加者を無人島に漂着させ、１００万ドルをかけて競わせる番組をつくりたいと考えていた。バーネットはその番組のアメリカでの制作権と放映権を購入した。ところが、放送してくれる局がなかなか見つからなかった。ＦＯＸ、ＡＢＣ、ＣＢＳ、ＮＢＣ、ディスカバリーチャンネル、ＵＳＡネットワークに売り込んだが、全滅だった。何とかＣＢＳ放送のレスリー・ムーンベスＣＥＯを説得し、ようやくそのあまりピンとこないタイトルの番組を放送する機会を得た。ただし、ムーンヴスに秋のプライムタイム枠で放送するつもりはなく、その番組は結局、テレビ局のカレンダーでは決して視聴率が見込めるとは言えない夏に放送されることに決まった。[4]

２０００年５月31日。ジェフ・プロストが司会を務める「サバイバー」の第１回が放送された。これからマレーシアのプラウティガという離島に漂着した16人が、１００万ドルをかけて競い合う。番組は13週にわたって放送され、爆発的な人気を得た。『タイム』誌と『ニューズウィーク』誌は、この番組が持つ覗き見の魅力にとりつかれたアメリカについて巻頭特集を組んだ。番組では最終的に、島内を裸で歩きまわっていたのが印象的な、ロードアイランド州育ちのリチャード・ハッチが１００万ドルを手にした。８月23日に放送された最終回にチャンネルを合わせた人は、なんと５１００万人にも及んだ。この数字は、ワールドシリーズやＮＢＣの大ヒットドラマ「フレンズ」の最終回の視聴者数をはるかに上回る。[5]

その後数年のあいだ、リアリティ番組の新たな波が押し寄せた。２００１年、ＣＢＳで「ビッグ・ブラザー」、ＦＯＸで「テンプテーション・アイランド」、ＡＢＣで「ザ・モール」の放送が始まった。『ワシントン・ポスト』紙によると、その後15年で放送されたリアリティ番組の数は３００を超えるという。「アメリカン・アイドル」や「バチェラー」などロングヒットを記録した番組も生まれたが、大半（「ヒルトンになりたい」や「セレブリティ・ボクシング」など）は、話題になることも多くの視聴者をひきつけることもなくすぐに消えた。[6]

　テレビ局がこぞってヒット作をまねるという群衆行動は、ハリウッドの歴史で何度も起きている。いくつか例を紹介しよう。１９６０年代前半から半ばまでのアメリカ3大ネットワーク（ＡＢＣ、ＣＢＳ、ＮＢＣ）では、西部劇の人気が刑事ドラマを大幅に上回っていた。事実、１９６４年に放送された刑事ドラマの割合はわずか１％だ。１９６０年代の終わりになると、「ＨＡＷＡＩＩ　ＦＩＶＥ－Ｏ」や「鬼警部アイアンサイド」など有望な新たな刑事ドラマがいくつか生まれた。この2番組が高視聴率を獲得すると、ハリウッドで次々に刑事ドラマの制作が始まった（図３－１参照）。１９７５年には、プライムタイムのなんと28％を、「女刑事ペパー」「刑事スタスキー＆ハッチ」「刑事コジャック」といった刑事ドラマが占めた。１９６０年代の終わりには、西部劇というジャンルはテレビからすっかり消えていた。[7]

　刑事ドラマはその後いくつもの作品が大コケし、１９７０年代後半にはすっかり人気がなくなった。そんななか、ＣＢＳはラリー・ハグマンとリンダ・グレイをキャスティングした人間ドラマ「ダラス」の放送を開始した。卑劣な石油王Ｊ・Ｒ・ユーイングと呆れるほど問題だらけの彼の家族の愛憎劇を描いたドラマだ。あっという間に視聴率は上昇し、第3シーズンでは全米1位の視聴率を叩き出した。この成功を受けて、「ノッツ・ランディング」「ファルコン・クレスト」「ダイナスティ」「フラミンゴ・ロード」といった同様のメロドラマがすぐさま登場した。[8] 刑事ドラマやクライム・サスペンスは１９８０年代半ばには鳴りを潜めたが、それは主に私立探偵もののドラマが増えた影響によるところが大きい。「私立探偵マグナム」「マグナムＰ・Ｉ」「サイモン&サイモン」などヒット作がいくつか生まれると、またもやそれらをまねたドラマが次々に湧いて出た。

ビジネス経済学を専門とするロバート・ケネディは、ハリウッドにおける群衆行動を体系的に分析した。１９６１年から１９８９年にかけてプライムタイムに放送された、すべてのテレビ局の番組を調べたのだ。すると９７５番組のデータが集まり、番組

図3－1　ネットワークテレビ番組における群衆行動

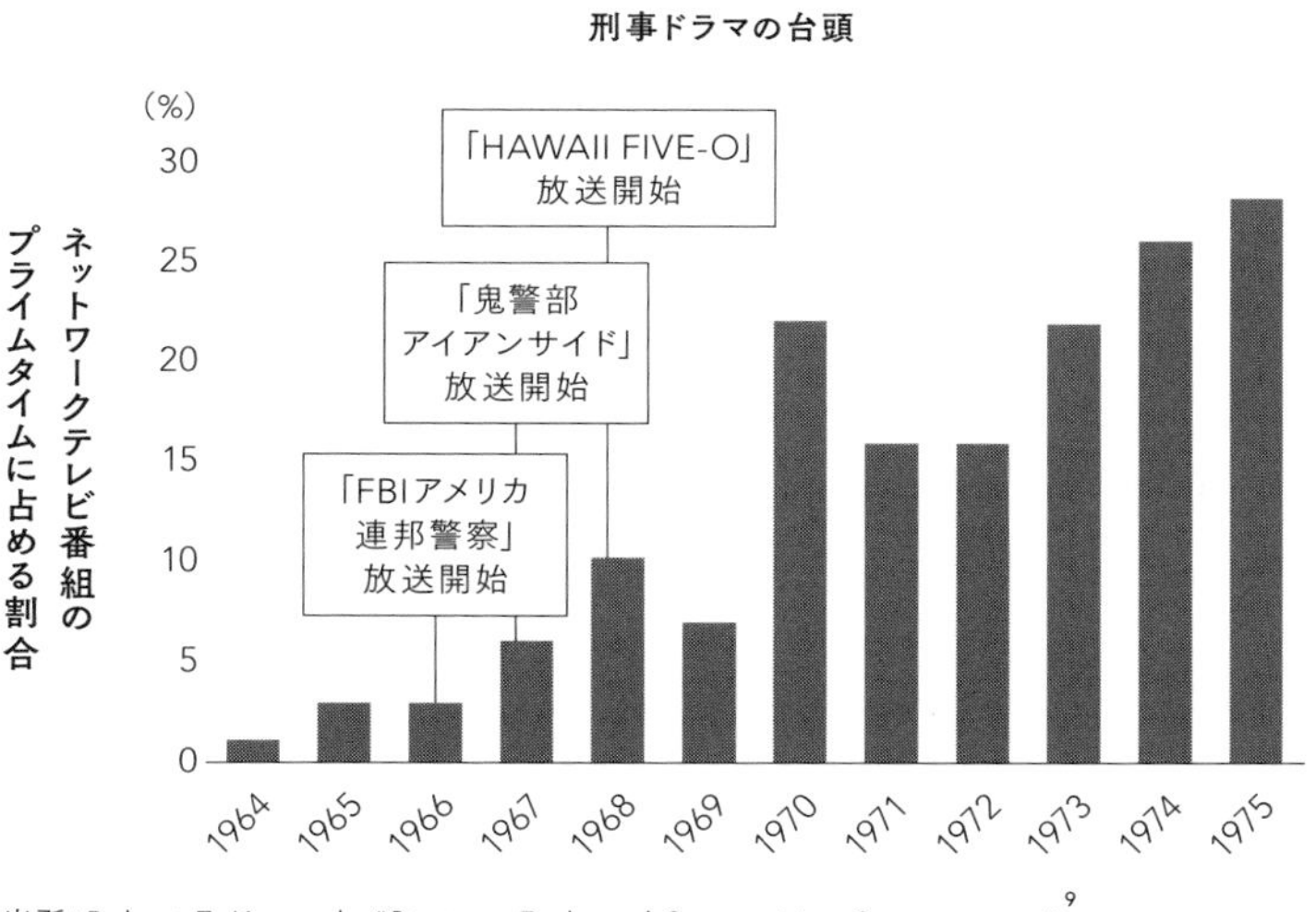

出所：Robert E. Kennedy, “Strategy Fads and Competitive Convergence”[9]

の平均寿命は2シーズン強であることがわかった。また、人気のあるジャンルが大きく移り変わっていることも明らかになった。

ケネディは高度な統計モデルを使い、放送局が新番組を制作して放送したときに、模倣する戦略と差別化を図る戦略のどちらが優勢かを調べた。要は、トレンドに追従するべきか、それとも他社と差別化を図るべきかという話だ。はたして、ＡＢＣ、ＣＢＳ、ＮＢＣは互いにまねし合う傾向が顕著だった。ヒットした番組をまねることに旨味があるなら、そうするのは当然だろう。ところがケネディの調査から、差別化を狙った独自性のある番組のほうが、トレンドを追従する番組より一貫して高い成果を出していることが判明した。模倣する戦略をとった番組のほうが視聴率は低く、放送期間も短いことがはっきりと見て取れたのだ。それなのになぜ、テレビ局は30年にわたって合理性がないとしか思えない行動をとりつづけたのか？　単純に他社をまねるより独自にアイデアを出したほうが報われると、なぜ学習しなかったのか？[10]

最高から学ぶ

多くの組織は、同じ業界のトップクラスの企業や他業種の有力企業との比較に多大な時間と資金をつぎ込んでいる。一流を基準にして自分たちを評価し、パフォーマンスの差を特定して自分たちが取り入れられるベストプラクティスを探し求める。なぜそんなことをするのか？　もちろん、模倣が功を奏することはある。とりわけ質や生産性の向上には効果的で、ＣＣＨＭＣ（シンシナティ小児病院医療センター）は模倣によって成功した。数年前、同病院の幹部のひとりでシニアフェローでもあるユマ・コタガル博士が、ロバート・ウッド・ジョンソン財団から「完璧の追求」に適した1団体だけがもらえる助成金１９０万ドルを獲得した。彼女はその助成金を使って2つの大規模な改善策に着手した。そのうちのひとつが、嚢胞性線維症患者の治療の質の向上だ。[11]

　コタガルは同僚とともに、嚢胞性線維症財団からアメリカ中の医療センターの治療成果に関するデータを集めた。その結果に彼女は強い懸念を抱いた。患者の肺機能という重要な測定項目において、ＣＣＨＭＣの評価が全国で下位20％に入るほど下がっていたのだ。患者の肥満指数として測定された栄養状態についても、大半の医療センターから後れをとっていた。こうした結果にコタガルの同僚の多くも驚いた。彼らはみな、国内最高水準の医療ケアを提供しているものだと信じきっていたのだ。

　コタガルたちは、嚢胞性線維症財団に頼んで最高の成果をあげている上位５つの病院の名前を教えてもらった。そして、すべての病院を訪問するか電話で医療従事者から話を聞くかして、成果の向上につながる方法やテクニックを見いだした。この学習活動を終えると、彼らは大規模な改革を進めた。たとえば患者の気道浄化の改善もそのひとつで、浄化を日課として行い、患者の肺から粘液を取り除いている。7年後、患者の肺機能測定値は上位５％に入った。上位の基準を満たそうとする努力が、多くの患者の人生によい影響をもたらしたのである。

基準という呪い

他社を基準にして自社を評価すれば、業務や品質の有意義な改善につながることもあるが、他社を基準にしたがために他社の戦略やビジネスモデルをまねることになったというケースがあまりにも多い。経営論の専門家であるゲイリー・ハメルの言葉を借りるなら、「戦略が似通うのは、成功のレシピをこぞってまねるからだ。（中略）戦略の相似を後押しし、けしかけるのは、次々に出てくる野心あふれる若いコンサルタントたちであり、彼らがトップ企業のベストプラクティスを活気のない組織に広めている」[12]というのが現実だ。企業は、社員の創造力を活かして他社とは違う道を切り開こうとせず、他社の製品ラインナップやポジショニング戦略を模倣する道を選ぶ。だがそうやって企業の直接対決が激化すれば、業界全体の利益はしだいに下がっていく。

他社の基準に合わせることや、競合他社を分析することが、なぜ戦略の相似を招くのか？　ハーバードでマーケティングを研究するヤンミ・ムンによると、競合分析を行った企業は、典型的に次のような対応をとるという。仮に、Ａ社の製品は、Ｘという部分でライバルＢ社の製品に後れを取っているとしよう。Ｂ社の製品は、たしかにＸの部分ではＡ社に勝っているが、Ｙ

“他社を基準にすると
戦略をまねることになる”

All too often, benchmarking causes firms to adopt copycat strategies and business models.

の部分についてはＡ社より劣る。両方の企業が互いに相手の製品について詳しく調べたら何が起こるか？　Ａ社もＢ社も、自分たちのいちばんの弱点や劣っている部分の改善に注目する。Ａ社はＸの部分をＢ社の基準に追いつかせようとし、Ｂ社はＹの部分でＡ社の基準に追いつかせようとする。両社とも均整の取れた製品を追求するのだ。別の言い方をするなら、その製品を使う顧客が重視するあらゆる部分で合格点をとることを目指すのだ。だがそんなことをすれば、すぐにこの２社の製品は見分けがつかなくなる。ムンに言わせれば、「たとえ競争力を把握するという健全な意図から始めたとしても、均一化を促す突き棒に変わってもおかしくない」[13]のだ。

彼女はまた、すべての部分を合格点にするのではなく、もっといびつになることで差別化は生まれるとの認識を企業は持つべきだと語る。ライバルを模倣するお決まりの努力に専念するのではなく、強みに磨きをかけることで競争上の優位を確立するのだ。突出した存在になりたいなら、他社が得意とすることを捨てる必要がある。屋外で使用する動力工具業界を例に見てみよう。ＳＴＩＨＬは、チェーンソーで世界一のシェアを誇る企業だ。多くのライバル企業が部品の製造を外注して製造コストを下げるなか、同族経営のＳＴＩＨＬは、いまでもソーチェーンやガイドバーの設計と製造を社内で行い、最高品質を保っている。また、他社がホーム・デポやロウズといった大手小売チェーンと強固な関係を築く一方で、ＳＴＩＨＬはそういう流通チャネルを通じて販売する道を選ばなかった。ＳＴＩＨＬの製品は、世界中に広がる４万５０００の代理店を通してしか販売されていない。なぜそうしているのか？　顧客が購入する前と後の両方で卓越したサービスを提供するためだ。ＳＴＩＨＬの代理店は、製品の組み立てや専門的な使い方の指導もする。[14] 数年前には、大型量販店でＳＴＩＨＬの製品は売っていないことを強調する広告まで打った。その広告のキャッチフレーズはこうだ。「ＳＴＩＨＬの製品は量販店では買えません。大型量販店に行ってもありません」[15]。この戦略によって、ＳＴＩＨＬは業界で唯一無二のポジションを確立し、大きな成功を収めているのだ。

　競争上の優位を確立し維持することは、代償を払うことを意味する。つまり、何をしないかを具体的に決めるのだ。他社が一方へ向かったら、別の方向へ向かう。スティーブ・ジョブズもかつてこう言っていた。「実のところ、私たちがやってきたことと同じくらい、私たちが多くのことをやらなかったという点についても誇りに思っている」[16]と。優秀な組織は、すべての部分で一度に世界クラスになることは不可能だと自覚している。特別優れている一部分に確実に投資するとなれば、ほかの部分が犠牲になる。フェラーリが世界一速くてデザイン性の高い贅沢なスポーツカーというポジションを維持しながら、子供の安全についても業界トップをとるのは困難を極めるだろう。[17] 残念ながら、すべての人にすべてのことをうまくやろうとする企業が多すぎる。かくして私たちは、さまざまな業界で群れのような行為を目の当たりにすることになるのだ。

航空業界に倒産が多いわけ

世界的に有名なイギリス人の起業家リチャード・ブランソンは、成功の秘訣は何かとしょっちゅう尋ねられる。どうすれば大金持ちになれるのか？　そう尋ねられたブランソンは、航空業界に皮肉をきかせて次のように答えた。「百万長者になりたいなら、10億ドルで新しい航空会社を立ち上げればいい」[18]

たしかに、航空業界は１００年以上のあいだずっと、もっとも利益があがらない業界のひとつのままだ。この数十年で倒産した航空会社を思い返せば、コンチネンタル航空（１９８３年）、イースタン航空（１９８９年）、パンナム航空（１９９１年）、ノースウエスト航空（２００５年）と枚挙にいとまがない。ＴＷＡ（トランス・ワールド航空）に至っては、１９９２年から２００１年のあいだに3回も破産申請を行っている！[19]　投資・保険会社バークシャー・ハサウェイが株主にあてた２００７年の報告書のなかで、ウォーレン・バフェットは航空産業のことを陰惨なビジネスと描写した。そして次のようなジョークを続けた。「ライト兄弟の時代からずっと、航空産業で競争上の優位を永続的に得ることは難しいと実証されてきた。先見の明のある資本家がキティホーク（訳注：ライト兄弟が飛行実験を行った町）にいたら、子孫のためにオーヴィルを撃ち殺していたかもしれない」[20]

この嘆かわしい窮状が生まれた原因はいろいろあるが、戦略の相似が主たる原因のひとつであることは間違いない。ジョスト・ダフトとサッシャ・アルバースは、２００４年から２０１２年におけるヨーロッパの航空会社26社について調べた。[21]当然と言えば当然だが、その期間の26社は互いに模倣し合っていた。たとえば、ダフトとアルバースの論文を見ると、機体と航路網が均一になっていく様がまとめられている。だが、他社と違うことをして、時間をかけて差別化される存在となった航空会社が1社ある。低価格で知られるアイルランドのライアンエアーだ。同社は、調査期間中にヨーロッパの航空業界でトップクラスの利益をあげた。アメリカでは、サウスウエスト航空が長年にわたって先人の模倣を懸命に避けつづけ、多くの競合が倒産するなかで安定した利益を毎年叩き出した。

模倣すれば、単に失敗するだけではすまない。企業間の対立が激化してその悪影響が業界全体に及び、創造力や想像力を抑えつけることにもなる。誤解しないでもらいたいが、互いに模倣し合うだけで低迷を招くわけではない。模倣の仕方が下手なのだ！　多くのケースにおいて、模倣する企業は他社が成功した要因を正確に理解していない。ライバル社で成功したビジネスモデルを詳しく調べ、いくつかの要素に模倣する価値があると目をつける。それらが成功の要因だと勝手に決めつけるのだ。競争上の優位は、統合されたシステムとしての活動を構築するから生まれる。だが他社に追従する企業のほとんどは、この点に気づかない。[22]成功はひとつの特効薬で生まれるものではない。ブランド戦略、業務活動、企業文化などの調和がとれて、初

“航空業界の窮状の主因は
戦略が似通っていること”

Many reasons exist for this unfortunate predicament,
but strategy convergence certainly plays a key role.

めて成功する。優れた企業の本当の価値は、部分部分ではなく全体にあるのだが、どの企業もたいてい、業界トップ企業のビジネスモデルの部分的な要素をいくつか模倣するだけだ。

北欧で誕生したイケアは、長年にわたって家具業界で素晴らしい成功を収めつづけている。競合他社は、イケアの競争上の優位の源を見定めようとしているのか？　当然だ。では、イケアの模倣に成功しているのか？　ほとんど成功していない。イケアの社長を務めたアンダッシュ・ダルヴィッグは、高い顧客満足と好調な決算を生み出す要素はたくさんあると指摘する。たとえば、製品のデザイン、物流、店舗のレイアウトや雰囲気などだ。彼はさらにこう付け加える。「そういったことのひとつやふたつなら、多くの競合がまねできる。だが、われわれ全体を生み出すのは難しい[23]」。目指すものを部分的にまねたところで、同じような成果を手にすることはできない。だが、業界の大手企業を基準にする企業は、たいていそういう行動に出てしまう。

多くの業界で模倣行為が蔓延する理由を最後にもうひとつあげるとすれば、管理職が抱く職を失うことへの不安も忘れてはいけない。市場のリーダーを基準にしてそれにならおうとする人が後を絶たないのは、そういう保守的な道が職の維持につながりやすいからだ[24]。業界トップクラスの企業がみな同じような戦略を展開することを選んだとしよう。そんななか、あなたの会社だけまったく違う道を進むことにしたらどうなるか？　一般にそういう道は、リターンは大きいがリスクも高い。新たな高みに到達して競合を圧倒するかもしれないし、失敗して破滅するかもしれない。管理職として、大勢に追従することを決めたらどうなるか。業界の平均あ

“部分的なまねで
同じ成果は生まれない”

You cannot imitate a few parts of the model and achieve similar outcomes.

たりの働きだとみなされる。莫大な報酬を手にして夢にも思わなかった大金持ちになることはないだろうが、他社と足並みを揃えていれば、職を追われることは十中八九ない。では、業界で先人のいない領域に飛び込むことを選んだらどうなるか。突出した業績をあげることができるかもしれない。ただし、もし失敗して業界平均より低い業績しかあげられなければ、職を追われてもおかしくない。このように、職を失うことへの懸念が、大勢に追従する保守的なアプローチを選ぶ管理職を多く生み出す原因となっているのだ。

デイヴ・グロールはどのようにしてインスピレーションを得ているか

パブロ・ピカソはかつてこう言った。「優れたアーティストは借りる。優れたアーティストは盗む」と。誰かの素晴らしい成功について調べたからといって、創造力が衰退するとは限らない。ときには、誰かの偉業を詳しく調べていて野心が生まれたり、関連する分野の先人や同業者の仕事を調べていてインスピレーションが湧いたりする。科学、ビジネス、芸術の分野では、前例のない斬新なやり方で既存の概念を組み合わせて画期的なことが多数生まれた。手本の分析が、必ずしも模倣行為を招くとは限らない。

ミュージシャンのデイヴ・グロールは、過去の優れた作品からインスピレーションを得るおかげで創作活動をつづけられているという。彼は10歳から独学でギターを弾くようになった。母

“「優れたアーティストは借りる、盗む」”

“Good artists borrow. Great artists steal.”

親が、ビートルズの2枚のベスト盤（俗に赤盤と青盤で知られる）と全曲の楽譜を買ってくれたのだ。グロールは当時のことを次のように振り返る。

> 僕は本当にそうやってギターの弾き方を学んだ。レコードをかけてその曲の楽譜のページを開いたら、楽譜どおりに演奏する。ほかのメンバーの演奏に合わせようとするから、自分の部屋にいながらにしてバンドの一員になったような気分になった。アレンジはもちろん、楽譜との違い、テンポ、メロディをすべて覚えなくちゃいけなかった。本当に、少年時代の僕にとっては、この2枚のアルバムが音楽の先生だった。[25]

グロールは「ロッキー・ラクーン」という曲がお気に入りで、12歳のときに大勢の高校生の前で演奏してみせた。また、彼は１９６６年に発表されたジョン・レノンとポール・マッカートニーによる「ペイパーバック・ライター」にも感銘を受けた。「あの演奏は本当にヤバい。紳士然とした格好をして不良のような音を聞かせることができるなんてすごいと思った」と彼は言う。[26] そしてドラムを習得したときは、リンゴ・スターやレッド・ツェッペリンのジョン・ボーナムなど先輩ドラマーのまねをした。

グロールのビートルズへの音楽的関心は、少年時代で終わりを迎えたわけではなかった。大人になってからも、ビートルズにインスピレーションを求めつづけた。１９９０年、グロールは新進気鋭のバンド「ニルヴァーナ」のドラマーとなる。ニルヴァーナは１９８０年代後半に、シアトルで始まったグランジシーンから生まれたロックバンドだ。リードボーカルのカート・コバーンがニルヴァーナの曲を書いていた。興味深いことに、コバーンもビートルズにインスピレーションを求めていた。小学校に入る前に、「ヘイ・ジュード」を歌えるようになったという。コバーンは少年時代のことを次のように振り返っている。「おばがビートルズのレコードをくれたんだ。だから（少年時代に僕が聴いていたのは）ビートルズ一色で、たまに自分でシングルを買えたこともあった[27]」。ニルヴァーナのファーストアルバムに収録されている「アバウト・ア・ガール」は、彼がビートルズのアルバムを何時間も聴いたあとに書かれた曲である。

ニルヴァーナが大きな人気を博すなか、グロールは個人的に曲を書き溜めた。コバーンの楽曲制作の邪魔をしたくなかったので、それらの曲は誰にも聴かせなかったという。また、ニルヴァーナに加入してからも、ビートルズの曲を演奏することは続けた。１９９４年には、映画『バック・ビート』のサウンドトラック用にたくさんのビートルズの曲を演奏したバンドにドラムで参加した[28]。同年にコバーンが悲劇的な死を遂げ、ニルヴァーナが解散すると、グロールはそれまで書き溜めていた曲のレコーディングを始める。自ら歌い、さまざまな楽器を自分で演奏した。そして自分のバンド「フー・ファイターズ」を結成すると、コバーンをはじめ、ビートルズやＡＢＢＡ、クイーンといった過去のバンドからインスピレーションを得た。グロールは、過去の偉大なロックバンドに学び、彼らにオマージュを捧げることを心から楽しんでいた。

それでもなお、フー・ファイターズは独自のスタイルを確立した。多数のヒットを飛ばし、グラミー賞を何度も受賞している。

グロールはミュージシャンとしての活動を通じて、単なるまねではうまくいかないと気がついた。彼がビートルズのドラマー、リンゴ・スターのテクニックとして知られる「リンゴ・ロール」をまねしようとしたときのことだ。「リンゴ・ロールをやろうとするたびに、上着で火を消そうとしている人みたいになる」と笑いながら、やろうとしてできなかったことを思い返していた。[29] グロールは、本当の自分でなければならないと言う。「ミュージシャンになるというのは、無理になろうとするものじゃなくて、自然にそうなるものなんじゃないかな。そう、ありのままの自分でいるのがいいんだと思う」[30] と彼は説明する。

グロールのビートルズへの憧れは、２００７年に集大成を迎える。世界的に有名なロンドンのアビーロード・スタジオで、ポール・マッカートニーの「バンド・オン・ザ・ラン」のカバーをレコーディングすると決めたのだ。そのレコーディングにビートルズのレジェンドがやってきて、彼はマッカートニーと初対面を果たした。そのときのグロールは、天にも昇る気持ちだったという。ふたりのミュージシャンはすぐに友人になり、その年の終わりにマッカートニーがリバプールで行ったコンサートでは、グロールが「アイ・ソー・ハー・スタンディング・ゼア」と「バック・イン・ザ・ＵＳＳＲ」のドラムを叩いた。[31] また、数年後には元ニルヴァーナのメンバーにマッカートニーが加わって、ハリケーン「サンディ」の被害支援チャリティコンサートのための新曲をレコーディングした。[32] このときのジャムセッションを覗けたらどんなによかったか！ 彼らがレコーディングした「カット・ミー・サム・スラック」は、その年のグラミー賞のベストロックソング部門を受賞した。ふたりの友人関係は２０１７年になっても健在で、マッカートニーはフー・ファイターズの9枚目のアルバム「コンクリート・アンド・ゴールド」に収録されている1曲にドラムで参加した。[33] グロールのミュージシャンとしての旅路を見ると、崇拝する人の模倣者にならなくても、崇拝する人から学ぶことやインスピレーションを得ることはできるのだとわかる。一緒に何かをつくることだって夢ではない。結局のところ、グロールは己で自分の行く手を切り開いた。ほかのバンドとは違うサウンドやスタイルを生み出して、多くのファンを魅了したのだ。

容器に水を入れる実験からわかったこと

残念ながら、インスピレーションより模倣を優先する人は多い。問題を解決しようとすると、人は「固着」を経験する。どういうことかというと、過去にうまくいった解決策にもとづいて問題を解決しようとする考え方にとらわれてしまうのだ。１９０３年にオーヴィルとウィルバーのライト兄弟が制作した飛行機には、羽ばたきする翼はついていなかった。彼らの先人のほとんどは、制約にとらわれたせいで、翼を羽ばたかせる飛行機づくりを試みた。E・P・フロ

“人は過去に成功した解決策にとらわれる”

We become attached to a specific mental set, a way of thinking about a problem based on solutions that have worked in the past.

ストやギュスターヴ・トルーヴェをはじめとする発明家たちは、鳥が翼を羽ばたかせて空を飛ぶ姿を観察し、その構造をまねて飛行機をつくろうとしたのだ。[34] 特定の考え方を持つことが問題解決につながることもあるが、過去の経験から誤った策に固着すると、創造力が阻害されかねない。

この種の固着の存在を実証してみせたのがエイブラハム・ルチンズだ。彼は、容器に水を入れる有名な実験を行った。実験は、次のような問題を人々に解いてもらうというものだった。A、B、Cという容器が3つあり、Aには水が21単位、Bには水が127単位、Cには水が3単位入る。この3つを使って正確に100単位の水を測定しなければならない。どうすれば測定できるか？　単純な方程式（B－A－2C）を使えばいい。まずは容器Bいっぱいに水を入れ、そこから容器Aに入るだけ水を注ぐ。この時点で、Bに残っている水は106単位。そこからさらに、容器Cいっぱいに水を2回注げば、Bに残っている水はきっちり100単位になる。

ルチンズは実験の参加者の一部に対し、ある方程式で解ける練習問題をいくつか事前に出題した。一方、対照とするグループには練習問題をいっさい出さなかった。そして全員に、練習問題で使われた方程式では絶対に解けない、水と容器の問題を出題した。練習問題を事前に解いたグループは、この問題にも練習問題のときと同じ方程式を当てはめようとしたため、うまくいかずにかなり苦戦した。また、練習問題で必要とした方程式よりもっと簡単な式で答えにたどりつける水と容器の問題も、いくつか出題された。事前に練習問題を出題されなかったグループは簡単な式を使う傾向にあったが、事前に練習問題を解いたグループでそれを使う人はほとんどいなかった。後者のグループは練習問題によって条件づけされてしまい、もっと簡単な式を使えたにもかかわらず、練習問題を解いた方程式に再び頼ろうとしたのだ。だが驚いたことに、ルチンズが参加者に「盲目的にならないように」と伝えると、たったそれだけで簡単なほうの方程式を使う人が増えたそうだ[35]！

製品開発における実験

固着は、製品開発の創造力も阻害するのか？　製品のデザイナーやエンジニアになったつもりで考えてみよう。新製品を開発しようと思ったら、既存のさまざまな製品について調べることから始めるのではないか？　過去に成功したデザインとそうでないものを知りたくなるはずだ。デイヴィッド・ジャンソンとスティーヴン・スミスは、一連の実験を通じて、学生やプロのエンジニアが製品デザイン時に固着にとらわれるかどうかを検証した。

そのうちのひとつがテキサスＡ＆Ｍ大学の機械工学部の学生を対象としたもので、ジャンソンとスミスは学生に自動車用の自転車ラックのデザインを頼んだ。ただし、半数の学生には自転車ラックの図を渡した。それは自動車の屋根に設置されたラックを描いたスケッチで、ラックの一部には吸着カップが使われていて、自転車のタイヤを固定させる柵があった。調査員はスケッチを渡したうえで、このデザインの欠点を指摘した。具体的には、車の屋根に自転車を持ち上げるのは大変だと伝えた。残りの半数の学生には事前にデザインを見せることなく、自転車ラックのデザインに取りかかってもらった。どちらのグループにも、1時間でできるだけ多くのデザイン案を出すことを求めた。面白いことに、できあがったデザイン案の数は同じだった。ただし、事前にスケッチを見た学生には明らかに固着の兆しが見受けられた。スケッチを見なかったグループに比べて、車の屋根に自転車を載せるタイプのデザインが多かったほか、吸着カップやタイヤ用の柵を使うデザインが多かったのだ。[36]

とはいえ、特定のデザインに固着するのは、他人が生み出した優れたデザインにならおうとするときにだけ起こるのではないか? 既存のデザインを調べて欠点がたくさん見つかれば、そのデザインに固着する可能性は低くなるに違いない。ジャンソンとスミスは引き続き、この論理を実証するために次のような実験を行った。今度は、密封式の使い捨てコーヒーカップをデザインするという課題を機械工学部の学生に出した。やはり半数の学生には、カップのデザインのスケッチを与えてさまざまな欠点を指摘した。ストローや吸い口を使う場合のデメリットを指摘し、そのうえで、ストローや吸い口をデザイン画に使わないようにと学生に指示した。残り半数の学生には、事前に欠点のあるデザイン画を見せることなく課題に取り組んでもらった。この実験でもやはり、どちらのグループもほぼ同じ数のデザインを1時間で完成させた。ただし、事前にスケッチを見た学生には固着の兆候がはっきりと見て取れた。スケッチに含まれているデザインの要素が、さまざまな形で彼らの作品に潜り込んでいたのだ。使わないようにと指示されたにもかかわらず、ストローや吸い口をデザインに取り入れた学生までいたという！

ジャンソンとスミスは、独創性と柔軟性という2つの観点から学生のデザインの創造力を測った（図3−2参照）。独創性については、ほかとは違うデザインを数多く生み出すほど高ポイントを与えた。柔軟性については、完璧なカップを求めて多種多様なアプローチをとるほど高ポイントを与えた。みなさんのご想像どおり、事前にスケッチを見た学生の独創性と柔軟性は低かった。欠点の多いカップのデザインであっても、固着は生まれ、創造力の衰退を招いたのだ。

では、既存の製品を例として与えたうえで、このデザインをまねするなと伝えたらどうなるか？　スミスはこの疑問についても調べるために、さらなる

図3−2　デザインの固着：密封式カップの実験

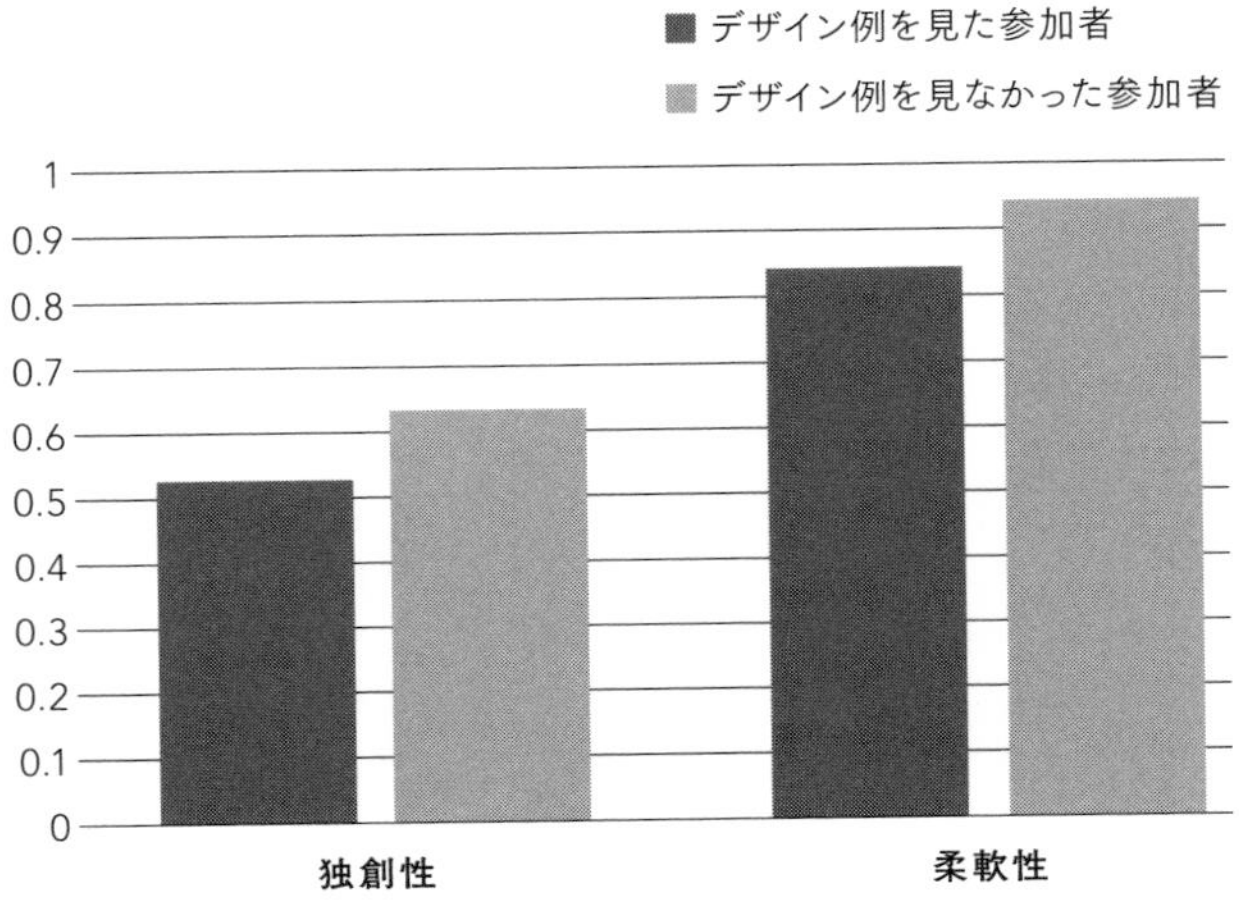

出所：Jansson and Smith, “Design fixation”[37]

実験を同僚とともに実施した。[38] スミスは実験に参加する学生に対し、新しいおもちゃのデザインを課題として与えた。今回は、事前にデザインを見せて欠点を指摘することはせず、ただ単に既存のデザインをいくつか見せるだけにし、そのうえで次のような指示を与えた。「みなさんが見ているデザインの例は、個々の創造力を制限することがわかっています。みなさんのアイデアに限界を設けないでください。デザイン画を描くときは、できるだけ例として見たデザインとは違うものにしてください[39]」。ところが、こういう指示を出しても、先の実験で見受けられたように、例として見たデザインにならおうとする傾向が減ることはなかった。たとえはっきりと命じられても、基準となるものを意識から消してそのまねをしないというのは、それだけ難しいのだ。それが頭にこびりついているものならなおさらだ！

外に目を向けよう！

固着の影響を受けないために、組織は何をすればいいのか？　まずは、直接のライバルを基準に掲げるのをやめて、業界の外にいる人から学ぶことを心がけるといい。違う分野にインスピレーションを求めることは大きな刺激になると言われていて、とりわけ類似の体験や製品を調べるときに効果的だ。リーボックがアスリート用シューズ向けに開発したことで有名なポンプという技術も、まさにそうやって生まれた。

“まずは業界の外にいる人から学ぶ”

For starters, we can seek to learn from people outside our industry.

１９８０年代後半、ナイキはエアジョーダンシリーズのヒットにより、スニーカー市場で独走状態にあった。このシリーズは、世界一のバスケットボール選手から後押しされているだけでなく、スニーカーのかかとにエアクッション技術を取り入れて快適さと安定感を高めていた。エアジョーダンが世に出た最初の年は数百万足を売り上げ、リーボックの収入と利益は低迷した。リーボックのＣＥＯは、エンジニアのポール・リッチフィールドにナイキの革新的な新製品ラインに太刀打ちできるスニーカーをデザインするように命じた。

　リッチフィールドはまず、デザイン・コンティニュームに協力を求めた。デザイン・コンティニュームはマサチューセッツを拠点とするイノベーションとデザインの会社だ。同社から人材が派遣され、リーボックの社員とチームが結成された。派遣された人材には医療分野での経験を持つ者がいて、彼らがつくりたい新しいかかとに特定の医療製品が極めて似ていることがわかった。また、空気注入式のバネをデザインしたことがあるデザイナーもチームにいた。新しいシューズのデザインに、何らかの形で「バネ」を採用したらどうなるか？　バスケットボールシューズのかかとの安定感を高め、怪我を防ぐことにつながるのか？　チームの別のデザイナーには、病院で使う静脈内輸液用のバッグの改良に携わった経験があった。そのバッグがヒントとなり、シューズのかかとに空気注入式のブラダー（空気袋）を内蔵するというアイデアが生まれ、チーム内で検討することになった。履く人自身でブラダーを膨らませることができれば、個々の使いやすいようにカスタマイズできるのではないか？　そう考えたチームは、医療の専門家が使う診断用機器のデザイン経験者を探した。そういう機器にはほぼ必ず、ポンプ、バルブ、チューブが使われているからだ。血圧測定器がまさにそうだった。チームはこの機器から着想を得て、シューズのかかとに空気を送り込むアイデアを考案した。

そうして誕生した「ポンプ」が１９８９年の終わりに市場に登場すると、初年度で5億ドルを売り上げた。ＮＢＡのボストン・セルティックスで活躍するディー・ブラウンは、１９９１年のＮＢＡオールスター・スラムダンクコンテストに出場したとき、履いていたリーボックのシューズに空気を入れてからシュートに臨んだ。ブラウンがコンテストで優勝すると、リーボックのポンプはとてつもない売上を叩き出した。リッチフィールドが率いたチームは、エアジョーダンを模倣しなかった。そんなことをすれば、努力は無に帰していただろう。彼らは、医療分野について知る友人に少しばかり協力してもらいながら、ほかにはない心躍るシューズを生み出したのだ[40]。

類似の分野にインスピレーションを求めることの影響については、マリオン・ポエッツ、ニコラウス・フランケ、マーティン・シュライアーが興味深い調査を実施している[41]（表3−1参照）。3人は、スケート選手、大工、屋根職人に対し、安全器具の装着率を高めるアイデアを求めた。具体的には、安全ベルト、保護マスク、膝当ての使用頻度が増えるように、装着したときの快適さを高めるためのアイデアを出してほしいと頼んだのだ。自分が属していない分野のための策について考えると、人はより斬新なことを思いつく傾向がある。実際、その人が専門とする

表3−1 類似という観点から学ぶ流れ

類似性を探す	✔自社と共通点のある業界はないか? ✔自社の顧客の行動と関連性のあることに夢中になっている消費者はいないか? ✔自社製品とよく似た特徴や技術を備えた製品、よく似た使い方をする製品はないか?
インスピレーションや発見を得る	✔類似性のあるほかの分野では、どんな戦略やテクニックが機能しているか? ✔ほかの分野の人は、自分たちが抱えるのとよく似た問題をどうやって解決してきたのか? ✔ほかの分野で機能しなかったことは何か?
アイデアや教訓を受け入れて適用する	✔ほかの分野から学んだことを、どのように受け入れれば自分の状況に当てはめることができるか? ✔ほかの分野のアイデアで、自分の状況に当てはめられない部分はどこか? ✔自分の置かれている状況に、ほかの分野のリーダーならどう対処するか?

分野から遠くなるほど、目新しさが増したという。たとえば、大工が使う保護マスクの改善策を全員に尋ねたところ、大工のアイデアより屋根職人のアイデアのほうが斬新だった。だがいちばん独創性が高いアイデアを出したのは、インラインスケートの選手だ！

置き換える対象を広げる

ピザ、ベーグル、チョコレートキャンディを会員に提供するフィットネスクラブはどこか？　もちろん、プラネット・フィットネスだ！　ニューハンプシャーに本社を置くこのフィットネスチェーンは、型破りなやり方を追求して大きな成功を収めた。『メンズ・ヘルス』誌で、「プラネット・フィットネスはスポーツジムではない。スポーツジムを名乗るのは無理がある」というタイトルで特集記事を組まれたこともある。[42]　このフィットネスチェーンに関するブログの投稿やネット上の議論も、身体を鍛えることに熱心な人たちがバカにするものがほとんどだ。たしかに、ウエイトトレーニング用の器具は限られていて、ランニングマシーンやエアロバイクといった心機能を高めるための器具が大半を占める。これについて、プラネット・フィットネスの広報マコール・ゴセリンはこう話す。「このクラブには、スクワットラックやベンチプレス用のベンチはありません。ダンベルも、いちばん重いもので80パウンド（約36キロ）です[43]」。このように、ウエイトトレーニング器具がまったく充実していないことを、身体を鍛えることに熱心な人たちは笑いものにしてきた。

　プラネット・フィットネスは、ここは筋トレマニアのためのジムではないと積極的にアピールしている。実際、同社のテレビCMでは、軽い気持ちで身体を動かしにきた人のやる気を失わせるような言動をとる人がいたら、「警告音」が鳴り響く。CMを通じて、このフィットネスクラブは「どんな運動の仕方も許される場所」だと強調しているのだ。マッチョな男性がプラネット・フィットネス内を見学してまわるCMはとくに有名だ。どんなトレーニングを好んでやるのかと、その目を疑うほど短くタイトなパンツを履いたムキムキの男性に尋ねると、彼は「何かを持ち上げて下ろす」としきりに繰り返す。そうこうするうちに、案内していた社員が巧みにその男性を建物の外に誘導し、彼が出たとたんにドアに鍵をかける。そして最後に、「ここは彼のプラネットじゃない。あなたのプラネットだ」という文言が画面に映し出される。[44]

　なぜわざわざ、特定のタイプの人は歓迎しないという意思表示をするのか？　答えは極めてシンプルだ。プラネット・フィットネスはどういうタイプの人にきてほしいと思っているのか、そしてどういうタイプのフィットネスクラブにしたいと思っているのかを周知させるためである。同社を創業したマーク・グロンダールは次のように説明する。「われわれは人口の85％をターゲットにしている。要は筋トレマニアではない人たちだ。そういう人たちに、自分の好きに運動できる場所だと感じてもらいたい[45]」。同社がライバル視しているのは、従来のフィットネスクラブではない。同社のクリス・ロンドーCEOはこう話す。

いちばんの競合は、はっきりいってチリズとウノズと映画館です。よそのフィットネスクラブはトレーニングを趣味ととらえていますが、私は用事のようなものととらえています。アメリカの大半が私と同じ意見ではないでしょうか。やらなくてはならないと自覚しつつ、（でも）チリズに行ってビールを飲んでポテトチップスやサルサをつまみたい。わかってはいる。でもやりたくない。だから運動に対して尻込みしてしまう。このように感じているアメリカ人がほとんどでしょう。[46]

プラネット・フィットネスはなぜ、これほど思いきった戦略をとることにしたのか？　彼らは、従来の戦略ではあまり利益は見込めないと気づいたという。多数の会社がしのぎを削るフィットネス業界は参入の壁がほとんどなく、競うポイントが価格しかない。また、特定のフィットネスクラブではなく、特定のパーソナルトレーナーに顧客がつくのが一般的だ。敬愛するトレーナーが近所の別のクラブに移籍すれば、顧客もトレーナーを追って別のクラブに変わる。消費者の前には、たいして違いのないフィットネスクラブが選択肢としてたくさんある。しかも、フィットネスクラブへ行く以外の選択肢も豊富だ。自宅でトレーニングをする、食事制限を課す、屋外でエクササイズすることもできれば、手術で減量することだってできる。もちろん、いっさい運動しないことを選択する人もいるだろう。こうした激しい競合の末、いつの間にか多くのフィットネスクラブが倒産した。一時は業界最大手だったバリー・トータル・フィットネスは倒産手続きを2回行っている。ほかにも多くのフィットネスクラブ、とりわけ資本提携先がないクラブが同じような憂き目に遭った。

プラネット・フィットネスは同業者とは違う道を進むことを選び、それから数十年にわたって厳しい逆境のなかで生き残り続けている。１９９２年に創業した同社は、いまや会員数は１０００万人を超え、アメリカ全土に１５００以上の支店を構える。これから先も生き残って繁栄を続けるのか？　それは疑わしいと思っている人が多いようだ。たとえば、フランチャイズを通じて急激に拡大し、その目もくらむような成長スピードに疑問を呈する声が一部のアナリストからあがっている。従来どおりではない戦略は、厳しい競争と大きすぎる成長目標のなかでいずれ行き詰まるのではないかと懸念しているのだ。だが、単に業界のリーダーを模倣していたとしたら、ほぼ確実に悲惨な結果に終わっていただろう。褒めるべきところは褒めるべきだ。ほとんどの同業者は、業界の常識とされていることを忠実に守り、多くの先人が踏み固めてきた道を進むことを選んだ。その道では、そこそこの利益しかほとんど見込めない。そんななか、プラネット・フィットネスは新しい道を歩むことを選んだ。非常に厳しい環境に置かれながらも、通例を覆したいとの思いから、リスクの高い道を選んだのだ。これから先も成功を維持できるとは限らないが、生き残りがとても難しい業界に勇敢に挑んだことは間違いない。

企業に必要なのは、直接的なライバルを基準に掲げることではない。自分たちと競合し、取って代わろうとするものの対象をもっと広くとらえることが重要だ（表3－2参照）。アメリカン航空の競合はデルタやユナイテッドだけではない。スカイプやウェブエックスとも競うことになる。彼らが提供するテクノロジーを使えば、日本やイタリア行きの飛行機に乗らなくても、海外にいる同僚とビジネスが行える。プログレッシブやアミカといった保険会社が競う相手は配車アプリのウーバーだ。自動車を買わない人が増えれば、保険の売上は減少する。

プラネット・フィットネスは、ほかのクラブのやり方に固着しなかった。さらには、フィットネスクラブへの登録の代わりとなる選択肢として、エクササイズやダイエットプラン以上のことにも目を向けた。要は、運動をしないことを選ぶ人がいる可能性に気づいたのだ。自由になる時間があれば、人は映画を観ることも食事に出かけることもできる。プラネット・フィットネスは、同業他社に登録している顧客を奪おうとは考えなかった。彼らがターゲットとしたのは、フィットネスクラブで運動しないことが当たり前の人々だ。そして、「そういう人はなぜフィットネスクラブに行かないのか。暇な時間にどんなことをしているのか？」と自問した。こうして競合の対象とする幅を広げた結果、プラネット・フィットネスは一際目を引く戦略を構築できたのだ。

“競合相手を広くとらえることが重要”

Rather than simply benchmarking direct rivals, companies need to think broadly about the full range of substitutes against which they compete.

表3－2 脅威となるものの例

製品／サービス	脅威となりうるもの	根拠
チューインガム	アマゾン	ネットで買い物する機会が増えれば、小売店でチューインガムを買いたくなる機会が減る
荷物用カート	エアビーアンドビー	旅先でホテルに代わってエアビーアンドビーを使って滞在する人が増えれば、荷物用カートの需要が減る
食器	エクスペディア	結婚祝いリストに食器に代わって旅行クーポンを含めるカップルが増えれば、食器の需要が減る
自動車保険	ウーバー、リフト	車を買わずに例にあげたサービスを利用する人が出てくれば、そのぶん保険市場が縮小する
航空会社	スカイプ、ウェベックス、ポリコム	新たなコミュニケーション手段を企業として採用すれば、海外出張が減る

ほかとは違うことを実際にやってみよう

群れからはぐれるのは勇気がいる。模倣しないことを選べば、たいていは、失敗につながる大胆な賭けに出ることになる。創造的な新たな試みに手をつけるとなれば、プラネット・フィットネスがそうだったように、うまくいくわけがないとさんざん酷評され、ときにはバカにされることを覚悟しなければならない。ほかとは違う独創的な戦略をとると、最初のうちはそのメリットに気づかないというケースは多々ある。新しいアイデアへの反発が起こると、同業他社と足並みを揃えるほうが簡単だと考えて、群れに溶け込もうとする企業もあるだろう。だが新しいアイデアに固執する企業もある。そういう企業は、障害にぶつかるたびに学習して修正し、前に進んでいく。

　リアリティ番組の「サバイバー」は数週間のうちに大人気番組となった。だが、創造的な新たな試みで、一夜にして成功するものは数少ない。「サバイバー」のように短期間で成功を収めない限り、番組は打ち切りになることが多い。1995年、ドナルド・ベリサリオはNBCでほかにない新しい番組を制作した。「犯罪捜査官ネイビーファイル」というその番組は、戦闘機パイロットだったハーモン・ラブを中心に、アメリカ海軍法務部の活躍を描いたドラマだ。その当時、軍にスポットをあてたドラマは皆無に近かった。視聴率は低迷し、評論家の意見も芳

“群れからはぐれるのは勇気がいる”

Veering away from the herd requires courage.

しくなかったことから、ＮＢＣはたった１シーズンでドラマの打ち切りを決めた。

だが、ベリサリオはあきらめなかった。内容をテコ入れし、１９９７年１月からの放送をＣＢＳでとりつけた。[47] その後、「犯罪捜査官ネイビーファイル」は第10シーズンまで続き、週間プライムタイム視聴率の上位25番組の常連となった。２００３年、ＣＢＳはスピンオフドラマ「ＮＣＩＳ～ネイビー犯罪捜査班」を放送した。マーク・ハーモンを主演に迎えたこのドラマは、海軍犯罪捜査局を舞台とする。ベリサリオは鉱脈を掘り当てた。「ＮＣＩＳ」は２０１８年までに15シーズン放送され、プライムタイム視聴率ナンバー１の座を何年にもわたって維持した。[48]

ベリサリオが選んだ道は、ほかとは違うものだった。テレビプロデューサーの多くがリアリティ番組に飛びつくなか、彼は違うタイプの番組に活路を見いだしたのだ。ベリサリオのエピソードを見ればよくわかる。群れについていかなければ険しい茨の道を歩むことになるかもしれないが、その先には驚くようなご褒美が待ち受けているかもしれないのだと。

第4章 | The Prediction Mindset

予測に関する思い込み

――未来を予測したいなら、未来をつくるのがいちばんだ。

アラン・ケイ（コンピューター科学者）

ジム・クレイマーは、ＣＮＢＣの人気番組「マッド・マネー」で毎回怒鳴り散らしては熱弁を振るう。椅子を投げ、さまざまな衣装を身にまとい、おでこに付箋紙を貼るのがお約束になっていて、「『ウォール・ストリート・ウィーク』というよりプロレスに近い[1]」との意見もある。クレイマーは曖昧なことはしない。大胆な行動をとり、明確な結論を出す。平日の夕方になると、大勢の視聴者がこの番組にチャンネルを合わせ、ハーバード卒の元ヘッジファンドマネジヤーからの投資のアドバイスに耳を傾ける。「マッド・マネー」がテレビを楽しくしているのは間違いない。だが、はたして彼は驚異の予言者なのか？　ウォートン・スクールで学ぶジョナサン・ハートリーとマシュー・オルソンがこれについて検証しようと、クレイマーが運営する投資ファンド「アクション・アラート・プラス」の２００１年から２０１６年にわたる実績を精査した。このファンドは、クレイマーが番組で勧める銘柄の多くに実際に投資している。調査の結果、クレイマーの投資ファンドは、なんと15年にわたってＳ＆Ｐ５００種指数を下回っていたという事実が判明した。[2]とはいえ、クレイマーの芝居じみた番組から学べることはある。彼がウォール街で何十年もかけて培った、洞察力や知識は確実に得られる。だが間違ってはいけない。だからといって、異様な正確さで未来がわかることはないし、信じられないほどの富を手にできるようにもならない。

ジム・クレイマーのような人はさまざまな分野に存在する。未来を予言する人は、社会で大きな注目を浴びるからだ。人は、熟練のエコノミストが発表する経済成長や失業率の予測を待ちわびる。かつて活躍したスター選手やコーチが予想する、翌週末に行われるアメリカンフットボールの勝敗の行方に耳を傾ける。年末が近づくと毎年、多くの雑誌が翌年についての予測に一冊を割いた号を発行する。人の「未来が見たい」という欲求は恐ろしいほど強く、それを叶えてくれる人を何としても見つけようとする。驚くべきことに、専門家の予測はある程度疑うべきだとわかる証拠が次々に表れているにもかかわらず、専門家の予測に人々が寄せる多大な信頼は揺るがない。専門家は特定の分野に関する膨大な知識を身につけているので、過去については詳しいかもしれない。分析を通じて素晴らしい成果を出すこともできるだろう。だが、予測はまったくの別物だ。

わかる人は誰もいない

ハリウッドの監督やプロデューサーは、未来を予測できるようになりたいと願ってやまない。彼らは毎年、多くの売り込みを浴びて大量の脚本に目を通す。才能ある作家から生まれたありとあらゆる独創的なアイデアを精査するのだ。そのうえで、映画スタジオは大きな賭けに出る。というのも、ここ数年で製作費が跳ね上がったのだ。いまや製作費が１億ドルをくだらない映画が大半で、マーケティングにも莫大な費用がかかる。１本の映画をヒットさせるだけでも大仕事だ。世界的に有名な男優や女優が出ているからといって、ヒットする保証はない。はっきりいって、興行収入を予測することは、株式市場を支配するくらい、もしくはそれ以上に難しいことなのだ。

１９９７年、ベン・アフレックはマット・デイモンと共同で脚本を執筆した映画『グッド・ウィル・ハンティング～旅立ち～』でアカデミー賞脚本賞を獲得した。製作費およそ１０００万ドルのこの映画は、世界中で２億２５００万ドル以上の収益をあげた。[3] １年後、アフレックは爆発的なヒットを記録した映画『アルマゲドン』にブルース・ウィリスとともに主演し、アカデミー賞作品賞に選ばれた映画『恋におちたシェイクスピア』にも出演した。こうして彼はハリウッドのトップスターの仲間入りを果たし、映画1本あたりの出演料が１０００万ドルを超えた。２００２年、『ピープル』誌は世界一セクシーな男性としてアフレックの名前をあげた。[4]その1年後、彼と歌手で女優のジェニファー・ロペスが交際しているとの見出しが大衆紙に踊った。そしてふたりは映画で共演する。７４００万ドルかけて製作されたその映画は、たった７００万ドルしか興行収入をあげられなかった。まったく見向きもされなかったふたりの主演映画『ジーリ』は、映画史に残る大惨敗を喫した。[5]

ほかの受賞経験のある俳優、監督、プロデューサーにも、アフレックと同じような目に遭っている人は大勢いる。アカデミー賞助演女優賞に輝いたジーナ・デイヴィスが主演した『カットスロート・アイランド』は1億ドルかけて製作されたが、興行収入は１０００万ドル止まりだった。コメディ俳優として有名なエディ・マーフィが主役を演じたSF映画『プルート・ナッシュ』は1億２０００万ドルかけて製作されたが、チケットの売上は７００万ドルがやっとだった。２００1年に封切りされたコメディ映画『フォルテ』は、ウォーレン・ベイティ、ゴールディ・ホーン、ダイアン・キートンが出演し、1億５００万ドルかけて製作されたが、興行収入はたったの１０００万ドルである。[6]

作家で脚本家のウィリアム・ゴールドマンはかつて、映画ビジネスに「わかる人は誰もいな

“製作費1億500万ドルの映画の興行収入が1000万ドルということも”

Town and Country cost $105 million to make, yet box office receipts totaled just $10 million.

い」と書いた。１９８３年に刊行された書籍のなかで、彼は映画『レイダース　失われたアーク』が当時の興行収入第４位を記録するほどの成功を収めたことについて触れている。この映画はジョージ・ルーカスが原案を書き、スティーブン・スピルバーグが監督を務め、ハリソン・フォードが考古学者で冒険家のインディアナ・ジョーンズを演じた。４億ドル近い興行収入を叩き出したが、製作費はわずか１８００万ドルだった。[7] ゴールドマンによると、パラマウントを除くハリウッドの大手映画スタジオのすべてがこの映画の製作を拒んだという。そして彼は次のように続ける。

> なぜパラマウントは「イエス」と言ったのか？　わかる人は誰もいないからだ。では、ほかのスタジオはなぜ「ノー」と言ったのか？　わかる人は誰もいないからだ。最大手のユニバーサルスタジオが『スター・ウォーズ』の製作を見送ったのもやはり、映画館で何がヒットし、何がヒットしないかが少しでもわかる人などひとりもいないからだ。これから先も、わかる人は絶対に現れない。[8]

ハリウッドでは何年にもわたって、ゴールドマンの主張を後押しするようなことが起きている。映画館では毎年、著名な男優や女優が主演する大作が数本公開される。それと同時に、意外なヒット作が何本か生まれる。２０１７年には、映画『ワンダー　君は太陽』が期待を大幅に上回り、1億３２００万ドルの興行収入をあげた。[9] 過去に目を向けると、『イージー・ライダー』『マイ・ビッグ・ファット・ウェディング』『ブレア・ウィッチ・プロジェクト』などもそうで、いずれも低予算映画ながら大勢の観客の足を映画館に運ばせた。コロンビア映画のＣＥＯだったデイヴィッド・ピッカーがゴールドマンに告げた、「却下したすべての映画にイエスと言い、製作を決めたすべてにノーと言っていたとしても、結果はほとんど変わらなかっただろう」[10]という言葉は、実に的を射ている。

映画以外の業界の人々も、成功の予測に対して同じようなやるせなさを味わっている。プロアメリカンフットボールリーグのＮＦＬを例にあげよう。ＮＦＬのチームの命運は、そのチームのクォーターバックにかかっているといっても過言ではない。チームの要となるこのポジションに一流選手がいないと、勝ちつづけることは難しい。コーチやゼネラルマネジャーは、毎年ＮＦＬのドラフトに向けて大学で活躍する選手を徹底的に調べる。ドラフトの貴重な1巡目で誰を指名するかを決めるためだ。だがここ何年ものあいだ、1巡目で指名されたクォーターバック選手の多くがチームで機能していない。ジョニー・マンジール、ジャマーカス・ラッセル、ライアン・リーフはとりわけ評判が悪い。一方、6巡目で指名されたトム・ブレイディは、ＮＦＬ史上スーパーボウルでもっとも勝利した選手となった。２０００年以降、1巡目で指名されたクォーターバック選手の3分の2近くがリーグのスター選手になれていない（図4－1参照）。スーパーボウルで勝利した経験があるクォーターバックは、48人中たった４人だ。[11] ＮＦＬのドラフトについて研究したウォートン・スクールのケイド・マッセー教授は、ドラフトは大掛かりな博打だと結論づけている。彼の言葉を紹介しよう。

> 素晴らしい年を迎えるチームもあれば、最悪な年を迎えるチームもある。この差は大きい。しかも、差の度合いは年によって変動する。このことから、ドラフトは偶然に左右されるものであることがわかる。ドラフトで生じるチームの差は、95〜100％（この数字は誇張ではない）偶然によって決まる。[12]

ダーツを投げるチンパンジー

フィリップ・テトロックは長年にわたって人間の予測の力について研究している。1980年代から始まったこの研究を通じて、彼は2884人の専門家

図4－1 NFLドラフト1巡目で指名されたクォーターバックの活躍（2000〜14年）

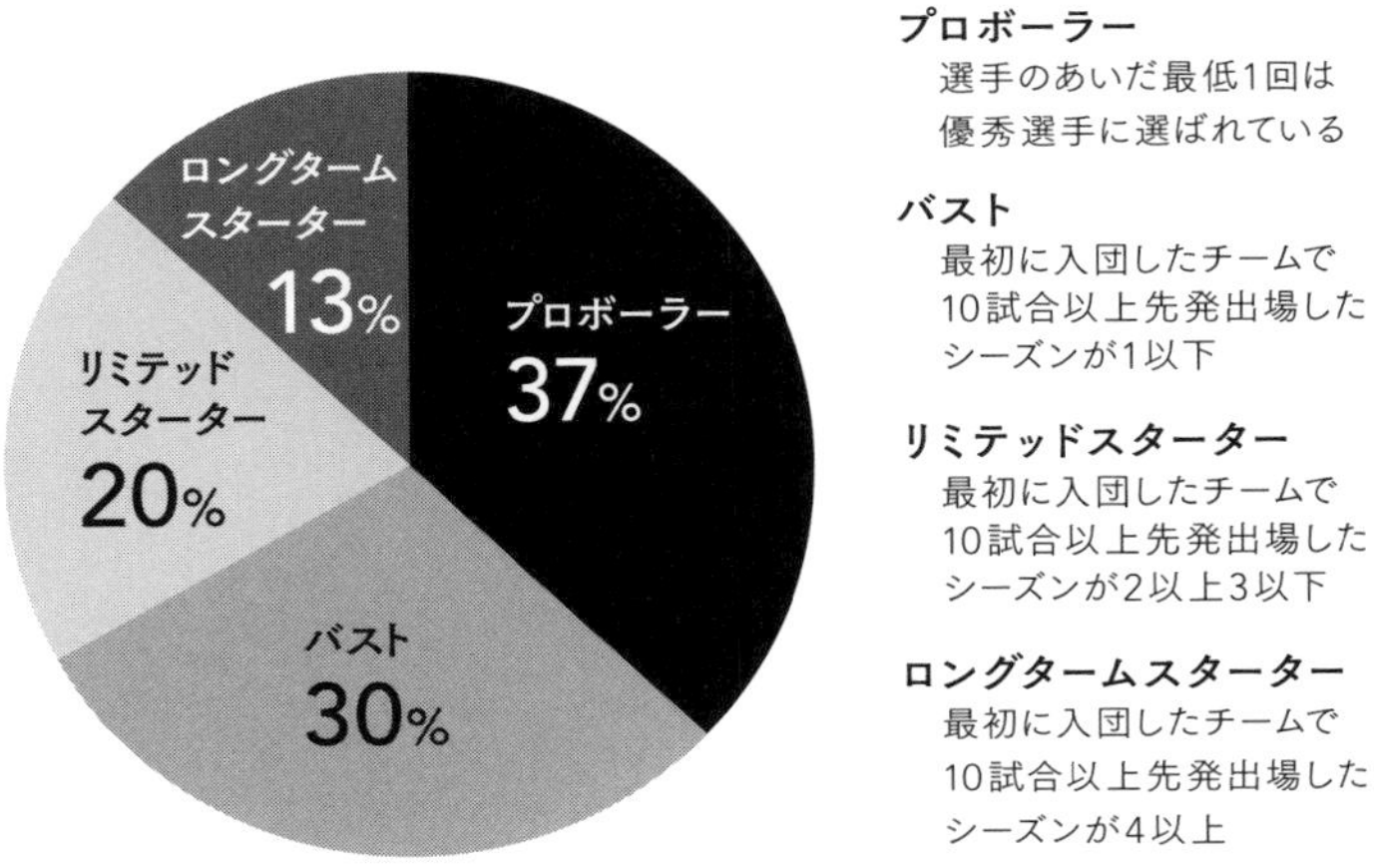

出所：プロ・フットボール・レファレンスのデータにもとづいて著者が行った分析[13]

の予測を分析した。その半数は専門とする分野の博士号を取得していて、国際政治と経済の問題を扱う、大学、シンクタンク、政府機関、世界銀行などの国際機関で働く人たちだ。テトロックは21年にわたってデータを収集し、実際に起きたことと彼らの最初の予測を比較してまとめた。その結果、「専門家の予測の正答率を平均すると、当てずっぽうと変わらなかった」[14]という。これをきっかけに、大手メディアで「ダーツを投げるチンパンジーは、専門家と呼ばれる人並みに未来を予測できる」というジョークがよく使われるようになった。だがテトロックの研究は、一部のメディアが強調する「専門家はみな役立たず」であることを実証したわけではない。実証されたのは、人の予測する力には限界があるということだ。

　数年後、テトロックは「グッド・ジャッジメント・プロジェクト」を開始した。専門家の予測の精度の研究にとどまらず、あらゆる職業から２０００人以上集めて、世界で起きることや経済トレンドなどの予測を立ててもらうことにしたのだ。たとえば、「セルビアは２０１１年12月31日までにＥＵへの加盟を正式に認められるか？」や、「２０１４年3月までに、南シナ海で中国と他国間で武力衝突が起こるか？」といった質問に答えてもらうという具合だ。そして、こうした素人の予測と、連邦政府のもとで働くアナリストが行った知的作業の結果を比較した。[15]すると、驚くほど優秀な予測を立てた素人が何人か見つかった。彼らの予測は、その道の第一人者よりも精度が高かった。たとえば、カリフォルニア出身でＩＢＭを退職したコンピューター・プログラマーのダグ・ローチは、世界の政治的な出来事や経済的な出来事について非常に精度の高い予測を立てた。国際事情に関する特別な知識を持っていたわけでも、国の情報機関の専門家が所有している機密情報の類いへのアクセスを許されたわけでもない。にもかかわらず、ローチは精度の高い予知をしてみせた。彼のように一貫して優れた予測を立てた人のことを、テトロックは「スーパー予言者」と名づけた。彼らは必ずしも専門家より頭がいいわけではない。その違いは、ものごとに向き合う姿勢にある。こうしてテトロックは、**「すでに何を知っているか」より「どのように考えるか」のほうが大事**だということを発見した。

　高い精度で未来を言い当てた人たちは、未来を予測しようとしたその他大勢とどのように違ったのか？　スーパー予言者のひとりであるリード・ロバーツに言わせると、専門家は「新しい情報を脳内に存在する枠組みに無理やり詰め込もうとするが、最初に浮かんだ自分の意見と矛盾するようならその情報を捨てることが多い」[16]という。一方、テトロックが認定したスーパー予言者たちは、専門家とは対照的に、偏見を持たずに何でも受け入れ、自分の考えを省察し、知的好奇心が高い傾向にある。自分が知らないことを知らないと認める。そのうえで、幅広いソースから情報を集め、ソースごとに情報の妥当性を疑う。彼らは率先してさまざまな見方からものごとをとらえようとし、事実が変わるたびに自分の結論を上書きする。特定の考えにとらわれることなく、どの考えも確かな真実ではなく検証可能な仮説とみなす。スーパー予言者は、ほかの人に比べて生まれつき知性が高いとは限らない。彼らに身についている、ものごとに向き合う姿勢、考え方、習性が、高レベルな批判的思考と精度の高い分析につながったのだ。[17]

“スーパー予言者は
偏見を持たずに受け入れる”

Tetlock’s superforecasters tend to be open-minded.

残念ながら、技術の専門家、思想家、経営者には、自らの専門分野で名を馳せるようになると、スーパー予言者のような考え方や論理立てをしなくなる人が少なくないように思う。そうなれば当然、さまざまな分野で正確な予測が生まれづらくなる。実際、テトロックの調査では、有名でよく名前があがる専門家のほうが、あまり知られていない専門家より予測の信頼性が低い傾向にある。２０１６年に世界に衝撃が走った政治事案を思うと、予測することの難しさがよくわかる。イギリスのＥＵ離脱の是非を問う国民投票の結果や、アメリカの大統領選挙の結果を的中させた専門家はほとんどいなかった。いまでも驚きには事欠かないとはいえ、かつてないほど手軽に膨大なデータが手に入るようになったことは確かだ。それでもやはり、人々は予測を求めつづける。過去の予言がどれだけ悲惨な記録であっても、人は未来がわかるようになることを期待せずにはいられない。

人は自分でコントロールできるという感覚を求める

予測の専門家の多くが残念な結果しか出せていないというのに、人はなぜありとあらゆる予測に強い関心を示しつづけるのか？　端的にいって、人は確かなことを強く求めようとする。この現象を、心理学者のアリー・クルグランスキーとドナ・ウェブスターは「認知的閉鎖欲求」と呼ぶ。[18]　おまけに、人には「自分でコントロールできる」という感覚を求めたがるところもある。これについてはジェニファー・ウィットソンとアダム・ガリンスキーが、「不確実さを排除してコントロールを維持したいという欲求は、人間にとって原初的で基本的な原動力とみなされてきた」と記している。[19]

　コントロールできるという感覚はどれほど重要なものなのか？　調査によると、人生を自分でコントロールできているという実感がある人のほうが、肉体的にも精神的にも健康であるという。ニコラス・トゥリアノは同僚とともに、ＭＩＤＵＳ（アメリカにおける中高年期の健康や生きがい、満足度に関する調査）のデータを使ってそれが事実かどうかを検証した。ＭＩＤＵＳは１９９０年代半ばに、25～75歳のアメリカ人から７０００人以上を無作為に抽出して調査を実施した。トゥリアノはその情報をデモグラフィックデータと教育レベルで分類し、死亡率に影響を及ぼす要因について調べた。すると、コントロールできているという感覚は死亡リスクを減少させることが明らかになった。とりわけ学歴が低い人への影響が顕著だったという。[20]

　私たち人間は、明らかにコントロールできない状況でも自分でコントロールできるという感覚を持つことがあるが、これはあまり意外なことではないのかもしれない。心理学者のエレン・ランガーは、彼女の呼ぶところの「コントロールの幻想」を実証するための実験をいくつか行った。コントロールの幻想とは、特定の状況において、客観確率が示す以上に成功するチャンスがあるという感覚を抱くことを指す。実験のひとつに、ガラス蓋のついた黒い木製の箱を参加者に見せるというものがあった。箱のなかを覗くと、交差する３本の道が掘られた銅板がある。道に針を置いてその針で円を描けたら、ブザーが鳴る仕掛けだ。ランガーは参加者に向かって、1回の挑戦でブザーが鳴る道は1本だけであり、挑戦のたびに機械がランダムで選ぶことになっていると伝えた。そして、ブザーが鳴る道を予想しながら針を置くようにと指示した。

ランガーは参加者が実験にかかわる度合いに手を加えた。一部の参加者には、参加者自身の手で針を置かせた。ほかの参加者には、針を置く場所を係員に伝えるようにと告げた。また、練習についても参加者に応じて度合いを変えた。実際に箱に触れ、針を使って練習する時間を数分与えられた人もいれば、触れる機会をいっさい与えられなかった人もいる。実験を始める前に、ランガーはブザーの鳴る道を選ぶ自信の強さを各参加者に答えてもらった。そして1回目の挑戦では、全員のブザーが鳴るように操作した。次に、ランガーは参加者に向かって、チェスのチャンピオンとこのゲームで5回勝負をしたらどうなると思うかと尋ねた。すると、事前に練習し針を自分の手で置いた参加者のほうが、練習の機会を与えられなかった参加者に比べてはるかに強い自信を示した。かかわりの深さや練習といった、技術やテクニックがものを言う要素が加わったことで、偶然のゲームを行う彼らに不合理で根拠のない自信が生まれたのだ。実際に触れるというかかわりと事前の練習が、コントロールの幻想を招いた。そうなると、人はわかるはずがないことでもわかると思い込んでしまう。[21]

では、コントロールできるという感覚が持てないとどうなるのか？　人は、パターンが存在しないことにもパターンを見いだそうとする。根拠もないのに誤った因果関係を導き出すのだ。

たとえば、特定の緑のペンを使えばテストの成績があがると信じきっている学生がいるかもしれない。ウィットソンとガリンスキーは、「人が持つ、コントロールできるようになりたい、コントロールできると実感したいという欲求はとても強い。だから、ノイズからパターンを生み出して、予測可能な状態に世界を戻そうとする」[22]と語る。

ふたりはいくつかの実験を通じてこの仮説を検証した。たとえばある実験では、自分がコントロールできる、またはできないと強く感じた状況を鮮明に思い出すようにと参加者に告げた。そのうえで、3つのシナリオを提示した。どのシナリオにも、迷信に思えるような疑わしい因果関係が含まれている。たとえば、「木を叩くと仕事運は上がるか?」という具合だ。すると、コントロールできない状況を思い返した参加者のほうに、シナリオの因果関係をそのまま受け止める傾向が見受けられた。つまり、コントロールできるという感覚が欠落しているとき、人は誤った因果関係を信じてその感覚をつくりだそうとするのだ!

これまで紹介してきた実験から、確実さとコントロールを求める欲求がどれほど強力かがよくわかる。人は何としてでも、人間には未来を予測する力があると信じたいのだ。必要とあれば、次に起こることを予測できると自分を偽ることも辞さない。ウォール街は四半期ごとに予測を発表し、企業に厳しい収益や売上の要求を突きつける。その予測に企業は執着しすぎだと非難する声は多い。だがおそらく、予測への執着は想像以上に深刻な問題だ。どうやらその根源は、人間の本質にあるらしい。

“人は、人間には未来を予測する力があると信じたくて仕方がない”

We want desperately to believe that we can predict the future.

売上の少ないプロジェクトは見向きもされない

予測への執着が創造力を阻害しているケースは多くの企業で見受けられる。なぜそうなるのか？　この疑問に答えるにはまず、企業で新規プロジェクトに予算がつくまでの一般的な過程について理解する必要がある。新製品や新サービスの売上目標は、経営陣の独断で決められることが多い。経営陣が投資を認めるのは、売上に目を引く変化をもたらすプロジェクトだけだ。大企業になると、新製品には少なくとも５０００万ドルを売り上げてもらいたいと期待をかける。イノベーションの場合も、これと同じような結果をもたらすものでない限り、経営陣の多くは興味を示さない。

成長に理不尽な期待がかかると、どんな新製品やサービスに対しても、売上の針が動くかどうかの懸念を呼ぶ。仮に、前年に２００億ドルの収益をあげ、２０１７年にはアメリカで上位１５０社に名を連ねた企業のトップに立ったと想像してみてほしい。10％の成長目標は、翌年に新たに20億ドルの収入を生み出すことを意味し、このペースで成長を続ければ、７年前後で会社の規模は倍になる。だが、このシナリオのような成長を組織的に成し遂げることは困難を極める。そのため、大企業の経営陣は、数年で数百万ドルしか生み出せないようなニッチな製品には見向きもしない。

夢と魔法の王国に見る成長と期待

１９８０年代に入ると、ディズニーの利益が数年連続して減少した。新しいテーマパーク「エプコット」の完成とディズニー・チャンネルの開設に多額の資金を注ぎ込んだのだ。また、ディズニーの映画スタジオで製作される映画がぱっとせず、それが客足にも表れた。そして１９８４年6月、企業買収に積極的なソール・スタインバーグがディズニーの敵対的買収に動いた。だがその年の夏、石油と天然ガスに投資するシド・バスがディズニーの株を大量に購入したことから、ディズニーはスタインバーグを一蹴した。そしてパラマウント映画の社長を務めていたマイケル・アイズナーが、この危機的状況にあるエンターテインメント企業のＣＥＯに就任した[23]。

アイズナーは年に20％の収益と利益の増加を目標に設定した。１９８４年のディズニーの売上高は16億６０００万ドルだった。アイズナーはテーマパークのテコ入れを行い、入園料を大幅に値上げした。それからジェフリー・カッツェンバーグを雇い、映画製作を大きく方向転換させた。１９８９年から１９９４年にかけて、ディズニーのアニメーション映画は『リトル・マーメイド』『美女と野獣』『アラジン』『ライオン・キング』など大ヒット作を次々に生み出している。また、１９８０年代のうちに家庭用ビデオ市場の開拓にも乗り出し、さまざまなディズニーの名作映画をビデオ化した。さらには世界中にディズニーの小売店舗をオープンし、ディズニーのケーブルテレビチャンネルも成長させた。

１９９４年、ディズニーの収益は１００億ドルを上回るまでに成長した。10年にわたって年次成長率20％を成し遂げたのだ。この成長はいまなお、近年稀に見る目覚ましい好転の例にあげられることが多い。だが、１９９４年は問題の多い年でもあった。アイズナーの右腕だったフランク・ウェルズが、不幸にもヘリコプターの事故で亡くなった。映画スタジオのトップだったカッツェンバーグがディズニーを去った。ユーロディズニーをオープンしたが、業績は芳しくなかった。１９９５年に入ってすぐ、アイズナーは投資家との会談の場で、ディズニーはさらなる成長を遂げる準備が十分にできていると語って安心させた。そして改めて、年次成長率20％を目標に掲げた。株式アナリストのジェフリー・ロッグスドンは、そんなアイズナーの姿勢を「自分の代では絶対にこれ（この成長率）を止めない」というものだと評した。[24]

アイズナー時代の後半は順調ではなかった。アニメーション映画を次々に公開したが、どれも劇場でヒットしなかった。彼が求める組織的な成長を遂げるためには、大胆な賭けに出る必要があった。新作映画や新製品で十分な収益をあげられなかったことから、彼は買収戦略に重きを置くようになる。17億ドルで買ったインフォシークも、苦労して買収にこぎつけた案件のひとつだ。ディズニーの株価は、アイズナーがＣＥＯに就任した最初の10年は群を抜いて高値をつけていた。しかし、１９９５年から状況が変わりはじめる。ちょうどディズニーがメディア企業のキャピタル・シティーズ／ABCを買収しようとしていたころだ。ディズニーがこの買収を発表したときからアイズナーがCEOを退任するまでのあいだ、株価はS&P500種指標を大幅に下回った（図4－2参照）。アイズナーが退任した年には、収益の成長率は年5％まで下がっていた。

　アイズナーが1995年以降も掲げた、年次20％の成長目標はどのくらい壮大なものだったのか？　この目標は、4年もたたずに会社の規模が倍になることを意味した。ディズニーが倍になるだと！　ディズニーは1923年にウォルト・ディズニーによって創業され、70年かけて100億ドルの売上に達した。それをアイズナーは、たった4年でさらに100億ドルの収益を生み出そうというのだ。大胆な目標はかなり刺激的ではあるが、それと同時に致命的な戦略ミスを誘発しかねない。

図4－2　マイケル・アイズナー時代のウォルト・ディズニー社の株価推移

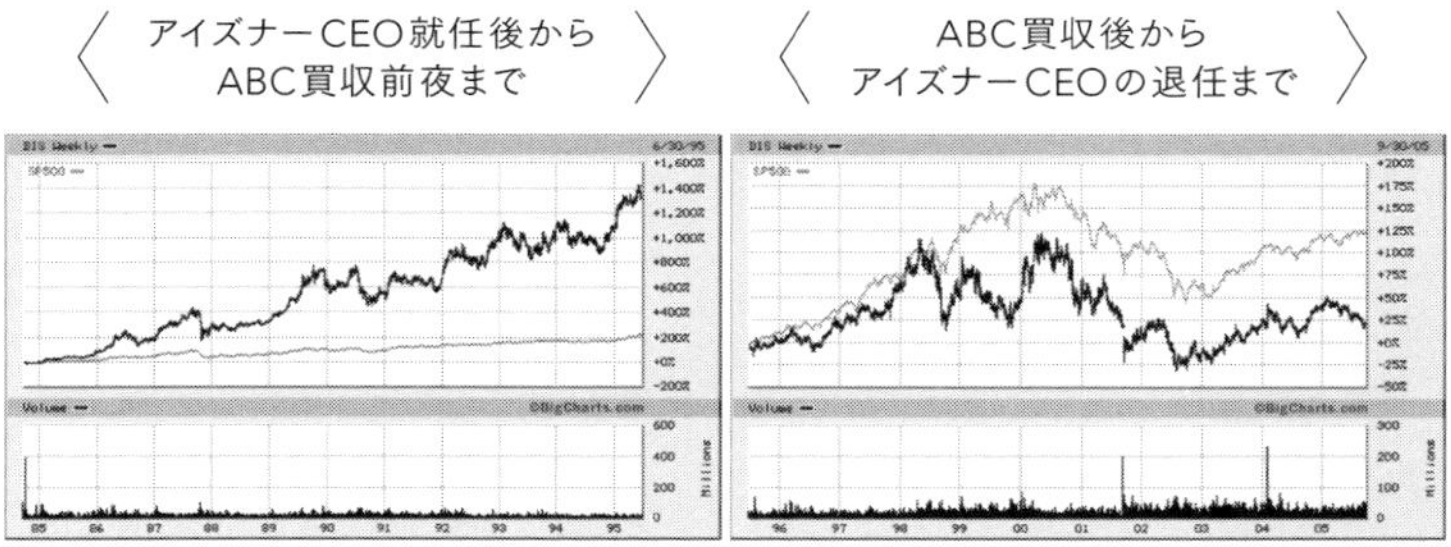

出所：www.bigcharts.comでチャート図を作成

年15%の利益成長は妥当な目標か？

これと同じような状況にある大企業は多い。成長目標を掲げても、一定の規模や範囲を手に入れると、同じ目標を達成するのがほぼ不可能になるのだ。２００１年、キャロル・ルーミスが『フォーチュン』誌に「15%の妄想」というタイトルの記事を執筆した。[25] その記事で彼女は、年に15%の利益増加を任意の目標として設定し、5年ごとに収益を倍にしようと目論む大企業が多いと指摘した。これは妥当な目標なのか？ １９６０年以降の40年間における税引後の企業利益の増加は、年間わずか8%だったという。ルーミスはアメリカの大企業１５０社についてさらに詳しく調べた。すると、１９８０年から１９９９年にかけて15%の年間成長率を成し遂げたのは、１５０社中5社だけであることがわかった。違う期間についても調べたが、結果は似たようなものだった。こうした結果を受けて、彼女はなぜ経営者たちは達成不可能だと示す根拠が十分にあるにもかかわらず、そんな無謀な目標を掲げつづけたのかと疑問を投げかけている。

15%の妄想にとりつかれた経営者は、有機的な成長の機会を生み出そうとする社員に熾烈な圧力をかける。顧客が喜ぶうえに利益率が高くても、独創的でニッチなビジネスはその機会だとは受け止められない。目標を達成するにはもっと大きな利益が必要になるので、たいていの経営陣はそういう小さなビジネスに資金を出そうとは考えない。企業のトップは、新製品や新規事業を育てて大きくするまでの詳細な予測を求める。資本投資はいくら必要なのか。市場シェアはどのくらい確保できるのか。収益や売上はどのくらい生み出せるのか。いつ採算がとれる状態になるのか……。新しいことを始めるとなると、投資に対するリターンを事細かに分析したうえでしか資金を出してもらえないことがほとんどだ。かなり大きな市場の機会が存在すると実証しなければならない。こうして正確な予測に執着すれば、またもや独創性のあるアイデアが実を結ばずに終わってしまう。

クリエイティブなことをやろうとする人たちは、さまざまな組織にいる。彼らがどんな苦境に直面しているのか想像してみてほしい。将来的な売上を手堅く見積もったのでは、たいした変化をもたらさないという理由で資金を出してもらえないかもしれない。だからといって、根拠にあまりこだわらずに聞こえのいい数字にすることを優先すれば、資金は確保できるかもしれないが、約束を下回る成果に終わる危険性がある。私が調べた消費財の会社では、独創性に富んだいくつかの新製品が過去数年にわたって数千万ドルの収益をあげたが、当初の売上予測に達しなかったという理由で製造中止にされた。プロジェクトにかかわっていた中間管理職のひとりが、そのときのことを次のように語った。

維持できないことを約束したばかりに、自分で自分の首を絞めることになったのです。予測を低く見積もっていたら、同じ収益でも成功とみなされていたでしょう。でもそれはできませんでした。大きなチャンスだと思われない限り、会社は資金を出してくれません。

ニッチ vs. 大ヒット

新たなアイデアが大きな変化をもたらすかどうかを教えろという要求は、発案者なら製品開発の初期段階で、それが大ヒット商品となるかニッチな商品となるかを判別できるという前提のうえに成り立つ。だが、それがいかに難しいことであるかは想像に難くない。大胆な新しいアイデアを探し求めたり生み出したりしようとすれば、顧客のニーズ、市場の条件、技術的に実現可能なことについて、はっきりしないことやよくわからないことが驚くほどたくさん出てくる。開発を取り巻く環境が不穏な空気に包まれるのは必至で、正確なデータの取得は困難を極める。霧のなかで試しては調べ、そのアイデアはプラスになるものかどうか、形になるかどうかの確証を得ようとするのだ。そんななかで、どの新製品が大きな変化をもたらすかを予測することなど本当にできるのか？

製薬業界を例に見ていこう。製薬会社は大ヒットとなる新薬を開発しようと必死だ。そのための調査開発に何年もかける。調査担当者は、アナリストが出す製品需要の予測が正確かどうかを何年にもわたって見てきた。アナリストには本当に、調査開発の段階でニッチな商品と大

“大きな変化をもたらす
新製品を予測できるのか？”

Can we really predict what new products will move the needle?

ヒットする商品を見極めることができるのか？　マッキンゼーの調査員であるミョン・チャはこの疑問の答えを見つけるべく、同僚とともに２００２年から２０１１年に発売された２６０の薬品について調べた。その際に対象となったアナリストによる予測の数は１７００を上回る。調査の結果、「コンセンサス予測（複数のアナリストの予測を集めて平均化したもの）の60％以上が、実際のピーク収益と40％以上の開きがあった」という。[26]おまけに、調査した薬品の20％が達成したピーク時の売上高は、アナリストの予測を１６０％以上下回った。時間がたつにつれて予測の精度は向上したが、薬品が市場に出回ったあとになっても大きな間違いはなくならなかった。

　いくつかの例を見ると、製薬業界の予測にはダーツを投げて決めるようなところがあるとわかる。製薬会社のファイザーは、バイアグラを発売する5年前に、ピークの年間売上高は5億ドルになると予測した。一方、発売を翌年に控えた年には、社外のアナリストが50億ドルの収益に達すると見積もった。実際にはどうだったのか？　ピーク時に達した収益は20億ドルだった。コレステロール抑制剤のリピトールについては、5年で5億ドルを売り上げるとの予測だった。だが実際に市場に出回ると、最初の5年で予測の10倍を売り上げた。反対に、ＧＳＫ社が発売したＨＩＶ治療薬のアジェネラーゼは3年で15億ドルの売上が見込まれていたが、７０００万ドルしか売れなかった。[27]

　多くの企業が、開発過程の初期段階での需要の予測に苦戦している。大企業が社内で起こす新規事業についての調査では、初年度の売上予測が80％はずれることがあるという。[28]利益の予測はさらにひどい。にもかかわらず、ほとんどの企業ではいまだに、斬新なアイデアにリソースを配分するとなると、初期も初期の段階で収益と利益の詳細な予測を要求する。収益の予測についても、進取の精神に富むスタートアップも大企業とたいして変わらない。ドイツのスタートアップについて調べたクリストファー・モクワとズンケ・ジーフェルスによると、売上予測は最大で３８０％はずれていたそうだ[29]！　どうやら誰も彼もが霧のなかでダーツを投げているらしい。次々に起業しているスティーブ・ブランクは、かつてこんなことを言っていた。「投資家とかつてのソ連を除いては、５カ年計画でまったくの未知のことを予測する必要は誰にもない。そういう計画はたいていが絵空事であり、思い描いてもほぼ間違いなく時間のムダに終わる[30]」

熟成期間が必要

独創的なアイデアは、ときに花開くまで時間がかかる。最初のうちは、新事業が参入できる市場は小さく思えるかもしれない。ごく限られた市場にとっては魅力的で、利益を生み出せるだろうが、業界全体のほんのわずかな隙間しか満たさないと決めつけたくなるだろう。その斬新なアイデアの魅力が広がって、主流にいる人々にまで届くとは誰も思わない。多くのアイデアは、育つまでに時間がかかる。テストや実験を通じて、アイデアは進化し成長する。完璧に

“新事業が参入できる市場は、
最初は小さく思えるかもしれない”

The market opportunity for the new venture might seem small at first.

なるまでに何年もかかることもあるだろう。正確な予測を求め、目を引く変化が起こると期待できるアイデアに投資を限定していては、長い培養期間中にせっかくの斬新なアイデアがつぶれてしまうかもしれない。

　これまでにないタイプの食料品店のアイデアを持っている人があなたに近づいてきたとしよう。その起業家は、一般のスーパーマーケットのように多種多様な商品やサービスを扱うつもりはないという。また、特売は行わず、クーポンやポイントカードも発行しない。テレビＣＭを打つことも、日曜日の新聞にチラシを挟むことも、ソーシャルメディアのアカウントを開設することもしない。国内の大手ブランドの商品はほとんど扱わず、プライベートブランドの商品を店内に充実させる。品揃えはかなり限定的で、一般的なスーパーマーケットの10分の１。扱う商品は固定せず、頻繁に入れ替える。店舗面積は小さく、通路も狭い。駐車場も混雑が予想される。セルフレジもない。極めつけは、鮮肉と鮮魚も少ししか置かないという。

　この新しいタイプの食料品店に、投資したいと思っただろうか？　はっきりいって、ほとんどの人が投資を見送るだろう。新しいアイデアというよりは、むしろ奇異なアイデアに思える。だがそれは大間違いだ！　新しいタイプの食料品店としてオープンしたトレーダー・ジョーズは、アメリカでもっとも成功を収める食料品店の仲間入りを果たした。２０１８年１月には、１万１０００世帯以上を対象にした「いちばん好きなスーパーマーケットランキング」で１位を獲得している。[31]『コンシューマー・リポート』誌でも国内最高のスーパーマーケットとして何度も取り上げられている。1平方フィートあたりの売上高も、つねにスーパーマーケット業界でトップクラスだ[32]（図4－3参照）。

　トレーダー・ジョーズは熱狂的な信者を生み出した。アメリカ中にいるファンは、家の近所に店舗ができることを待ちわびている。サウスカロライナ州コロンビアにトレーダー・ジョーズがオープンした日は、開店する何時間も前から人々が列をなした。地元の警察官が交通整理に出動せざるをえなかったほどだ。ケンタッキー州レキシントンに新店舗がオープンしたときは、午前3時から行列ができた。なかにはユタ州に住むジュリー・メリルのように、地元に店舗をつくってほしいとフェイスブックで呼びかける人もいる。また、同社のファンのシェリー・トゥーヒーが執筆したトレーダー・ジョーズの商品を使った料理本はベストセラーとなった[33]。ファンのひとりがトレーダー・ジョーズのために制作した非公

図4－3 **大手スーパーマーケットの1平方フィートあたりにおける食品の売上額（2012年）**

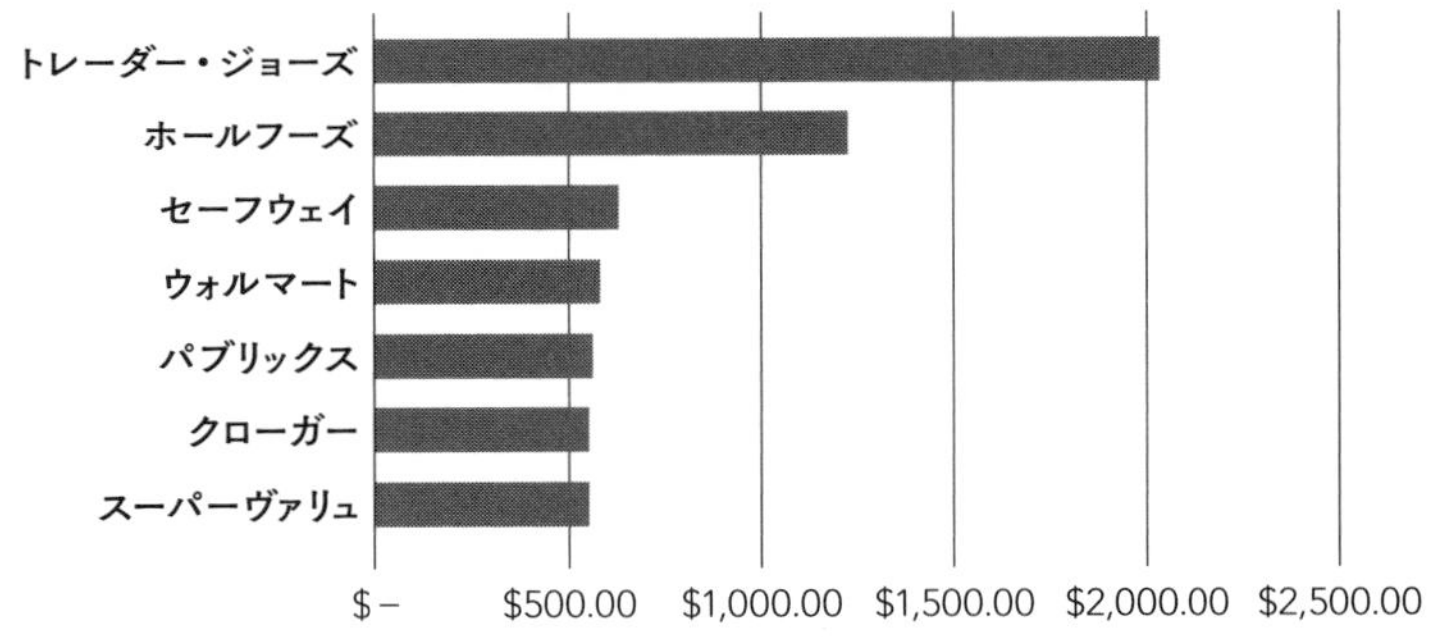

出所：Progressive Grocer's 2012 Super 50 Rankings (based on Nielsen data)[34]

認のCMは、ユーチューブでの再生回数が100万回を突破した！

このサクセスストーリーは一夜にして生まれたわけではない。トレーダー・ジョーズの1号店は、1967年にジョー・コロンビーによってカリフォルニア州パサデナにオープンした。同社のコンセプトは、それから数年かけてゆっくりと進化した。コロンビーはさまざまな商品や販売戦略を試した。レコードを売ろうとしたことも、ストッキングを店に置いたこともある。そしてどちらも扱わないと決めた。この時期のことを、同社は「自分探しの途中」の時代と呼ぶ。[35] コロンビーがプライベートブランドの商品を扱うようになったのは、1972年のことだった。そして、「知的で教養があり、好奇心旺盛な人」[36]に向けた会社にポジショニングし直した。健康志向で新しいものを喜んで試したがる人をターゲットとしたのだ。1975年には店内でチーズの量り売りを始め、シップスベル（船舶用の鐘）を導入し、社員に大事な知らせがあるときは（インターコムは使わず）ベルを鳴らすようになった。

そのころは、年に1店ずつ店舗を増やしていた。そうして22年かけて、30店舗で1億5000万ドルを売り上げるようになった。1990年代の初めまでは、カリフォルニア州にしか店舗を建てなかった。「2ドルのチャック」の愛称で知られるオリジナルワイン「チャールズ・ショー」が販売されるようになったのも、2002年以降のことだ。いまやトレーダー・ジョーズは、アメリカ全土に470店舗以上を構え、年間110億ドルの収益をあげる。[37]

1967年に戻って、ジョー・コロンビーに、彼のアイデアは大きな変化をもたらすものかと尋ねたら、彼は何と答えるだろうか。カリフォルニア南部のニッチな市場にとどまらず、大きく花開くと予測しただろうか？　アイデアが完璧になって成長が加速するまでにかかる時間の見当がついていただろうか？　コロンビーの名誉のために言っておくが、彼は長い目で見た場合のことについてはあまり心配していなかった。創業から間もない最初の数年は、顧客の声に耳を傾け、彼らが必要とするものや求めているものに気を配り、戦略にかなり手を加えた。ほかの人なら未来の予測に割いたかもしれない時間を、コロンビーは顧客が驚く店内体験を生み出すことだけに使った。そうやって、熱心なファン層を構築したのだ。最初はゆっくりと口コミで広がっていき、最終的にトレーダー・ジョーズへの関心は他に類を見ないほど高まった。

　トレーダー・ジョーズのストーリーから得られる教訓は実にシンプルだ。今後数年で自分のチャンスがどれほど大きくなるか、と考えるのをやめればいい。そうではなく、今日の顧客、明日、明後日の顧客を喜ばせることに全エネルギーを注ぐのだ。顧客の声を聴き、顧客を観察し、ありとあらゆる機会から学習する。そうやってほかでは味わえない顧客体験を生み出せば、結果は自ずとついてくる。自分の仕事を徹底的に追求してまっとうすれば、ニッチな製品やサービスだったものが、いつの間にか思いがけず全国で話題となっているかもしれない。

“今日も明日も顧客を
喜ばせることに注力しよう”

Devote all your energy to delighting customers today,
tomorrow, and the next day.

第5章 | The Structural Mindset

構造に関する思い込み

——組織を再編すればこれまでにない状況が生まれやすくなり、混乱、不振、やる気の喪失といった状況が生まれるだけで、あっという間に進化しているという幻想ができあがる。

チャールトン・オグバーン・ジュニア（ジャーナリスト、作家）

その会社の「ジャスティス・リーグ本部」とも呼べる経営部門の壁には、スーパーヒーローのポスターが貼られている。席を仕切る壁はなく、仕切るものは部門全体の外壁のみ。その珍しいレイアウトは、彼らのミッションである「透明化の推進」の象徴だ。ここに入ったら、玉座に座って王冠をかぶり、記念撮影をしたくなる人もいるだろう。このオフィスがあるのはザッポス。靴を中心とするアパレル関連のネット通販会社で、類いまれなカスタマーサービスと風変わりな社内文化、そして独創的な装飾が施された本部があることで有名だ。[1]

ザッポスでは、顧客を喜ばせるためなら社員は何もしてもよいと認められている。カスタマーサービスに電話の応対マニュアルはなく、通話を短く終わらせた社員に報酬が与えられることもない。カスタマーサービスの担当者は、電話をかけてきた顧客の話に真摯に耳を傾け、ときには話が脱線することもある。通話が10時間を超えることもあったという！　ザッポスの社員には顧客のためを思って行動することが許されていて、心温まる行いをした社員のエピソードは社内で語り継がれる。

たとえば、突然夫を亡くした女性からの電話を受けた担当者は、つい先日夫の靴を注文したが、履く人がいなくなってしまったので返品できないかと相談された。担当者は即座に返金し、上司の許可を求めることなく独断でその女性にお悔やみの花を贈った。花が届いた顧客は、夫の葬儀でその優しさと思いやりにあふれるエピソードを披露した。このエピソードは特例だと思った人もいるだろう。だが実際には、毎年大勢の顧客の元に、花やカードをはじめとする「嬉しい驚き」を与える贈り物が届けられている。この種のサービスが、最高の顧客満足と確かな顧客ロイヤルティを生み出したのだ。同社の収益の大半は、リピート顧客によるものである。[2]

2000年、ザッポスのCEOにトニー・シェイが就任した。ニック・スウィンマーンが同社を創業した翌年のことだ。それから9年で、ザッポスは10億ドル以上の収益をあげるまでに成長し、その後アマゾンの傘下に入った。２０１２年、テキサス州オースティンで開かれたカンファレンスに出席したシェイは、そこでブライアン・ロバートソンの話を聴いた。ロバートソンはセルフマネジメント（自主経営）の熱心な支持者で、「ホラクラシー」という概念を考案した。これは職場から従来の上下関係を取り除いた組織形態を指す。[3] シェイはこの平等主義の哲学をザッポスに取り入れることにした。権限や協働に対する彼の姿勢にマッチすると感じたのだ。シェイは古い組織構造を廃止し、それと同時に肩書きをなくした。これまで管理職だった人にはもう、報告をあげる部下はいない。

　ホラクラシーの名のもとでは、社員は全員、自主的に目的を実現する「サークル」の「リードリンク」となる。リードリンクに正式な権限はなく、従来の上下関係における上司のような肩書きもない。決められた職務はなく、ザッポス内で各々が複数のサークルに属して複数の役割を担うのだ。このまったく新しいシステムは、具体的にはどのように機能するのか？　ロバートソンはホラクラシーの活用の仕方を明文化している。それを見ると、彼が提唱するセルフマネジメント哲学を組織で実行するためには、複雑なルールやプロセスがたくさん必要になることがわかる。[4]

　シェイは２０１５年の春から、自己組織化に向けてさらなる一歩を踏み出した。フレデリック・ラルーの『ティール組織』に感銘を受けて、社内に残っていた上下関係構造の名残をすべて排除すると決めたのだ。[5] シェイは社員に向けて長いメールを書き、「絆創膏を剥がし」てセル

“ホラクラシー：職場から従来の上下関係を取り除いた組織形態”

Holacracy, a system that abolishes traditional hierarchies in the workplace.

フマネジメントの完成度を高めるときがきたと説明した。

> ホラクラシーと従来の上下関係を共存させて1年がすぎました。足を踏み入れる世界が左右で異なっていては、セルフマネジメントや自己組織化への移行はゆっくりとしか進みません。（中略）２０１５年４月30日をもって、残っていた上下関係を排除すべく、社員を管理する人材は実質いなくなります。[6]

セルフマネジメントへの移行は、スムーズには進まなかったと言わざるをえない。新しい組織構造が導入されたことで、ザッポスの社員は混乱し不満を抱いた。元管理職のなかには、主導権を失い、新たな役割や職務が曖昧でどうしていいかわからなくなった者もいた。会議やコミュニケーションのとり方の厳しいルールに、多くの社員が苛立った。ホラクラシーは従来の階層型組織に比べて一人ひとりの権限が強くなるシステムだと推奨者たちが主張していることを思うと、なんとも皮肉な話ではないか。[7]

シェイは先のメールのなかで、彼が導入する働き方を受け入れられない社員に対する退職条件も提示している。その翌年には社員のほぼ5人に1人が受け入れられないと表明し、早期退職割増金を受け取ることを選んだ。それとは別に、割増退職金を受け取ることなく会社を去った社員も11％いる。[8] 社員に不満が生まれたことから、『フォーチュン』誌が毎年発表する「働きたい会社ランキング」でのザッポスの順位は下がった。[9] このランキングは、組織で実際に働く人たちによる評価で決まる。かつては6位に順位をつけたこともあったが、２０１５年のランキングでは86位まで落ちた[10]。その翌年には、過去10年で初めてランク入りを逃す。これについて『フォーチュン』は次のような記事を載せた。「とりわけ評価を下げた質問が2つある。ひとつは、『組織が向かう方向とそれを実現する方法について、経営陣は明確なビジョンを持っているか?』で、もうひとつは『経営陣はえこひいきしないように努めているか?』だ」[11]

ザッポスがセルフマネジメントへの移行に固執するなか、さまざまな試みを経てホラクラシーを捨てた会社もある。エヴァン・ウィリアムズが創設したオンライン出版プラットフォームのミディアムは、２０１６年の初めにホラクラシーの撤廃を決めた。数年にわたってセルフマネジメントの導入に取り組んだ末の決断だ。これについて、当時ミディアムで業務運営責任者を務めていたアンディ・ドイルは次のように語った。「実際にやってみて、個々の活動をまとめるのは難しいとわかった。主導権を持つ人が増えれば、役割の枠を超えた協力が必要になる。連携にはかなり時間がかかるし、争いの元になりかねない[12]」。『フォーチュン』誌で特集記事を書いたジェニファー・レインゴールドは、ザッポスとミディアム両社の取り組みについて調べた。そのうえで、彼女は次のように結論づけた。

> ホラクラシーは機能を「機能させる」ために生まれたはずだ。（中略）しかし、ホラクラ

シーには（ザッポスの取り組みで見たように）ルールや制約が多く、さまざまな形の駆け引きが生じる恐れがあることから、従来の経営システムの代わりになるかというと、個人的には疑問に思う。従来の経営システムと同様に、やはり欠点があるのではないか。（中略）月並みな言い方になるが、昔ながらの階級制度は最悪だが、それはこれまでに試されてきたほかのどのシステムも同じであるという話にすぎないのかもしれない。[13]

階級制度は善か悪か

ブライアン・ロバートソンやトニー・シェイのように、階級制度を悪とみなすリーダーやコンサルタントは昔から多い。序列は創造力を抑えつけ、社員のやる気を低下させ、立場が低い人たちに意見を言いづらくさせる、というのが彼らの主張だ。こうした声をあげる人はたいてい、ホラクラシーを採用することまではしなくても、組織構造のフラット化を支持している。上下関係の縛りが緩くなるほど、創造力やイノベーションが活発になるというのが長きにわたる定説だ。たしかにこうした意見には、称賛に値する部分がたくさんある。だが、それがすべてではない。

近年になり、階級制度には見過ごすべきではないメリットがあると実証する調査が次々に行われるようになった。経営を研究するブレット・サナーとJ・スチュアート・バンダーソンは

“階級制度のメリットが研究で明らかに”

A recent stream of research has demonstrated
that hierarchy does have benefits that should not be overlooked.

そうした成果を精査し、適切に設計された階級制度なら、定説とは裏腹に、組織内での学習やイノベーションが促進されうると主張した。動物行動学分野における生物学的な調査までも引き合いに出し、「序列化された組織構造のもとに行動する種は多く、そこには種にとって重要なタスクを無事に果たすうえで大事なメリットがある」と彼らは言う。たとえば、資源を得るための闘いに付随するコストやリスクが減るので、その種の集団としての安定性を高めることができる。サナーとバンダーソンは次のように結論づけている。

> 階級制度は、特定の集団に属する人々が新たな道を見つける助けとなる。野生に生きる動物の存続の助けになるのと同じだ。強い反発によって集団の進歩や団結が脅かされたとしても、階級制度があれば全員が同じ方向に進みつづけることになる。[14]

階級制度がもたらしうる効能を調べるにはどうすればいいか？　仮に、明確に序列化された集団と、高い地位にいる人ばかりの集まりを比較したらどうなるか？　スーパースターどうしで競い合うことになれば、生産性が下がる可能性がある。反対に、明確に序列化された構造のなかでは、衝突が減って協力し合う行動が増えるので、そういう集団のほうが高いパフォーマンスを発揮するのではないか。序列がはっきりすれば、集団内での役割の曖昧さや混乱は減るはずだ。あるプロジェクトに参加することになったとして、チームのメンバーの誰もが自分がリーダーだと思っていたらどうなると思う？　おそらくは、強情な人どうしのケンカを何度も目の当たりにすることになる。そんな状況では、各自の働きにもきっと悪影響が生じる。

リチャード・ロネイを筆頭としたチームが、平等な立場のグループと序列のあるグループのパフォーマンスを比較する独創的な実験をいくつか行った。最初の実験では3タイプのグループをつくった。タイプAは、メンバー全員が高い権限を持つグループ。タイプBは、権限が低い人だけを集めたグループ。タイプCは、上下関係（メンバー間の上、中、下の力関係）を明確に定めたグループだ。ロネイらは各グループに2つの課題を与えた。そのうちのひとつでは、メンバー間の協力が必要となる。

実験の結果はどうだったのか？　メンバー間の協力をほとんど必要としない課題については、序列のあるグループの成績はほかの2タイプのグループと大差なかった。ところが、課題を完了させるのにメンバー間の協力やグループとしてのまとまりが必要になったとたん、状況が変わった。序列がはっきりしているグループの成績が、高い権限を持つ人だけのグループや権限を持たない人だけのグループを大きく上回ったのだ。

別の実験では、序列の構造を生物学的な観点から調べることにした。そこでまず、よく知られている尺度を使って実験参加者たちの胎児期のテストステロン曝露の違いを測定した。そして今回も3タイプのグループをつくった。グループAはテストステロン曝露の値が高い人だけで構成され、グループBはその値が低い人だけで構成された。残るグループCは、さまざまな値の人が混じっている。この実験では、与えられた課題に取り組んでいるときのグループ内での衝突を測定した。すると今回もやはり、値に差がある人が集まったグループの成績が突出していた。また、値の高い人ばかりのグループはほかの2グループに比べて衝突の回数が多く、それが成績の低下の大きな要因になったと考えられる。[15]

こうした構造が持つ力は、実験室の外ではどのように作用するのか？　ニール・ハレヴィを筆頭とするチームが、11シーズンにわたってＮＢＡチームについて調査した。選手間の年俸と先発メンバーとしてプレーする時間の差が大きいチームと、そうでないチームを比較したのだ。すると、差がはっきりしているチームのほうが、そうでないチームよりも試合で勝つ回数が多かった。なぜこうなったのか？　ハレヴィたちは、「序列がはっきりしているほうが選手間で調整して協力し合うようになる」という仮説を立てた。そして、アシストやターンオーバー（相手に攻撃権を与えてしまうミス）などの回数を数えて協力関係の度合いを測定した。たとえば、選手がチームメイトの得点に貢献するパスを出した回数がアシストの回数となる。アシストは、単独プレーと違って明らかに協力的な行為だ。このデータから、顕著な因果経路が明らかになった。年俸の差が大きいチームのほうが協力的なプレーの回数が多く、それが結果としてチームを勝利に導く回数を増やしたのだ。[16]

１９９５年度の公式戦で、シカゴ・ブルズは82試合中72勝した。当時のブルズは、選手間の差が大きいチームだった。なにしろ、チームを率いていたのは史上最高のプレーヤーに大勢がその名をあげるマイケル・ジョーダンだ。その彼を、長きにわたってオールスターゲームに選抜されたスコッティ・ピッペンが支え、もっともチームに貢献した控え選手に贈られる「シックスマン賞」を獲得した点取り屋のトニー・クーコッチもいた。さらには、デニス・ロッドマン（リバウンド王）やスティーヴ・カー（3ポイントシューター）といったスペシャリストもチームに名を連ねていた。ブルズはアシストでリーグ内上位5位に入り、ターンオーバーの回数は4番目に少なかった。[17] また、プレーオフを難なく勝ち抜き、シアトル・スーパーソニックスを破ってＮＢＡファイナルの勝者となった。

序列が低いとモノが言えない

では、序列はいいことずくめであると結論づけていいのか？　これまで耳にしてきた組織をフラット化することの効能は誤りだったのか？　必ずしもそうとは言えない。明確な序列がスポーツで必ず結果を出すとは限らない。実際、働き方について研究するマット・ブルームがＭＬＢ（メジャーリーグベースボール）について調べたところ、選手間の年俸の差が精彩を欠くプレーを招いていることが明らかになった。[18] ＮＢＡの結果とは正反対だ。野球とバスケットボールでなぜ結果が異なるのか？　それは相互依存の差だ。野球では、バスケットボールほど選手間の協力や連携を必要としない。ロサンゼルス・ドジャースのエース、クレイトン・カーショウはマウンドに立って投げるのが仕事であり、それはチームメイトの強打者コディ・ベリンジャーが打席に立ったときのプレーとはどう見ても無関係だ。そのせいで、メジャーリーグでは序列がはっきりすることの代償がメリットを上回るのだろう。たとえば、ほかの選手との年俸の差を不公平だと思っていれば、そのマイナスの感情がプレーに悪影響を及ぼす恐れがある。

序列のメリットとデメリットについては、登山に関する調査で実に興味深い結果が表れている。何年か前、私は１９９６年にエベレストで起きた痛ましい事故について調べた。その世界一高い山で、探索隊のガイドを引き受けたロブ・ホールとスコット・フィッシャーが亡くなったときの事故だ。[19]彼らのほかにも3人が亡くなっている。その登山では、隊内での立場の序列が原因で、意見を言うことや不安を口にすることができなくなったようだ。生き残った隊員のひとりは、「案内する側とされる側の明確なルール」が存在したと話す。[20]登山にあたり、「案内する側の判断に絶対に疑問を投げかけるなと念を押された」というのだ。[21]同じ案内役であっても、立場の序列のせいで意見を言うことにプレッシャーを感じていたようだ。

事故から生還した登山ガイドのニール・ビードルマンは、そのときのことを次のように振り返る。「自分は3番手のガイドであると隊の誰もが思っていたので、あまり前に出ないように気をつけていた。だから、意見したほうがいいと思ったときも黙っていたが、いまは何も言わなかったことを後悔している」[22]。意見や反論を表明しづらい状況が、誤った決断を招く一因となったのだ。山頂を目指して登りつづける探索隊の大半が、もっと前に引き返すべきだったと気づいていた。引き返すべきだという自分の気持ちを無視したわけだが、それを無視することへの疑問は誰も抱かなかったのだろうか。

私の調査から数年後、エリック・アニシッチ率いるチームが、過去100年にさかのぼるヒマラヤ登山に関するデータを集めた。5000を上回る登山隊と3万人以上の登山者に関するデータだ。登山隊はさまざまな国籍の人で構成されていたため、序列が定着している国で育った人がいる隊と、平等への意識が高い国で育った人がいる隊の違いを比較することができた。結果はどうだったのか？　序列文化の国出身の人で構成された隊に属した人のほうが、頂上に到達する回数が多かった。それと同時に、登山で亡くなった人の数も、この構成の隊に属する人のほうが多かった。[23] これはなぜなのか？　1996年にエベレストで事故に遭った登山隊でもそうだったように、序列の低い人は不安を声に出しづらいと感じるため、危険を伴う決断に誰も異を唱えようとしないからだ。登山において、序列は生涯の目標を達成する助けとなってくれることもあるが、致命的な代償が伴う恐れもあるのだ。[24]

経営者は組織の再編に執着する

トニー・シェイは序列のメリットを認識していなかったのかもしれないし、ホラクラシーがもたらす負の影響を考慮に入れていなかったのかもしれない。いずれにせよ、組織の仕組みを極端に変えることは非生産的な結果をもたらすことが多いという事実を把握していなかったと言えるだろう。だがそれよりも、組織の構造が社員のパフォーマンスの原動力になると思い込んでいた点に注目してもらいたい。そう思っている経営者はほかにも大勢いる。残念ながら、組織の構造とパフォーマンスの因果関係は、登山者やスポーツチームの研究結果からもわかるように、多くの経営者が認識しているよりもはるかに複雑だ。経営者が採用できる構造はいろいろあるが、それぞれに代償とメリットがある。アルゴリズムを使って最適な構造を選んだところで、創造力、イノベーション、成長は手に入らない。戦略、業界、状況に関係なく、そんな完璧な構造はそもそも存在しないのだ。

　この普遍の真理を、企業経営者は認識していないように思う。彼らはみな、自社にふさわしい完璧な組織図を求めてやまない。経営者は組織の再編が大好きだ。トップに就任して早々に組織の再編に手をつける人は、かなりの割合でいる。[25] 実験室を与えられたマッドサイエンティストのごとく、責任の所在の割り振り方を新たに考案しようとする。組織図の囲みや矢印を動かし、ときにはどこにも属さない表れとして点線まで使う。分野の垣根を取り払いたいと望む経営者は、機能別ではなく事業部門別に組織を編成しようとするだろう。コストの共用を狙うなら、中央集権化を進めるかもしれない。支店のマネジャーの権限を強めて成長を促進させたいと考える人は、反対に権限を分散させるだろう。管理職を増やすケースもあれば、減らすケースもある。

“就任後すぐに
組織編成を変えたがるトップは多い”

A substantial percentage of chief executives restructure their organizations early on in their tenure.

ソニーが実施した組織再編は、社員の創造力を解放して成長を取り戻したいときに実施される典型だ。２００９年、ソニーは大掛かりな機構改革と経営体制の刷新を試みた。ソニーはすでに、ポータブル音楽プレーヤー市場ではアップルの、薄型テレビ市場ではサムスンの後塵を拝するようになっていた。かつてイノベーションの先陣を切っていたソニーは、いつしか面白みも活気もない組織になっていたのだ。再編にあたって発表されたプレスリリースには、新製品開発のスピードと質の改善が目的であると明記されていた。当時のＣＥＯ、ハワード・ストリンガーのコメントの一部を紹介しよう。

> 今回の機構改革は、次世代の強固なリーダーシップのもと、ソニーグループをよりダイナミックで、革新的な方向へ導くとともに、より統合され機動性の高いグローバルカンパニーへの変革を目指すものとなっています。本日発表した機構改革および新経営体制は、４年前に開始したソニーの変革を、より一層加速させるためのものです。[26]

この再編にあたり、ストリンガーはＩＢＭの役員だったジョージ・ベイリーをわざわざ雇い、改革の責任者に据えた。[27]

３年後、ストリンガーはＣＥＯの職を退く。２００９年から２０１２年にかけて、ソニーは毎年純損失を計上した。この３年のあいだに、収益は16％落ち込んだ。ソニーは家電業界のリーダーの座からさらに遠ざかった。ストリンガーが機構改革を発表した直後こそ株価は上昇したものの、彼がCEOを務めた最後の2年で50%近く値を下げた。[28] ２０１２年、ストリンガーの後任に平井一夫が就任すると、彼もやはり大掛かりな組織再編を発表した。[29]

しょっちゅう組織編成を変える経営者もいるが、それでは社内全体に混乱と困惑を招くばかりだ。組織図が変わったとたん、報告する上司や一緒に働く同僚が変わる。頻繁に組織図が変わる状態にあっては、この状況の責任者は誰なのか、この案件の決定権は誰にあるのか、といった疑問の答えが見つからずに苦労することになる。経営陣による発表の意味が理解できず、休憩スペースに社員が集まって相談ばかりしていては、生産性や創造力が損なわれる。そんななか、黙って変化を受け入れる一部のベテラン社員はありがたい存在だ。ただし、彼らも心のなかでは「どうせまたすぐに変わる」とつぶやいている。インクが乾かないうちに、組織図の囲みや線が再び変わる可能性が高いと気づいているのだ。

こうした組織再編は、会社のためになるのか？　たぶんならない。マッキンゼー・アンド・カンパニーが実施した調査によると、明らかに効果があったと言える組織再編はわずか16%だったという。[30] また、6年間に実施された50以上の大規模な組織再編について分析したベイン・アンド・カンパニーは、金銭的な改善をもたらした再編は3分の1にも満たないと結論づけた。[31] 多くの大企業が創造力とイノベーションの推進を狙って組織のフラット化を進めたが、成長の促進が形となって表れていない。にもかかわらず、組織図の囲みや線は変わりつづけている。ウォートン・スクールのピーター・カペッリは、頻繁な組織再編は、軽度の感染症になるたびに抗生物質を処方するようなものだと指摘する。薬によって瞬間的に痛みは和らぐかもしれないが、頻繁に薬に頼ればしだいに身体は蝕まれていく。組織再編もこれと同じで、再編を繰り返せば上層部に対する信頼がしだいに損なわれていく、とカペッリは言う。[32]

過去の再編で望む成果が必ずしも得られていないにもかかわらず、組織の構造を変えることでイノベーションを促進しようとする経営者が後を絶たないのはなぜか？　答えは極めてシンプルで、組織図の囲みや線は簡単に変えられるからだ。責任の所在を変え、直属の関係を点線の関係に変え、いくつかの役職を削ったら、新しい組織図の完成だ！　だが、どれほど必死に模索したところで、創造力を解放するのに最適な組織構造は絶対に見つからない。完璧な構造など存在しないからだ。社員のパフォーマンスと組織の構造に、単純な因果関係を見いだすのは無理がある。

創造力を推進したい場合は、組織のどの部分にエネルギーを注ぐべきなのか？　経営者は、社内のチーム作業に目を向けて、チームとして力を発揮できる環境を整える必要がある。優秀なリーダーが重視するのは、チームで働く環境、行動規範やグラウンドルール、業務内容の設定だ（図5-1参照）。この3つの要素を適切に整えるには時間がかかる。それに、社内全体の強い協力態勢も必要になる。適切な環境を整え、グラウンドルールを制定し、業務内容を設定することは、組織図の囲みや線を書き換えるよりもはるかに困難な仕事だ。

“重要なのはチームとして
力を発揮できる環境を整えること”

Leaders need to think about how teams perform their work, and how they can create the conditions that will enable those groups to flourish.

グーグル社内の優れたチームに関する調査

数年前、グーグルは成果の低いチームと優れた成果をあげるスターチームの線引きに着手した。[33] ジュリア・ロゾフスキーを中心として、「部分の総和に勝る全体を体現するチーム」の特定に乗り出したのだ。この概念に貢献したギリシアの哲学者の名前をとって、彼女たちの取り組みは「プロジェクト・アリストテレス」と名づけられた。ロゾフスキー率いる人員分析チームは、グーグル社内全体から１８０のチームに関するデータを集めた。１１５はエンジニアリング、65は営業のチームだ。[34] 何年にもわたって社員調査の結果を精査し、社員との面談も何百回と実施した。チームに属する社員のデモグラフィックデータや性格特性に関するデータも集めた。それらを通じて何がわかったのか。ロゾフスキーは次のよう

図5－1 創造力を促進する作業環境を構築するには

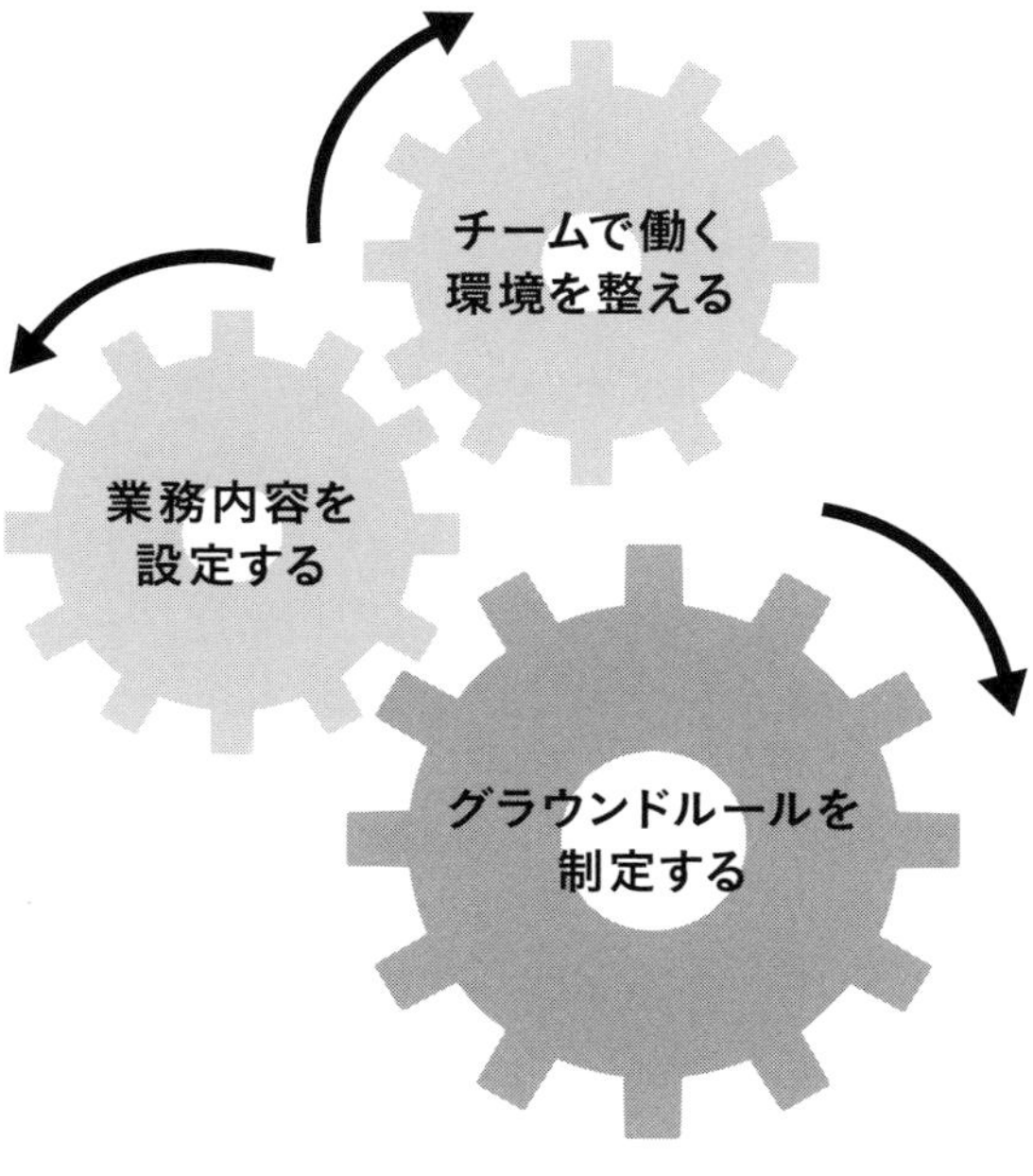

に説明する。

> 完璧なチームづくりは、アルゴリズムによるところが大きいと思っていました。グーグルはアルゴリズムが大好きですから。スター社員を適切な数だけ見つけて彼らでチームを組ませればあら不思議、ドリームチームのできあがり！　となるとばかり思っていました。ところがグーグルで調査したところ、現実はまったく違うことが明らかになったのです。調査の結果、成果に真に影響を与えるのは、チームに誰がいるかではなく、チームメンバーがどのように協力し合うかであることがわかりました。[35]

この結果は、１９８０年のオリンピックでアメリカ代表となった男子ホッケーチームの勝利までの軌跡を描いた映画『ミラクル』の有名なシーンを彷彿とさせる。カート・ラッセルは、主人公のコーチ、ハーブ・ブルックスを見事に演じきった。代表選手を選ぶトライアウトが始まって数日がすぎても、ブルックスはアイスリンクに入らず高い位置に座ったままでいる。そこへアシスタントコーチのクレイグ・パトリックがやってくると、ブルックスは彼に選抜メンバーを書いたメモを手渡す。メモを見たパトリックは、驚いた様子でうろたえる。「最高の選手が一部入っていませんが」と尋ねる彼に、ブルックスは素っ気なく言った。「私が探しているのは最高の選手じゃない。最適な選手だ[36]」。この言葉の真意ははっきりしている。スター選手だけを集めても、優れたチームになるとは限らない、とブルックスは言いたいのだ。レークプラシッドで強豪ソ連チームを倒すには、チームとしてひとつになる必要があり、それは部分の総和よりもはるかに重要なことだった。

もちろん、グーグルは群を抜いて聡明な人材を雇うことに何年も前から力を入れてきた。それはつまり、高等教育機関の上位校でのリクルート活動を積極的に行ってきたということだ。ところが詳しい調査の結果、グーグルの優秀なチームの特筆性は個々の才能でないとされてしまった。では、いちばん重要なのは何か？　人員分析チームは、最高のパフォーマンスを発揮できるチームに見受けられる要素を5つ特定した。この5要素のなかでもとりわけ重要なのが、心理的安全性の状態だという。[37]

チームにおける心理的安全性

調査の結果にグーグルはショックを受けたかもしれないが、ハーバード・ビジネス・スクールのエイミー・エドモンドソンには何の驚きもなかった。なにしろ彼女はその調査の20年以上も前に、「チームにおける心理的安全性」という概念を提唱しているのだ。彼女の定義によると、チームにおける心理的安全性とは「チームのメンバー間による、このチームでは対人リスクをとっても安全であるという確信の共有」を指す。[38]

“スター選手だけを集めても
優れたチームになるとは限らない”

A set of superstar individual athletes does not necessarily constitute a great team.

エドモンドソンは研究者になるとすぐ、２つの病院を対象にして薬に関連するミスについての調査を行った。すると、指導力の高い看護師長や良好な関係性をチームにもたらす看護師長のいるチームほど、ミスの報告が多い傾向にあることがわかった。リーダーシップの強いチームのほうがミスが多いとはどういうことなのか？　これは問いかけ方が間違っている。リーダーが有能なチームのメンバーは、当然ながら安心して医療ミスの話題を持ち出すことができた。優れたチームのほうがミスが多いのではない。ただ単に、ミスについて話し、ミスから学ぼうとする意欲が高いだけなのだ。[39] その結果、ミスを報告する割合も高くなった。エドモンドソンはその後も精密な調査をたくさん実施し、チーム内で意見やアイデアを出す、ミスを認める、疑問を投げかけるといったことを安心してできるとメンバーが感じていると、学習に積極的になり、チームとしてのパフォーマンスが向上することを実証した。[40]

スペースシャトル「コロンビア号」の事故を見ても、心理的安全性が低い状態にあると、問題解決能力を使う機会が得られず悲劇が起こりかねないことがわかる。２００３年１月、シャトルが発射されたとき、発泡断熱材の破片が剥落した。それを知った一部のエンジニアは最悪の事態を恐れた。その破片が機体に大きな穴を開けたかもしれないと不安になったのだ。穴が開いていれば、機体が大気圏に再突入する際に事故が起こりかねない。残念ながら、そうした懸念を上司に伝えることに対し、エンジニアたちは心理的な安全を感じていなかった。その何十年も前に「アポロ13号」が危機的状況に陥ったときは、靴下と粘着テープで即席のフィルタ

“安心して口を開ける環境にいると
パフォーマンスが向上する”

Edmondson has found that learning flourishes and team performance increases when people feel safe speaking up, sharing ideas, admitting mistakes, and asking questions.

ーをつくるというとんでもなく独創的な解決策が生まれた。この策が、ジェームズ・ラヴェルをはじめとする乗員の命を救った。ところが「コロンビア号」のときには、こうした独創的な策はいっさい講じられなかった。安全面に深刻なリスクがあると、上層部が把握していなかったのだ。知らなかったが故に、彼らはチームに解決策を探らせようとしなかった。[41]

　創造力を働かせるうえで、心理的な安全性が確保されていると、常識にとらわれない策を提示できるようになる。周囲から少々おかしいと思われかねないアイデアであっても、安心して口にできる。バカにされる心配がなければ、人はさまざまな選択肢を提示する。それに、創造的なことを生み出そうとする過程において、ミスについて率直に話すことは絶対に不可欠だ。端的にいって、心理的な安全性は、実際にやってみて学習する効果を高めてくれる。創造力の探求に、実際にやってみて学ぶことは欠かせない。試作と実験にはある程度の失敗がつきものだ。早い段階の大ざっぱな試作品には多くの欠点があるだろう。実際に使う人から、不要だとあっさり切り捨てられる部分も必ず出てくる。チームで作業する場合、メンバーが失敗を恐れ、満足度の低い結果しか出せずに非難されやしないかと不安に思うケースが多い。そうなると、無難に乗り切ることだけを考えて、限界に挑もうとしなくなる。

　オールステート保険でイノベーション戦略および製品管理部門の責任者を務めるジェイソン・パークは、適切な環境を整えなければ、人は早い段階の大ざっぱな試作品を周囲に見せるのをためらうとわかっている。ほとんどの社員が不安に思っているのは顧客の拒絶反応ではない、と彼は感じているという。組織には、直属の上司や役員から厳しい批判を受けることを恐れるあまり、自らのアイデアを見せようとしない人がいる。パークは、「正解を見せられるようになるまで待とう」と自分に言い聞かせている人は大勢いると思っているのだ。だから彼は、社員がリスクをとる後押しをしている。完璧から程遠い状態でも構わないから、上司にアイデアを提案してほしいと呼びかけている。そういう「荒削りな」アイデアや漠然とした提案を促したいときは、社内で共通の呼び方（「準備段階」や「発見の段階」など）を設けるのもひとつの手だ。[42]

新しいアイデアや問題の指摘を拒絶しない

社員が心理的な安全性を強く実感できる環境を整えるにはどうすればいいか？　それには、責任ある立場の人が、新しいアイデアや厳しい現実を歓迎する姿勢を示す必要がある（表5－1参照）。形になっていなくてもいいから提案や意見をあげてほしいと伝えるとともに、否定的なことを口にしても出世や進退に影響しないと明言するのだ。

経営者やリーダーのなかには、「洪水のことは教えなくていいから私に方舟をつくれ」という古い格言を地で行く人がいる。要するに、答えがすべて揃ってないなら問題を持ってくるなという態度だ。優秀な上司や経営者は、たとえ答えがわかっていなくても問題を口にしていいという安心感を与えてくれる。オープンテーブル社のクリスタ・クォールズＣＥＯは、「早く、頻

表5−1 心理的な安全性を確保するためにリーダーができること

反対意見を歓迎する	● 違う視点からの意見はないかと尋ねる ● 常識とされていることに疑問を抱くことを奨励する ● みなの意見から学びたいと強調する
失敗について話す	● 自分自身の失敗談を共有する ● 失敗から学んだことを説明する ● 実際に試すことを奨励する
誠実さに感謝する	● 悪い知らせを伝えた人には礼を述べる ● 正直な意見のやりとりから優れた策が生まれた例を紹介する ● 反対意見によって自分の考えが変わったときの話をする

繁に、見苦しく」というモットーを繰り返し部下に伝えているという。「早く、頻繁に、見苦しく。それでいいのです。完璧である必要はありません。そのほうが、格段に早く修正に取りかかれます。どれだけ事実が見苦しくても、私は怖くない。しょせんは、決断を下すための情報にすぎませんから」[43]

部下を持つ人は、自分が心理的安全性を脅かす存在であると自覚する必要がある。上の立場の人間は、多少の弱さを見せたほうがいい。そうすれば、部下は大胆に思えるアイデアやイノベーションにつながる過ちを口にしやすくなる。やってみて学ぶという姿勢は、話しやすい雰囲気のなかで育つ。ネットフリックスの創業者でＣＥＯを務めるリード・ヘイスティングスのエピソードを紹介しよう。２０１１年、彼は同社のＤＶＤ部門から配信事業を切り離し、ＤＶＤ部門をクイックスターという名称に変更すると発表した。世間の反応は冷たかった。投資家は冷笑し、コメディ番組「サタデー・ナイト・ライブ」は発表をコントにして笑いを誘った[44]。だがヘイスティングスは立派だった。世間の反応を知るとすぐさま撤退を決め、公の場で自らの間違いを認めたのだ。これまでのキャリアを通じて間違いを犯したことは何度もあると素直に認め、間違いは学習する大きなチャンスであるとネットフリックスの社員に知ってもらいたいと伝えた。ＣＥＯからはっきりと大きな声でメッセージを送られたネットフリックスでは、創造力が広がりつづけている[45]。

勇気を出して声をあげる部下がいたら、その態度を支持するのが上司の務めだ。厳しい質問

“上司は部下の心理的安全性を脅かす”

Leaders must acknowledge that they are fallible to promote psychological safety.

を投げかけることを、失敗を自ら切り出すことを、社内の常識に異を唱えることを奨励しよう。

アラン・ムラーリーがフォードのCEOに就任したとき、彼は社員に対して苛立ちを抱えていた。莫大な損失を出しているにもかかわらず、自分たちの欠点を知ろうとしていなかったからだ。そんなある日のこと、ひとりの役員があるプロジェクトが「赤」だと進言した。「赤」は深刻な問題があるという意味で、ムラーリーはその役員を力強く褒めた。正直に話してくれたことに礼を述べると、「協力できることはないか？」と尋ねた。問題を起こしたと非難することも、原因を繰り返し問いただすこともしなかった。すると、ほかの社員や役員も自らが抱える問題を口にするようになり、経営陣が協力していくつもの問題の解決に取り組みはじめたという。[46]

グラウンドルールを制定する——ピクサーの会議のルールとは

野球やソフトボールは、設計や面積が異なるさまざまな球場で試合を行う。そのため、審判はふつう、どの試合の前も必ずコーチやキャプテンとともにグラウンドルールを確認する。そのルールによって、その球場や競技場の条件を選手や審判がどう扱うかが決まる。たとえばシカゴのリグレー・フィールドでは、打者が打ったボールが外野フェンスの蔦に絡まったら、審判は打者を2塁に歩かせる。ボストンのフェンウェイ・パークは右翼が深く、出っ張った三角形のような形をしているのが特徴的な球場だ。そのトライアングルと呼ばれる部分には、壁よりも高い黄色いポールが立っている。そのポールの右側にボールが飛べば、審判はホームランをコールする。左側であれば、試合をそのまま続行する。このようなグラウンドルールは、選手、コーチ、審判が同じ認識を持つためのものであり、これがあることで、選手は混乱せず公平に競い合うことができる。グラウンドルールという考え方は、どんなチームにも適用できるし、絶対に適用したほうがいい。いくつか例を紹介しよう。

ピクサーは、『ファインディング・ニモ』『カールじいさんの空飛ぶ家』『トイ・ストーリー3』『インサイド・ヘッド』など8作品のオスカー受賞アニメーション映画を製作した。14作品がアメリカ国内で2億ドル以上の興行収入をあげている。とはいえ、彼らがつくる映画は最初から素晴らしいとは限らない。同社の社長を長きにわたって務めたエド・キャットムルはよく、「ピクサーの映画は最初は面白くない。それを面白くするのがわれわれの仕事だ。私なりの言い方をすれば、『つまらないものからつまらなくないもの』にするんだよ」と口にする。[47] 彼らはどうやってそれを実現しているのか？　それは「ブレイントラスト」[48] と呼ばれる討論のおかげだとキャットムルは言う。

ブレイントラストは会議のようなものだが、参加するメンバーは固定されていない。物語づくりに長けた人たちが期間限定で集まって、製作途中の作品を精査し、疑問を投げかけたりアドバイスをしたり、感想を述べたりする。ブレイントラストは、ピクサーが創設されてすぐに社内で組織的に行われるようになった。初めて行ったときは非常にうまくいった。ところが、違うメンバーで同じように討論をしたところ、「大惨事」になったことが何度かあった。[49] 回を重ねるうちに、キャットムルは気がついた。ブレイントラストを行うときの行動規範やグラウンドルールを参加者が守れば、討論はもっと機能するのだと。規範やルールは、健全な対話や率直な意見交換を促す。破綻せざるをえなくなった討論を何度か目の当たりにしたキャットムルは、参加者がルールを破ると討論にならなくなるのだと理解した。

　ブレイントラストで守るべき重要なルールは4つある。[50] まずは何といっても、その作品の監督がいちばん優先されるということ。ブレイントラストの場では「力関係が排除」される。要は、作品に変更を命じる権限はブレイントラストにはないということだ。キャットムルをはじめとする経営陣であっても強要はできない。その作品の監督だけが、ブレイントラストの参加者から提示されたフィードバックをすべて精査し、次にどうするかを決めることができる。このグラウンドルールがあるおかげで、監督は身構えることなくブレイントラストに参加でき、他者の意見に真摯に耳を傾けられる。ブレイントラストに参加する上層部の人間は、自分の権限に制約が生まれることを、そして製作に携わる人たちは、傷つきかねない立場に置かれることを受け入れる必要がある。また、キャットムルは、彼自身を含む上層部が最初のうちは黙って見ていると、ほかの参加者が意見を発言しやすくなるということも学習した。

　ルールその2は、ブレイントラストでは上層部が評価を下すのではなく、同僚どうしで評価する形をとること。ほかの映画や短編作品の製作に取り組んでいる人たちが監督にフィードバ

“グラウンドルールがあると
討論が有意義になる”

Catmull realized that the brain trust could function more effectively if participants adhered to several important behavioral norms and ground rules.

ックを送るのだ。肩書きに関係なくブレイントラストに参加した全員が、経営者ではなく物語制作者の立場で語る。

ルールその3は、互いの成功に責任を持つこと。ブレイントラストが開かれれば、参加者は全員ただ見ているのではなく、積極的に作品をよくするために協力する。ほかの作品のブレイントラストに参加すれば、必然的に信頼と仲間意識が育まれる。

最後となるルールその4は、「正直な意見のやりとり」に専念すること。要するに、すべての参加者に誠実さを求め、上辺だけのフィードバックを返すなということだ。また、多種多様なものの見方を積極的に受け入れる姿勢も求められている。ブレイントラストの対象となった作品の監督は、自分が下した一つひとつの判断を説明し弁護することなく、意見を聴いて学ぶことに努める。ピクサーの監督のひとりであるアンドリュー・スタントンが、わかりやすい喩えを使ってブレイントラストの作用の仕方を教えてくれた。ピクサーが病院だとすれば、ピクサーの作品は患者で、監督は担当医。そしてブレイントラストの参加者は、患者を治すために担当医に協力する同僚の医師たち。全員が患者の回復を願い、その高尚な目標のもとにみなが集まるという。

ブレイントラストがプラスに働いた顕著な例のひとつが『トイ・ストーリー3』だ。ブレイントラストの集まりのなかで、スタントンは同作の第二幕の結論について周囲に再考を促す意見を述べた。脚本家のマイケル・アーントが用意した第二幕の最後は、主人公のウッディが保育園に残ったおもちゃたちに向かって恐怖で支配するロッツォに反旗を翻せと訴えるシーンだった。これに対し、スタントンは次のように言った。「この最後には納得できない。残っているおもちゃたちだってバカじゃない。ロッツォが悪いやつだとわかっている。いちばんの権力者だから、仕方なく従っているだけだ」[51]。最終的に、アーントはまったく違うアイデアを思いついた。ロッツォの仲間だったビッグ・ベビーという人形に焦点をあてることにしたのだ。アーントは、「ウッディはどうすれば、ビッグ・ベビーにロッツォを裏切らせることができるか？」と自問した[52]。そのおかげで、前より感動的で信憑性の高い、新たな「革命」のストーリーにたどり着くことができた。ブレイントラストの参加者が新たなプロットを思いつくことはなかったが、彼らが疑問を呈したことで、アーントはそのシーンを見直すと決めた。自分が創作した反乱が生まれる場面を反射的に守ろうとすることなく、彼らの意見を受け入れたのだ。

　ピクサー以外の会社でも、行動規範やグラウンドルールを使って創造力の解放を導いているところがある。たとえば、マサチューセッツ州立大学と提携するユーマス記念病院のダグ・ブラウン理事長は、病院の経営チームが週次会議に使う会議室の壁にはチームで共有する規範やグラウンドルールが貼ってあると語る。生産的な会話や議論に集中しやすくなる規範が3つあるのだという。ブラウンは、ルールの対象となるメンバーにトップも含め、全員がルールを遵守する責任を担うことがとても重要だと考えている。規範に従わなければ、ときに優しく、ときに厳しく、その態度は受け入れられないと指摘される。チームに力を発揮してもらいたいな

表5－2 IDEOが掲げるブレーンストーミングのルール

ルール	具体的な内容
判断を保留にする	他者のアイデアの批判を控える。 欠点や懸念事項を指摘しない
無謀なアイデアを 歓迎する	この時点では 実用性や実現性の高さについて考えない
他者の アイデアを広げる	即興コメディの 「イエス、アンド」の原則を取り入れる
ひとつの話題に絞る	最初に出た話題に関して 何ができるかだけを考える
ひとつの会話に 全員が集中する	会話を横道にそらさず、 積極的にまわりの言葉に耳を傾ける
視覚化する	言葉だけでなく簡単な絵を描くなどして アイデアを伝える
量を重視する	上質なものを少しではなく、 アイデアの量産を心がける

出所：IDEO. com

ら、チームに期待する姿勢を具体的に提示する必要がある、というのがブラウンの考えなのだ。また、トップがつねにチームに目を配らなくてもいいように、同僚どうしで互いの仕事に責任を持つ意識を育む必要もあるという。[53]

IDEOのオフィスを訪れても、壁にルールが貼ってある。IDEOでは、ブレーンストーミングで守るべきルールを7つ設けている（表5－2参照）。一部を紹介すると、判断を保留にする、ひとつの話題に絞る、（質より）量を重視する、などがそうだ。これらのルールを守れば、ほかの人の独創的なアイデアを抑えつける、同僚の発言の邪魔をする、別のことに話題がそれる、といった事態を防ぐことができる。ルールを守らない人がいたら、取りまとめ役が前に出て流れを正常に戻す。こうしてルールを守りつづけていくうちに、IDEOのデザイナー、ピクサーの映画監督、ダグ・ブラウンのチームのみんなに、ルールに即した言動が身についたのは言うまでもない。[54]

何が若いエンジニア集団をやる気にさせたのか

ずいぶん前の話になるが、データゼネラル社の若きエンジニア集団が次世代コンピューターの設計という不可能に思える任務をやり遂げた。しかも、「イーグル」と名づけられたそのプロジェクトは実に短い期間で完了した。彼らの功績は、ピューリッツァー賞を受賞したトレイシー・キダーの『超マシン誕生』に詳しく描かれている。[55] 型破りな上司のもとに業界経験が浅いメンバーが集ったにもかかわらず、この若きエンジニアチームは目標を達成した。彼らはなぜ、それほど必死に仕事に取り組み、独創的な解決策を次々に思いついたのか？　エンジニアたちは、お金のためにやったのではないと口を揃える。たしかに、仕事に対する報酬はたいした額ではない。

では、何が彼らをやる気にさせたのか？　チームのひとりは、「チャンス、責任、見通し」があったから頑張れたと語る。チームに属していた若者たちは、とても重要なプロジェクトを任されたという意識が強かった。同業の大手であれば、これほど重要な業務に若く経験も浅い人員が割り振られることはまずない。「ＩＢＭだったら、これほど大事なプロジェクトを任されることはなかったと思う。新人にこういうプロジェクトは割り振られない」とチームのひとりは話す。[56] また、彼らはそのプロジェクトが担う役割についても理解していて、プロジェクトを成功させることにはとても大きな意義があったと言っている。その成功によって顧客が大きな恩恵にあずかることに加えて、データゼネラルが生き残るためには新製品を何としてもヒットさせる必要があったのだ。そして、これほど重要な業務に就いたのだから、ほかのメンバーをがっかりさせたくないと一人ひとりが強く感じていた。チームのひとり、デーヴ・エプスタインはそのときの気持ちを次のように語る。

“「チャンス、責任、見通し」があったから頑張れた”

One team member remarked that he strove for “opportunity, responsibility, and visibility” on this project.

僕はチームの一員だから、僕の担当だけでなくジムが担当する部分も、僕にとってはとても重要だ。ジムが身を削って働いている（毎日午前3時まで会社に残っている）ことを思うと、僕も同じくらい働かずにはいられなかった。これを彼のプロジェクトであると同時に僕のプロジェクトでもあると、胸を張って言いたかったから。[57]

データゼネラルの幹部は、若きエンジニアたちに多大な裁量権を与えた。無謀にも思える目標を設定したのは事実だが、その目標を達成する最善の道を彼ら自身で決める自由も与えている。そのおかげで、エンジニアたち個々が持つ多種多様なスキルや能力を試すことができた。作業内容は毎週のように変わった。作業を進めていくうちに、異なる難題が次々に現れるからだ。退屈な繰り返しの作業に従事する、ということはいっさいなかった。そうして時間が進んでいくと、エンジニアチームはしだいにその製品に強い愛着を抱くようになった。スティーヴ・ストウドヘアはその強い感覚を次のように言い表した。「やったぞ！　俺はとうとうやった。これだ。これぞ究極の感動だ[58]」。また、こうした業務内容のおかげで、内発的なモチベーションが高まる環境が整った。

イーグルプロジェクトは、組織内で創造力を育むうえで大切なことを私たちに教えてくれる。これからは、組織図の中身ではなく、仕事の中身をどうするかにもっと時間を割いたほうがいい。組織心理学を研究するリチャード・ハックマンとグレッグ・オールドハムが作成した、業務内容を設定するうえでのモデルがある。このモデルを見ると、チームで作業に取り組む人の内発的なモチベーションを高め、創造力を刺激するのに何が役立つかがよくわかる（図5−2参照）。ハックマンとオールドハムは、仕事（業務）で大事になる5つの要素を特定した。その5つはどれも、イーグルプロジェクトに不可欠な要素でもある。

まずは、個々が持つ多種多様な才能やスキルが必要になること。それらが仕事に求められれば、チームとしてのパフォーマンスは向上する。さまざまな形で難題に取り組ませるようにすれば、彼らの内発的なモチベーションはどんどん強くなっていく。2つ目は、割り当てる仕事の全容を見せること。そうすれば、やり遂げる気持ちが高まる。最終的にどうなるかを知らない状態で、大きなパズルの小さなピースにあたる仕事に日々取り組ませるのでは、最終成果に悪影響が生まれる。3つ目は、人の幸福に大きく関与する内容であること。自分のやっていることが誰かを幸せにし、満足させると思えば、成果の質が向上する。4つ目は十分な権限を持たせること。仕事を進めるうえでの最善の方法を自分たちで決めることができれば、やり遂げたい気持ちが高まる。そして5つ目が、タイミングを逃さずに建設的なフィードバックを与えることだ。タイミングよくこれまでの仕事ぶりについて建設的な意見をもらえれば、己を客観視でき、必要に応じて修正もできるので、よりよい成果につながる。[59]

ハックマンとオールドハムは研究を通じて、業務内容の設定を適切に行えば、取り組む人が仕事に意義を見いだす度合いが高まると実証してみせた。また、成果に対する愛着や責任意識

“取り組む仕事の内容を
適切に設定することが肝心”

Hackman and Oldham demonstrated how designing the work properly
enhances the extent to which people find their work meaningful.

図5－2 仕事を設定する

仕事の構成要素

- ✔スキルの多様性
（幅広いスキルの活用を意識する）
- ✔全体像（最初から最後まで明らかにする）
- ✔仕事の重要性
- ✔自律性
- ✔タイミングよくわかりやすいフィードバック

⬇

仕事を得たときの社員の状態

- ✔自分の仕事ぶりをつねに理解している
- ✔結果を出すことを
自分の責任ととらえている
- ✔取り組むことに意義を感じている

⬇

社員のパフォーマンスから生まれるもの

- ✔質の高い成果
- ✔成果を出しつづける意欲
- ✔個人的な充足感

出所：Hackman and Oldham, 1976[60]

も生まれるという。彼らが見つけた5つの要素を適切に盛り込んだ仕事を社員に課せば、社員の内発的なモチベーションは高まり、質の高い成果が生まれる。個々のチームに貢献する意識も高まる。オールドハムの研究はその後も続き、業務内容を適切に設定することが、さまざまな形で創造力にプラスの効果を生み出しうることも明らかにされた。[61]

イーグルプロジェクトに取り組んだエンジニアたちは、間違いなく仕事に意義を見いだし、強い愛着を感じていた。内発的モチベーションもかなり高く、それが成果にはっきりと反映されている。創造力を必要とするプロジェクトに取り組んだ彼らは、目を見張る働きをしてみせた。そして完成させたマシンについて尋ねられたときは、誰もが誇らしげに顔を輝かせた。

万能薬探しはもうやめよう

部下を持つ人には、部下が力を発揮できる状況を生み出す責任がある。ハーレーダビッドソンのCEOを務めていたリチャード・ティアリンクも言っていたように、「リーダーとしてのいちばんの仕事は、周囲が素晴らしい仕事ができる経営環境を生み出すこと」だ。[62] その実現に不可欠な要素のなかに、組織図は含まれない。必要なのは、安心できる環境、明確なグラウンドルール、適切に設定された業務だ。これらを揃えるのは簡単ではないが、個々の創造力を発揮させ、チームの活躍を促す土台として、この3つは欠かせない。どんな組織であっても、トッ

> “組織の構造を変えるという
> 手軽な策に答えを求めるな”
>
> Leaders everywhere need to stop searching for easy structural solutions.

プは組織の構造を変えるという手軽な策に答えを求めるのはもうやめにする必要がある。いくら探しても見つからないし、万能薬探しは、組織をよくするどころか組織に害をもたらしかねない。

第6章

集中に関する思い込み

The Focus Mindset

――たしかに、距離をとれば視野が広がるので、
ある程度離れたほうがうまく書けることが多い。
森の広さに圧倒されるほど、森の木々を見落としやすくなる

ルイス・ラモール（小説家）

1984年、ボノの愛称で知られるアイルランド出身のシンガーソングライター、ポール・デイヴィッド・ヒューソンは、U2として4作目のアルバムをリリースするときの心境を次のように語った。

どこに向かっているかはわからないけど、考え出すと夜眠れなくなる。始まったと思うとワクワクして仕方がない。本当に旅立ったという感じだよ。この話をしだすと、僕は止まらない。止めようと思ったら、10人で抑えつけない限り無理だね。[1]

このとき、U2はバンドを代表する曲となった「ブラディ・サンデー」を含む3作目のアルバム「WAR（闘）」のツアーを終えたばかりだった。このアルバムで世間の脚光を浴びたアイルランドのロックバンドは、全英アルバムチャートで1位、全米チャートで12位を獲得した。[2]大きな会場でコンサートを行うようになると、ライブパフォーマンスの素晴らしさでも話題になった。

この成功にそのまま酔いしれることもできたが、ボノとその仲間たちは新たな試みを選んだ。『ローリング・ストーン』誌のスティーヴ・ポンドはこれについて、「U2は、スローガンを掲げてアリーナでコンサートをするロックバンドになるのが怖かった」[3]と書いている。U2はブライアン・イーノとダニエル・ラノワに新アルバムのプロデュースを依頼し、これまでとはまったく違う方向へバンドを導いてほしいと頼んだ。ベースを担当するアダム・クレイトンによると、「もう少し重厚で、もう少し芸術的なものを求めていた」[4]という。

U2のメンバーはアイルランドのミーズ州にあるスレーン城に移り住み、そこで新しいアルバムのための曲を書いてレコーディングした。全員で日常から離れた場所へ行って作業に集中したかったのだ。[5] ラノワはプロデュースするバンドを特別な場所に連れて行ってレコーディングすることで知られる。創造力を刺激するためだ。Ｕ２のレコーディングについて、彼は次のように語った。

　ボノはこれまでとは違う環境を探していた。壁に幽霊がいるような、ある種の歴史を感じさせる建物を求めていたんだ。だから、無機質な今風の倉庫は使わなかった。スレーン城では本当に、過去から前に進めてくれる何かの存在を感じていた。

ラノワによると、バンドメンバーや関係者は、18世紀の城で作業をしたりくつろいだりして生活を共にしながら仲間意識を育んだという。「いちばんよかったのは、全員がここに住んだことだ」とラノワは話す。[6] メンバーがふざけて全裸で演奏したこともあったようだ。城での隔離生活は１カ月に及び、書斎で本に囲まれながら曲をレコーディングした。曲づくりやレコーディングでは、型にとらわれずにいろいろと試した。[7]

Ｕ２の４作目のアルバムは「The Unforgettable Fire（焔）」に決まった。これは、第二次世界大戦の終わりに原子爆弾を落とされた広島と長崎での体験を描いた絵画を集めた展覧会の名称に由来する。多くの批評家が、Ｕ２はこのアルバムから新しく生まれ変わったと感じた。ボノに言わせると、一度解散してまったく同じメンバーで新しいバンドを結成したみたいだという。アルバムはイギリスでアルバムチャート1位を獲得し、アルバムに収録されていた「プライド」は、アメリカのシングルチャートでトップ40に入るというU2として初の快挙を成し遂げた。[8]

「The Unforgettable Fire（焔）」の制作秘話のような例はよく知っている、と感じた人は多いだろう。慌ただしい日常から逃げ出してどこかにこもり、一皮むけたお気に入りのアーティストが思い浮かんだのではないか。ローリング・ストーンズはコート・ダジュールの豪邸でドラッグ漬けになりながらレコーディングしたことが何度かあり、傑作と名高いアルバム「メイン・ストリートのならず者」もそこで生まれた。[9] ボブ・ディランとザ・バンドは、ニューヨークのウッドストックにある一軒家の地下室で、アルバム「地下室（ザ・ベースメント・テープス）」をレコーディングした。[10] 近年では、カニエ・ウエストがワイオミング山脈の山頂に数週間ひとりでこもって最新アルバムの制作に取り組んだ。[11] さまざまな分野で創造力を発揮する人たちが、隔離された環境で作業をすることのよさを説くのはいまに始まったことではない。ピカソもかつてこう言った。「大きな孤独なくして、真剣に何かを成し遂げることはできない」。[12] 発明家のニコラ・テスラも、「オリジナリティは、創造的な思考の妨げとなる外からの影響を受けない隔離された状態で花開く」と述べている。[13]

創造的な仕事を加速させたいときは、それだけに集中できる時間と、邪魔が入らないスペースを与えればいいと信じている人はいまも多い。今日のビジネスの世界にそれを当てはめると、オフィスの外に社員を隔離する、イノベーションが生まれる拠点をつくる、ウォールームに数日から数週間チームを隔離する、といった意味になる。誰もが自分だけのスレーン城を求めているのだ。

グーグル・ベンチャーズのウォールーム

２００９年、グーグルのジェイク・ナップはこう思っていた。創造力を使ったブレイクスルーを起こせないのは、日々の仕事のペースや仕事の仕方に問題があるからだと。[14] 仕事上の厄介な問題を解決するには、エンジニアがチームとなったときの働き方をもっと工夫する必要がある。そう気づいた彼は、効果的な働き方探しに夢中になった。そして、日常業務を行っていると、何度も邪魔が入って「作業の切り替え」が必要になり、そのせいで理路整然と考えることや効率よく協力し合うことが難しいのだと気づいた。

会議、電子メール、電話が入るたびに注意力がそがれ、本当にやり遂げないといけないことができなくなる。そういう中断は、ピクニックの最中にハチの巣が落ちてくるようなもので、確実に生産性が阻害される。当然ながら、何度も中断するような働き方を望んでいる人はいない。誰だって、重要な仕事をやり遂げたいと思っている。それに、意義のある仕事、それも創造力が必要となるような大きな問題を解決するには、邪魔の入らないま

“日常業務には
何度も邪魔が入るものだ”

Knapp noticed the usual workday involved a series of interruptions.

とまった時間が必要になる。[15]

中断という問題に気づいたナップは、それを解決する「デザインスプリント」という方法論を考案した。そして、デザインに携わるチーム全員にスケジュールを1週間空けさせて、電子機器を手放させた。そうすることで、5日間にわたって全員がひとつの問題にエネルギーを注げるようにしたかったのだ。また、厄介な難題に挑むときに活用すべきデザイン思考についても、その手順を細かく定めた。たとえば1日目は、問題を的確に定義して、解決のカギを握る専門家に相談するなどの時間とした。その5日間を通じて、チームは複数の解決策を考案し、絵コンテを作成し、試作品をつくった。週の終わりには、試作品をユーザーに公開してフィードバックを募った。

ナップはいつしか、ひとつのプロジェクトに専念できるスペースがあれば、チームで取り組む作業の質が高まると考えるようになった。そうしてデザインスプリントチームのための「ウォールーム」の設置を唱えた。この部屋ができれば、チームが5日間すごす「ホーム」になる。「ウォールームの壁にはチームの思い出を貼ってもいいし、何でも自由に書きとめられる大きなキャンバスにしても、作業の進捗を記録する場にしてもいい」とナップは言う。[16] また、部屋に置く家具を移動可能なものにすることや、壁を巨大なホワイトボードにすることも提案した。2009年に創設されたグーグル・ベンチャーズのウォールームは、ナップにとってのスレーン城となった。その後、5日間集中してひとつのプロジェクトに取り組むというナップが考案したデザインスプリントは、フェイスブック、エアビーアンドビー、マイクロソフト、ウーバーをはじめとする多くの企業に取り入れられた。

マルチタスクにはリスクが伴う

周囲を遮断してひとつのプロジェクトに専念する働き方に、認知的なメリットがあることは明らかだ。しかしながら、勤務時間のほとんどを、複数のタスクを同時に行うことに費やしている人はとても多い。あなたにも身に覚えがあるだろう。電話会議の最中に、メールのチェックやウェブサーフィン、報告書の見直しなどを行ったことは一度や二度ではないはずだ。通勤時の車内で、電話で打ち合わせを行いながら朝食のベーグルを食べたことがある人もいるだろう。複数のことを同時にこなすなど容易い、と超人になったつもりでいても、現実には自分で自分を欺いているにすぎない。

仕事中に邪魔が入る回数はどのくらいあるのか？　この疑問を解消するため、グロリア・マークの研究チームがとあるＩＴ企業の社員24名を徹底的に調査した。[17] その24名は、ソフトウェア開発者、財務分析担当者、マネジャーだ。すると、彼らが取り組むことはほぼ3分おきに変わった。しかも、ほかの社員がやってきて何かを頼まれることよりも、自分自身で中断させることのほうが多かったという。なかには害のない中断もあり、そういうときはほとんど時間をとらずに元のタスクにすぐに戻ったが、それ以外のケースでは、まったく違うタスクに切り替わった。そして一度中断すると、元のタスクに戻るのに少なくとも23分かかった。[18] つまり、まったく違うタスクに切り替える類いの中断が絶えず発生すれば、大きなストレスとなり、パフォーマンスが低下するのだ。

　複数のことを同時に行おうとしたり、作業を中断したりすれば、個人のパフォーマンスの大きな弊害となりうる。このことは多くの調査で実証されている。サイラス・フォルーギーの研究チームは、中断が仕事の質に与える影響について調査した。彼らはまず、エッセイの概要を組み立てたうえでエッセイを書くようにと学生に指示した。そして、一部の学生にだけ何度か作業を中断させた。作業中の学生に向かって唐突に、60秒で終わる別のタスクを与えたのだ。ほかの学生は最後まで邪魔されることなくエッセイに取り組んだ。学生が書いたエッセイは、2つの採点機関を通じて、カレッジボード（訳注：アメリカの高等教育への進学の橋渡しを目的とした非営利機関）のエッセイ採点ガイドにもとづいて点数をつけてもらった。すると、邪魔の入った学生の評価が著しく低かった。[19]

　では、複数のメディアをしょっちゅう行き来する人についてはどうか。ネットに流れてくるニュースをいくつも同時に読む傍ら、メールのやりとりも行うような人のことを「ヘビーマルチタスカー」と呼ぶ。エヤル・オフィールを筆頭とする研究チームは、そういう人たちは本当に複数の異なることを同時にこなす能力に長けているのかどうかを調べた。すると、いくつもの調査を通じて、ヘビーマルチタスカーの能力はひとつのことに集中する人よりも劣っていることが判明した。情報の保存や整理の効率性が低く、無関係な情報を判別する力も劣っていたという[20]。

こうした調査結果が明らかになっているにもかかわらず、自分には超人的な力があると信じつづけている人は多い。だが残念ながら、そうした自負と現実は噛み合わない場合がほとんどだ。デイヴィッド・サンボンマツの研究チームは、車を運転するときの習慣について調査を行った。運転中に携帯電話を使うかどうかをはじめ、複数のことを同時に行う力が自分にあると思うかどうかも尋ねた。そのうえで、全員にその力を実際に測定するテストを受けてもらった。すると、複数のことを同時に行う力が高いと自負する人や、運転中にしょっちゅう携帯電話で話す人は、そうでない人よりもテストの成績がふるわない傾向にあることが明らかになった[21]。

こうした結果を見ると、厄介な問題に取り組むときは、それに専念する時間と場所が必要だというナップの主張は正しいように思える。仕事をするときは、中断を避けるとともに、複数のタスクを同時に行おうとするのはやめたほうがいい。作業の中断に伴うリスクは多くの企業が認識していて、創造力を必要とする仕事に就いているチームのために、その力を発揮しやすい環境を整えようとしている。社外で作業できる場所にチームを送り込む、ウォールームやイノベーションの拠点となる場を設置する、特定のプロジェクトチームを隔離する、といった取り組みはその一環だ。しかし、隔離して集中させたからといって、必ずしも望む結果が得られるとは限らない。ときには、取り組む問題から少し遠ざかることも必要だ。ひたすら集中しつづけるにも限界がある。ひとつの問題に入れ込みすぎるのも問題で、ひとつのことばかり考えていては、いずれ行き詰まってしまうかもしれない。

タンクが空になったら

１９３７年、イギリスの作家Ｊ・Ｒ・Ｒ・トールキンの『ホビットの冒険』が出版された。これが爆発的な人気を得たことから、同作を出版したスタンリー・アンウィンはトールキンに続編の執筆を依頼した。トールキンは、１９３７年の秋から『指輪物語』の執筆に取りかかった。だが、3部作となる続編の第1作目『旅の仲間』は、１９５４年まで出版されなかった。この間、トールキンは執筆に集中する期間を設けるとともに、中断する期間もある程度とった。執筆から離れて登場人物のスケッチや地図の制作を行ったり、登場人物が歌いそうな歌をつくったりした。[22] ときにはＣ・Ｓ・ルイスやオーウェン・バーフィールドといったほかの作家たちと、オックスフォード大学のモードリン・カレッジに集まることもあった。オックスフォード大学は、トールキンが教鞭をとっていた場所でもある。いまあげた作家たちは自らをインクリングズと呼び、ビールを飲みながら文学について語り合ったり、書きかけの原稿を互いに見せ合ったりした。トールキンは彼らに自分の書いたものを渡してしばらく考える時間を与え、彼らの感想を聴いたのちに原稿を見直すことが多かったという。[23]

『指輪物語』の執筆以外にも、彼には大事な仕事がいくつかあった。オックスフォード大学の教授として講義を行うことをはじめ、その職に伴う事務作業もこなした。研究論文を発表し、家族を養った。第二次世界大戦のあいだは空襲警備員も務めた。クリスマスになれば、サンタクロースから我が子に宛てた手紙をイラストを添えて書き（その手紙は彼が亡くなったあとに出版された）、短編も何作か書き上げた。[24] １９３９年には、数日にわたって国の極秘機関である政府暗号学校で研修を受け、ナチスの暗号解読方法を学ぶこともあった。ただし、戦時中にその能力をイギリス政府のために活用することはなかった。[25] こうして見ると、トールキンの傑作は断続的な執筆活動で生まれたことは間違いない。作品以外のことに集中する時期を経ては、物語の執筆に集中する時期に戻るということを繰り返したのだ。『指輪物語』はいまなお読み継がれていて、3部作それぞれの売上部数は1億５０００万部前後に達し、世界でもっとも売れた本の上位に名を連ねる。[26]

トールキンが断続的に有名な3部作に取り組んだ一方で、マーク・トウェインの執筆過程には突発的に相当長い休みが入り込んだ。トウェインは１８７６年に『トム・ソーヤーの冒険』を出版した。その年の夏、彼は妻と子供たちを連れてニューヨーク北部に出かけ、3カ月ほど妻の姉夫婦が暮らすクアリー・ファームに滞在した。この休暇中に、トウェインはトム・ソー

“トールキンの『指輪物語』は
断続的な執筆活動で生まれた”

Clearly, Tolkien’s masterpiece came about through fits and starts.

ヤーの冒険の続編にあたる『ハックルベリー・フィンの冒険』を書きはじめる。[27]夏のあいだにかなり書き上げたが、そこで執筆が行き詰まった。原稿自体をなかったことにしようかとも考えたようだ。

トウェインは友人に宛てた手紙のなかで、未完成の作品に対する思いを次のように吐露している。「４００ページほど書いたので、本の半分は完成している。ハックルベリー・フィンが自分語りをする物語だ。かろうじて読むに堪えるという出来でしかなく、このままでは、棚にしまうか原稿を燃やすかのどちらかになるかもしれない」[28]。トウェインを研究するヘンリー・ナッシュ・スミスは、ハックルベリー・フィンは著者がもともと思い描いた以上に複雑なキャラクターになったのではないかと推察する。「ピカレスク小説としてトウェインが思い描いたもののなかに、想定外の意味を見いだしたように思える」とスミスは書いている。[29]

その後数年のあいだ、トウェインは別の作品をいくつか書き、１８８１年に『王子と乞食』が出版された。その翌年、彼はミシシッピ川を蒸気船で旅した。４月20日にセントルイスを出発し、ミネソタ州のセントポールまでの1カ月にわたる船旅だ。[30]この旅の記録と、南北戦争以前に蒸気船の水先案内人を務めた経験を一冊の本にまとめたものが、『ミシシッピの生活』として１８８３年に出版された。旅を通じて生まれたのはその旅行記だけではない。旅をきっかけに、クアリー・ファームで放り出し、その後ほとんど書き進めることのなかった原稿を見返すことにもなった。

“トウェインの執筆過程には相当長い休みも”

Mark Twain’s creative process sometimes involved an abrupt and rather lengthy break.

1883年の夏、トウェインはその続きの執筆に没頭した。友人のウィリアム・ディーン・ハウエルズに宛てた手紙のなかで、ハックルベリー・フィンの物語への思いが再燃し、猛烈なペースで続きを書いていることを綴っている。

私が800〜900ページを書き上げるのにかけた日数は、明らかにするのがはばかられるほど短い。これが自分の実力だと信じてはいけないし、もちろん、君に信じてもらおうとも思わない。以前は、週に5日、一日あたり4〜5時間しか書かないと決めていたが、今回は週に6日、朝食後から夕方5時15分まで書いている。誰も見ていない日曜日に書いたことも1、2回ある。日曜日にこっそりと文学にふけることほど楽しいことはない。[31]

1884年12月、トウェインの『ハックルベリー・フィンの冒険』がついに出版されると、アメリカ小説の最高傑作だと多くの人々が称賛した。興味深いことに、猛烈なペースで執筆した2回のあいだに7年の中断期間が空くといったことは、これが初めてではない。過去にも書きかけの原稿から数年離れ、再び書きはじめて大きな成功を収めた作品がある。トウェインは自伝のなかで、『トム・ソーヤーの冒険』は1873年に執筆を中断し、2年後に再び書きはじめたと述べている。このときに、原稿から距離をとることの有用性を学んだのだ。彼の言葉を紹介しよう。

そのとき以来、作品を書きはじめたら、タンクが空になったと不安にならずに棚上げするようになった。2、3年たてば、何もしなくともタンクは再びいっぱいになり、最後までラクに書けると身をもって知っているからだ。[32]

トウェインが本能で原稿を「棚上げ」するようになってから1世紀以上がすぎてようやく、中断は間違いなく創造力の刺激になることが実証された。トウェインのように、作業から数年も離れる必要はない。ときおり別のことに意識を向けるだけで、創造力は高まる。音楽を聴いてもいいし、問題を寝かせても構わない。精神医学を専門とし、脳科学にも造詣の深いスリニ・ピレイの言葉を借りるなら、「脳は集中と非集中の切り替えを通じて最適に機能し、しなやかな強さが育まれ、創造力が高まり、よりよい決断が下せるようにもなる」[33]のだ。

とりわけ歩くことが創造力の増強になる。これはおそらく、思考が集中から解放されるからだろう。過去を振り返っても、チャールズ・ダーウィン、ウィリアム・ワーズワース、ルートヴィヒ・ヴァン・ベートーヴェンといった偉人も散歩を日課にしていた。[34]イギリス詩人のワーズワースが頻繁に散歩やハイキングに出かけることについて、トマス・ド・クインシーは次のように述べている。「ワーズワースが歩いた総距離は、17万5000～18万マイルにもなり、ひとつの労作と呼べるだろう。(中略)そのおかげで彼は曇りのない幸福な人生を送っており、わ

“中断は創造力の刺激になることが実証された”

Researchers have shown that taking a break indeed can stimulate creativity.

れわれもまた、彼の素晴らしい作品の恩恵にあずかっている」[35]

心理的な距離

集中を解くことのメリットについては、心理的な距離という概念の理解が進んだことからも明らかにされている。ときには問題から遠ざかることで、より抽象的に考えられるようになるというメリットが生まれるのだ。心理的な距離をとることは、創造力を強化するうえでも有効であることがわかっている。休憩や散歩に限らず、効果的に距離をとる方法はほかにもいろいろある。いくつか紹介しよう。

社会的な距離をとる

いまから紹介する問題を解こうとして、答えにたどり着けず苦しんでいる人がいるとしよう。どうすれば創造力を解放できるだろうか？

ひとりの囚人が塔からの脱出を試みた。独房に1本のロープを見つけたが、安全に地面に降りるには長さが半分足りない。だが彼は、ロープを半分にして結び、見事に脱出した。彼はどうやったのか？

この問題は、エヴァン・ポルマンとカイル・エミッチの研究の一環として、１３７人の学生に出題された。ふたりは半数の学生に対し、塔にとらわれている囚人になったつもりで答えを考えるようにと伝えた。答えがわかった学生は48%だった。そして残りの半数の学生には、自分以外の誰かが塔にとらわれているところを想像するようにと伝えた。つまり、塔から脱出しようとしている人を手伝う方法を考えるということだ。すると、約3分の2の学生が正解にたどり着いた。誰かの問題を代わって解決すると想像することにより、いくらか心理的な距離が生まれ、それが功を奏したのだ。なぜこのような結果になったのか？　人は問題に入れ込みすぎると、具体的に考えようとして細部にとらわれやすくなるのだ。場合によっては、無関係な部分に注目することだって考えられる。一方、心理的な距離をとると、抽象的に問題をとらえ、問題を分解して考えようとする。このように大局的にものごとをとらえる考え方ができると、常識にとらわれない解決策が生まれやすい。[36]

塔から脱出したい囚人の問題について考えたとき、あなたはどちらの考え方をしただろうか？　正解がわからなかった人もいるだろう。塔にとらわれているのは自分以外の誰かだと想像して問題に取り組んだ人は、おそらく答えにたどり着いたと思う。正解は、ロープを縦に割いて端と端を結ぶ。こうすれば、安全に地面に降り立つのに十分な長さになる。

では、自分を他人に置き換えて考えることについてはどうか。他人の立場になって考えれば、創造力は高まるのか？　デニス・デュマスとケヴィン・ダンバーが、考えるときの立場の重要性について調べた。具体的には、105人の参加者にものを使うタスクをやってもらうというものだ。そのタスクは、拡散的思考力の測定にもよく使われる。彼らの実験では、フォークや金槌など誰もがよく知っている何かの独自の使い方を複数考える、というタスクが課せられた。タスクの結果は、豊富さ（考えついた使い方の数）と独創性（印象に残る度合い）の評価で採点された。また、参加者の半数には「風変わりな詩人」に、残りの半数には「堅物の図書館司書」になったつもりでタスクに取り組むようにと告げた。この2種類の役柄は、学生がイメージしやすくなりきりやすいという理由から選ばれたものだ。役柄を与えられた学生は、その後10分で5品の使いみちを考えるテストに答えた。次に、学生たちの役柄を交換した。つまり、詩人になりきった学生には司書、司書になりきった学生には詩人の役柄が与えられたのだ。そしてまた10分で新たな5品のテストに答えた。実験の結果はどうだったのか？　堅物の図書館司書に比べて、風変わりな詩人になりきったときのほうがたくさんのアイデアが生まれた（図6－1参照）。また、独創性も高かったという。[37]

会議や意思決定の過程を取り仕切る責任者は、関係者や部下に、自分がいまと違う社会的立場だったらどうするかと考えさせること、つまり社会的距離を与えることができる。保険金融会社のサン・ライフ・ファイナンシャルで役員を務めるケヴィン・ドハティの例を紹介しよう。eコマースがさまざまな業界に広がりはじめたことを受けて、ドハティは保険事業の将来を変

“もし自分が「風変わりな詩人」「堅物の司書」だったら……”

Dumas and Dunbar asked one-half of the students to imagine themselves as “eccentric poets,” and the other half to think of themselves as“ rigid librarians.”

えるほどの破壊的な何かを部下に考えてもらうことにした。だが、会社の従来の戦略の立て方に不安があった。独創的なアイデアを生み出すのに最適とは言い難いと思ったのだ。従来の立て方では、既存の事業に徐々に改良を加えることが好まれた[38]。

ドハティは、彼の部下で戦略計画策定の責任者を務めるトーマス・ホールマンとともに、ドハティの部門の経営管理チームにいつもの職場から離れた場所を用意した。そして、チームを4人ずつの4グループに分けると、ウェブを主体とする実行可能な新しい事業をグループごとに考えさせた。さらにグループの各メンバーに、CEO、COO、CFO、CMOのいずれかの役柄を与え、与えられた立場の人なら何に関心を持ち、どんな視点をとるかを考えてほしいと伝えた。

この隔離期間中の役柄の割り振りは、社内で普段果たしている役割とは違うものになるようにした。た

図6－1 風変わりな詩人は堅物の図書館司書より多くのアイデアを生み出せるか？

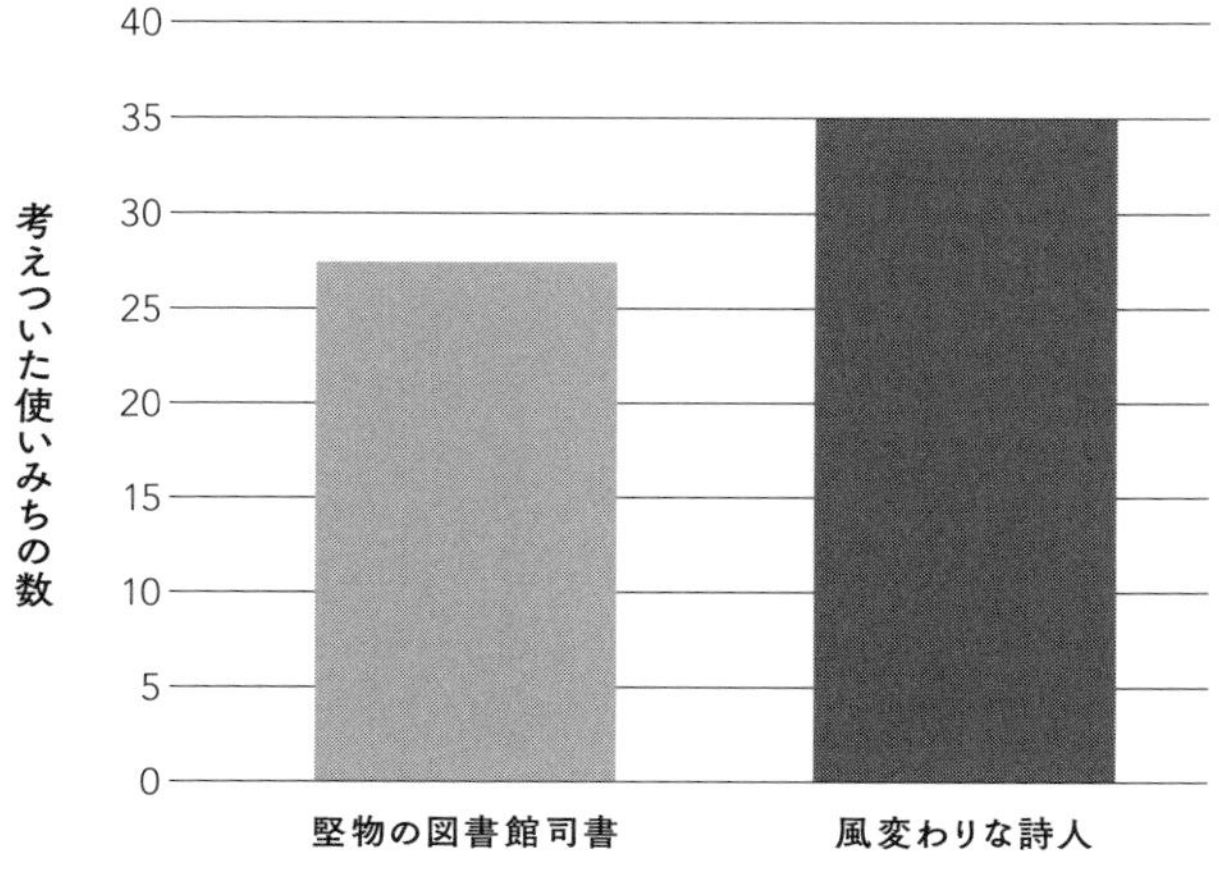

出所：Dumas and Dunbar, “The Creative Stereotype Effect”[39]

とえば、営業部長には財務責任者であるCFO、財務の責任者には運営を担うCOOという具合だ。メンバーのひとりだったジャニス・ウォレスによると、みな熱心に役になりきっていたという。「誰もが与えられた役柄になりきっていて、本当に驚きました。いつもと違う役割を演じると、いつもと違う思考になりやすく、新しいアイデアを発表する際の抵抗が少し和らぐように思います[40]」

顧客サービス担当のレベッカ・ジョンストンは、違う立場になって考えることの意義を次のように語った。「普段と違う役割を引き受けたおかげで、eビジネスという未知の世界に入っていくのであれば、もっと大きく考えることも大切だと心から実感できたと思います。自分だけの小さな世界に閉じこもっているわけにはいきません[41]」

マーケティング責任者のブリジット・ペアレントは、視野が広がりやすくなり、拡散的思考が刺激されると語る。「戦略を立てるときは、これが進むべき正しい道だとみんなに認めさせようとします。同じ方向に進みたいので。ですが、そうすると、偏った見方にとらわれる恐れがある。（中略）今回の話し合いでは、『何か見落としていないか。盲点となりうることはないか』と自問できたことがよかったです[42]」

デザイン思考が身についている人は、プロジェクトに取り組むあいだはユーザーになりきることで社会的距離をとっている。ユーザーの立場でものを考えようとするのだ。ときには、商品やサービスを購入する人や消費する人になりきって、購入や消費のときに起こりうることを

“誰かへの共感を得ようとすると、
創造力が刺激される”

These empathetic efforts stimulate creative thinking.

考える。このように、自分とは違う誰かへの共感を得ようとすると、創造力が刺激される。

たとえば、ＩＤＥＯのクリスチャン・シムサリアンがセントルイスにあるＳＳＭデポール・ヘルスセンターの新病棟を設計することになったとき、彼は患者になりきって考えると決めた。といっても、彼の場合は想像にとどまらず、足を怪我したフリをして、実際に病院の救急救命室を訪れた。受付、書類の記入、保険の確認手続きといった、患者が戸惑う一連の流れを経験するためだ。すると、要所要所でずいぶんと待たされることになった。それと同時に、治療を受けたい人の多くが味わう、苛立ち、不安、混乱も経験した。実際に患者として病院を訪れたことで、シムサリアンに患者に対する共感が生まれ、まだ表面化していない患者のニーズのほか、なかなか言葉にしづらい患者の希望や要望がわかるようになった。その結果、患者の満足度を高めるためのさまざまな独創的なアイデアが生まれた。[43]

戦略会議のときにライバル社の立場で考えると、拡散的思考でものごとをとらえやすくなるのでお勧めしたい。軍が実施する作戦演習は、一般に赤チームと青チームに分かれて行われる。青チームはアメリカのための戦略や戦術を考案し、赤チームは敵軍になりきる。有能な赤チームは、青チームの想定にない、大胆で奇想天外な戦略を考案するという。敵の立場で考えるようにすると、拡散的思考が促され、本来自分が立てた戦略や計画を再考することになる。[44] 企業でも、ライバル社の立場になって考えるというコンセプトを採用しているところは多い。それにより、これまで当たり前とされていたことに疑問が生まれ、長年の前提が見直され、独自のアイデアが生まれている。

物理的、文化的な距離をとる

　アンティーク硬貨を扱う古物商の元に、美しい銅貨が持ち込まれた。表には皇帝の横顔が描かれていて、裏には「B.C.544」と記されている。古物商は硬貨をじっくり見つめると、買わずに警察を呼んだ。それはなぜか？

ライル・ジアの研究チームは、この問題をはじめとするいくつかの問いを１３２人の学生に出題した。1問につき考える時間は2分だ。そして、これは別の大学が実施している調査のデータ収集のために行うのだと学生に説明した。ただし、一部の学生に対しては、その大学は３２００キロ離れた場所にあると説明した。そして残りの学生の半数には、３キロほどしか離れていない場所の大学だと伝え、残った学生には大学の場所についての話はいっさいしなかった。すると、３２００キロ離れた大学の調査のためだと告げた学生グループが、ほかのグループよりも正解する割合が高かった。このように、ごくささいな形であっても心理的な距離が生まれれば、創造的思考に多大な影響を及ぼす。[45]

　では、物理的な距離をつくることで生まれるメリットを手にするにはどうすればいいか？　旅行や異文化に触れることを奨励するといい。聖アウグスティヌスもこう言っている。「世界は１

冊の本であり、旅に出ない者は1ページしか読んでいない」[46]。旅に出ると、日常生活のルーティンが壊れる。それに、目新しいものは脳を刺激する。違う国での生活は、新たな視点を生み、母国ではふつうとされていることへの疑問を生む。違う文化に身を委ねると、そこでの働き方、暮らし方、遊び方はもちろん、何よりも問題の対処の仕方を目の当たりにすることになる。IDEOのデイヴィッドとトムのケリー兄弟は、旅は思考を目覚めさせ、普段気にとめないことに気づかせてくれると述べている。

違和感のあるものには目を奪われる。だから、道路標識や郵便ポスト、レストランでの支払いのすませ方は細部まで気になる。旅で多くを学ぶのは、旅に出たら賢くなるからではなく、細部まで注意を払うからだ。旅先ではみなシャーロック・ホームズとなって、自分のまわりを観察する。自分にとって異質なことや新しい世界をつねに理解しようとする。ものごとが順調に進む日常を送っていると、自分を取り巻くことに対して無関心になりがちだ。抵抗が生じるポイント、つまりは改善の機会に気づけるようになるには、新鮮な目で世界を見ることが役に立つ[47]。

ファッションデザイナーは、世界のあちこちからインスピレーションを得ようとすることが多い。それにしても、旅からどのようにして創造力が生まれるのか？　フレデリック・ゴダー

“旅は思考を目覚めさせる”

David and Tom Kelley of IDEO have argued that travel awakens our minds.

ルの研究チームが、約10年にわたって２７０の高級ブランドのクリエイティブ・ディレクターについて調べたことがある。ゴダールチームは、ディレクターの生活と仕事に関するデータを集めた。各社が発表するコレクションの創造力の評価については、有名なファッション業界紙『ジャーナル・ド・テキスタイル』のランキングを活用した。そのランキングは、大手小売業で働く数十人のバイヤーにシーズンごとにコレクションを評価してもらい、その結果を集計して算出される。また、同紙はファッション専門のジャーナリストにも、デザイナーの作品の創造性を評価してもらっている。ゴダールチームが調べた結果、高評価を得たクリエイティブ・ディレクターは、他国でまとまった時間を過ごしていたことがわかった。とりわけ、数カ国で暮らした経験はメリットが非常に大きく、ごく短期間で多数の場所を訪れるよりも効率的だという[48]。

宝飾品メーカー、ステラ＆ドットの共同創設者でクリエイティブ・ディレクターを務めるブライス・ハリスは、旅に出ることのよさを心から実感している。毎年何度か「インスピレーションを求める旅」に出かけ、訪れた先の文化に身を委ねて脳を刺激するのだという。彼女の言葉を紹介しよう。

> 最近よかったのは日本です。そこでは何もかもが違いました。朝食にスシを食べ、斬新なストリートファッションに目を奪われ、サービスを大事にする文化に感銘を受けました。

まったく初めてのことを経験しているあいだは、思考がゆっくりになり、想像力がかき立てられます。年に2回ヨーロッパを訪れることも恒例になっていて、必ずパリとロンドンのビンテージ品を扱う店に足を運びます。歴史のあるものが大好きで、ビンテージ品は創造力が生まれる大事なスタート地点になると思っています。[49]

ビートルズのメンバーは、1968年の2月にインスピレーションを求めてメンバーだけで旅に出た。インドのリシケシュに住むマハリシ・マヘーシュ・ヨーギーに超越瞑想を学びに行ったのだ。ジョン・レノンとジョージ・ハリスンは2カ月滞在して瞑想を学び、ほかのメンバーは彼らよりも先にインドをあとにした。ともに野菜だけを食べ、地元の文化について学び、インドの装束を身に着けた。ジャーナリストのルイス・ラプハムの記事によると、「ほかのメンバーと同じく、ハリスンは喜んで地元民の装束をまとった。どんなときも、刺繍の入ったオーバーサイズのシャツに変わったデザインをした真鍮のペンダント、明るい色の太いストライプ柄をした木綿のパジャマズボン、それにガウンという出で立ちだった[50]」という。

ビートルズのメンバーは、彼らが滞在している地域に住み着くようになったからという理由で、そこに暮らす動物の生態まで学んだ。ビーチ・ボーイズのマイク・ラヴも、ビートルズと同時期にリシケシュを訪れていて、いまでもそこにいた野生生物を鮮明に覚えている。「蜘蛛や迷い犬、ときには虎もウロウロしていた。夜に聞こえるのは、野生動物の甲高い鳴き声だけ。孔雀、カラス、オウムの合唱だ。その鳴き声にときには驚かされたが、安らかな気持ちになった」[51]。

ビートルズは旅先でアルバムを制作するつもりはなかった。とりわけハリスンとレノンは、精神生活の充実だけを目的としていた。だが、ポール・マッカートニーの思いは違った。彼はどこへ行くにもギターを持っていた。今後のレコーディングの話を始めると、ハリスンは食ってかかってきたとマッカートニーは言う。「次のアルバムの話をすると、ハリスンは決まって『音楽の話をしにきたんじゃない。瞑想をしにきたんだ』と言った。だから、わかったわかった、ちょっとした冗談じゃないか、となだめた。まあ、僕もそこでの生活は気に入っていたんだけどね[52]」

ところが、ハリスンが音楽より精神活動を優先させるつもりだったにもかかわらず、彼らはそこでたくさんの曲をつくった。レノンによると、「みんなで30曲くらいつくった。ポールは少なくとも10曲、ジョージは6曲、僕は15曲つくった[53]」という。ビートルズの「ホワイト・アルバム」には、最初にインドで思いついたメロディがたくさん使われている。「アビイ・ロード」にも、旅先でつくった曲が2曲含まれている。ビートルズの最高傑作とされている曲のいくつかは、インドのリシケシュで暮らしているときや、その直後に生まれている[54]。このように、文化的かつ物理的に距離を置くと、本当に脳が活性化されるのだ。

次の話に進む前に、ひとつ確認しておきたい。先に紹介した銅貨の問題はもう解けただろうか？　問題文の「B.C.」という言葉に注目してもらいたい。これは「紀元前」を表す略語で、キ

“ビートルズの最高傑作のいくつかは
インド滞在中かその直後に生まれた”

Some of the Beatles’ best work emerged during and soon after this immersion experience in Rishikesh, India.

リストが降誕する前という意味である。紀元前５４４年では、キリストがベツレヘムで生まれたことを知る者は誰もいない。それから５５０年近くあとのことなのだから当然だ。当時の硬貨に「B.C.」が記されることは絶対にありえない。この硬貨は間違いなく偽造だ！

時間的な距離をとる

今度は、タイムトラベルで遠い未来へ行ったと想像してみてほしい。そうすると、創造力にどのような影響が生まれるだろうか？　この疑問を解消すべく、イェンス・フェルスターの研究チームが調査を実施した。調査の一環として、彼らは１３８人の参加者に創造力を使って答える問題を出した。この問題には、抽象的なアイデアを答える部分と、具体的な問題の解決策を答える部分が含まれている。また、問題を課す前に、Aグループにはタイムトラベルで1年後、Bグループには明日に行ったと想像して取り組むようにと伝えた。Cグループにはタイムトラベルの話はいっさいしなかった。彼らの解答を外部の専門家に評価してもらうと、遠い未来について考えながら問題に取り組んだ人たちの答えがもっとも創造的であるとされた（図6-2参照）。ただし、具体的な問題を解決するときは、抽象的なアイデアを生み出すときほど創造力は高まらないことも同時に実証された。時間的な距離をとっても、社会的、物理的、文化的な距離をとったときと同じように、創造力は刺激された。タイムトラベルの想像には、抽象的に高次のレベルでものごとをとらえる思考を促す効果があったのだ。[55]

“アマゾンでは「タイムトラベル」を思考の刺激に使う”

Jeff Bezos and the people at Amazon use “time travel” frequently to stimulate innovative thinking about new products and services.

ジェフ・ベゾスをはじめとするアマゾンで働く人たちは、頻繁に「タイムトラベル」を使って新製品や新サービスのアイデアを考える刺激としている。アマゾン・ウェブ・サービスのアンディ・ジャシーは、上級副社長だったときに受けた取材で、社内の開発者が新規プロジェクトに取り組むときは、新製品に関する仮のプレスリリースの草案をつくってからでないとコードを書きはじめないと述べている。同社では誰もがこのような取り組み方をする。もちろん、実際にプレスリリースを発表するのは、何カ月、場合によっては何年もあとである。新しいものを市場に投入するには、それくらい時間がかかってもおかしくない。[56]

アマゾンのイアン・マカリスターは、そうした取り組み方を「現在への逆戻り」と表現する。アマゾンでは、未来に足を踏み入れて、新しい製品やサービスが市場に出る瞬間を想像することが求められる。

図6－2　時間的距離が創造力に及ぼす影響

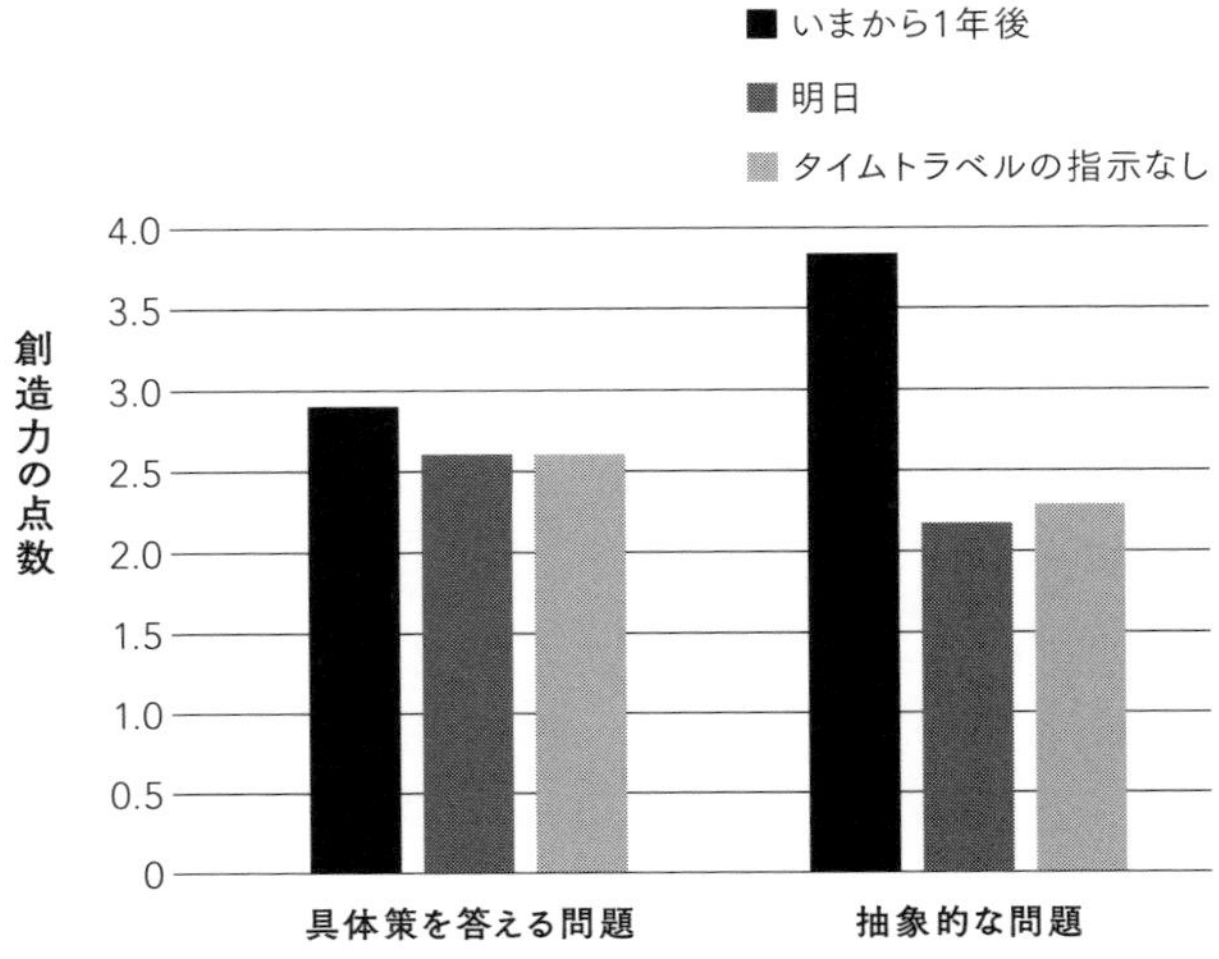

出所：Jens Förster, Ronald Friedman, and Nira Liberman, "Temporal construal effects on abstract and concrete thinking:consequences for insight and creative cognition"[57]

表6－1 心理的距離を確保するテクニック

距離の種類	考え方	テクニック
社会的距離	自分以外の誰かになりきって問題解決にあたると創造力が高まる	● 敵、味方に分かれた攻防演習を通じてライバル社になりきる ● 幹部に普段とは違う別の役割を体験させる ● 「なりきりエクササイズ」を通じて顧客への共感を深める
物理的、文化的距離	いまいる場所から離れたところにいる自分を想像する、あるいは実際に他国を訪れて違う文化に触れると創造力が高まる	● 他国に住んでいる人をチームに加える ● 海外に行く機会や海外での職務を用意する ● 違う文化の習得を目的とした「インスピレーション旅行」に出る
時間的距離	遠い未来に行ったと想像してものごとにあたると創造力が高まる	● 自分のアイデアを顧客に伝えている未来を思い描き、そこから逆戻りしてアイデアを形にする ● 今後数年で業界がどう変わるかを描いたシナリオを作成し、そのなかで働いている姿を想像する

プレスリリースの作成は、未来のシナリオを描く助けとなるのだ。プロジェクトの責任者は、製品でいちばん不満を訴えられそうな部分はどこか、売り込みたい価値は何か、ターゲットとする顧客層は誰か、といったことを想像しなければならない。それだけではない。プレスリリースで発表した情報を顧客にどのように受け取らせるか、アマゾンのユーザーはその製品を歓迎するか、顧客が持ちそうな疑問や懸念はどういうものか、といったことも考える必要がある。タイムトラベルを終えたら、現在へ逆戻りして、将来的に製品を市場に出すうえで必要となる問題を創造的に解決する。[58]

表６－１を見るとわかるように、個人やチームで心理的な距離をとるために活用できる方法はいろいろある。

集中し、距離をとる

１９８４年のスレーン城で、Ｕ２が新境地に達したのは間違いない。しかし、その歴史的な建造物をあとにした時点では、Ｕ２の「The Unforgettable Fire（焔）」はまだ完成していなかった。ここでごく短い中断が生まれたことが、彼らの創造力に功を奏すこととなる。ボノとほかのメンバーは、その夏の終わりにダブリンにあるウィンドミル・レーン・スタジオに集まった。アルバムの見直しをするためだ。曲を完成させようと必死にあがき、何週間もぶっ通しでとりつかれたように手を加えつづけ、昼夜を問わずレコーディングした。ボノはのちに、『バッド』みたいな名曲が完成を迎えたことは一度もない。『プライド』みたいな傑作は、粗いスケッチのままにしてある」[59]と語っている。これらの曲について彼がどう思っていたにせよ、10月1日に「The Unforgettable Fire（焔）」は発売された。スレーン城を出てからわずか3カ月後のことだ。スティーブ・ジョブズも言っていたように、本物のアーティストは出荷する。

　並外れた創造力を発揮する人たちは、集中と非集中を行き来する人生を送っている。トウェインもトールキンもワーズワースもそうだった。城やウォールームにこもるが、行き詰まったら原稿を棚上げにして蒸気船の旅に出る。ビジョナリーと呼ばれる人たちには、やると決めたことに一心不乱に取り組む時期がある。こもれる場所を見つけて、絶えず複数のことに追われ頻繁に邪魔が入る状況を避ける。だが、トレンドを生み出す人や業界の最先端を行く彼らのような人もまた、意図的に中断し、心理的な距離をとって創造力を刺激することに努める。一歩引くタイミングが彼らにはわかるのだ。トウェインも次のように書いている。「私は素晴らしい発見をした。タンクが空になったときは、放っておくだけでいい。眠ったり、別のことをしたりしていれば、無意識のうちに有益な思索が行われていると気づかないまま、いつしかタンクはまたいっぱいになる」[60]

第７章 | The Naysayer Mindset

反論に関する思い込み

——礼儀と思いやりは誰もが享受して当然の権利である。建設的な批判は、期待するだけでなく求めるべきものだ。

マーガレット・チェイス・スミス
（アメリカ下院議員、メーン州選出上院議員、１９４０〜１９７３年）

１９７３年10月６日、エジプト軍がシナイ半島にいたイスラエル軍に攻撃を仕掛け、それと同時にシリアの5個師団がゴラン高原に突入した。イスラエル軍は圧倒的に数に劣り、戦闘の準備ができていなかった。この戦闘は、イスラエル国防軍の不意を突いた。開戦につながる兆候は何週間も前から多数現れていたにもかかわらず、イスラエル当局は何度現れても脅威と認識しなかったのだ。

軍事情報を担当する情報機関のアマン（イスラエル参謀本部諜報局）は、中東の近隣で戦争が始まる可能性は低いと強く信じていた。かつてアマンにいたエフライム・カムは、当時のことを次のように振り返る。「イスラエルの過ちは、アラブはあと2、3年は攻めてこないという前提を立てたことから始まった。進展はすべて、その前提に即して受け止められた。攻撃が差し迫っていると明確に示すことがあっても、その前提を変えるには至らなかった」[1]。イスラエル軍は何年にもわたって、エジプトはイスラエルを上回る空軍設備が整わない限り攻撃しないと想定していた。重要な情報源のひとりから、「エジプトのアンワル・サダト大統領は、ソ連から長距離戦闘爆撃機を入手しないことにはイスラエルを制圧できないと考えている」と伝えられていたからだ。1973年4月になってもソ連がその爆撃機を用意しなかったことから、イスラエル当局はすぐに戦争は始まらないとの見方を変えなかった。[2]

　1972年の終わりごろ、アマンは「エジプトが（スエズ）運河を渡ろうとする可能性は限りなくゼロに近い」[3]と報告した。1973年に入ると、攻撃の予兆が次々に現れた。しかし、ブルッキングス研究所の上級フェローを務めるブルース・リーデルによると、「イスラエル情報コミュニティはアマンの報告に執着し、それを前提として収集したデータを解釈した。情報を評価する立場にある者も、分析に異を唱えるどころかその解釈を後押しした」[4]という。軍の高官のなかには、その共通認識に疑問を呈する者が何人かいたが、アマンの責任者だったエリ・ゼイラ少将がその懸念をはねつけた。一部の専門家によると、ゼイラは異議を快く思わなかったという。[5]

戦争が終わると、イスラエルのゴルダ・メイア首相は、最高裁判所裁判長のシモン・アグラナットを中心とした調査委員会を設置した。委員会は調査の結果、情報機関による判断ミスが多数あったと結論づけ、今後の不意の攻撃を防ぐためのさまざまな改善策を提案した。[6] 報告書の公表と同時に、アマンに反論を唱える部署が生まれた。アマンの高官を務めていたヨッシ・クパルワセルは、この部署の役割を次のように説明する。

> 反対意見を唱える部署は、アマンの情報評価を建設的なものにし、集団思考に陥らないようにするために生まれた。この部署では、分析結果や各部門が生み出したものを一様に批判し、各部門の評価に反論する意見書を作成する。また、この部署は、経験、才能ともに豊かで、「常識にとらわれない」独創的な考え方ができる人員で構成される。[7]

要するに、この部署を通じて正式な情報評価に含まれている重要な前提をあぶりだし、それに異を唱えるというわけだ。さらには、考慮すべき最悪のシナリオの作成もこの部署の仕事となる。

あえて反論するというテクニック

昔から、あえて反論するというテクニックを取り入れている企業経営者は多い。本当に異議がある人のほうが、仕事として反論役を任された人よりも有能であると実証されているものの、本気の反論が表に出てくるのを待つ時間の余裕が必ずしもあるとは限らない[8]。そのため、チーム内での創造的思考や批判的思考のレベルアップを図ろうと、批判を制度化している企業がいくつかある。

バイオベンチャー企業のジェネンテック（製薬会社ロシュの子会社）で上級役員を務めるキンボール・ホールは、彼女が率いる経営チームのメンバーに異なる役割を演じさせて拡散的思考の推進に努めている。そこには、これから審議にかける提案の弱点や欠点を探す役割も含まれているという[9]。ＭＴＶを創設し、長きにわたって音楽業界の重鎮として君臨するボブ・ピットマンは、誰かが提案を持ってくると必ず「それに反対する者は何と言っていた？」と尋ねる。幅広い支持を得ていると答える人がときどきいるが、ピットマンは受け入れず、反対意見を持つ者を探してこいと伝える。反対派の視点を考慮したうえで、最終決定を下すためだ[10]。

メイザー・ロボティクス社のオリ・ハドミＣＥＯは、経営陣が自信過剰に陥って、つねに自分たちに都合のいい未来のシナリオを描くようになっていると気づいた。そこで、次のような処置をとると決めた。

そのときに重視したのは、経営陣のひとりを反論役に据えることでした。その役員はもともと積極的に異を唱える男性で、正しい質問の仕方を心得ています。私に対しても、「前提を立てるときはもっと謙虚になろう、とみんなに言ってください」と念を押してきます。[11]

開発に長けた人たちも、創造力を発揮しやすくする一環として反対意見の提唱を取り入れている。ジェイク・ナップは、グーグルの誰もがチーム内で自由にアイデアを口にできる平等な雰囲気づくりを心がけていた。その一方で、デザインスプリントチームには必ず、反対の視点を提示する「トラブルメーカー」を含めた。そういう人物をチームに混ぜたら、チームがバラバラになるのではないかと不安に思う人もいるだろう。だが、反対意見の提唱者はチームにとって貴重な存在となるので、多少の不快な思いは受け入れなければならないのだという。ナップはこう説明する。

> トラブルメーカーは、ほかの人とは違う視点で問題をとらえる。彼らの突拍子もない提案が、問題を解決することだってある。たとえそのアイデアが間違っていたとしても、反対意見が出ることで、チーム全体をよりよい仕事へと駆り立ててくれる。[12]

デザインスプリントを取り入れているデザイナーのジャクリン・バーガンとウィル・エヴァンスも、反対意見を導入する仕組みをつくった。ふたりはそれを「反論の儀式」と呼ぶ。チームで制作した絵コンテのプレゼン発表会が開かれると、発表を聴く人は黙ってメモを取る。そしてプレゼンが終わったら、聴いていた人たちが絵コンテに対する批判を始める。今度はプレゼンした人が黙ってそれを聴く。その場での反論は認められず、批判的な意見をただ書きとめる。黙っていれば、批判に対して注意深く耳を傾けることができ、意見を言われるたびにその答えを考える必要がなくなる。バーガンとエヴァンスは、この儀式に参加するプレゼン担当者には「ずぶとさ」が必要で、批判役の人たちには正直な批判を建設的に伝えようとする心がけが必要だと話す[13]。

反論の効果については実験でも証明されている。ダヴィード・シュヴァイガーを筆頭とする研究チームは、意思決定を図る際に反論役を何人か混ぜたチームとそうでないチームとを比較する実験を行った。反論役がいないチームの話し合いでは、メンバーが集まって自由に意見を出し合い、全員に発言の機会が与えられた。彼らは、平等に意見を述べながら合意に達することを目指した。一方、反論役を混ぜたチームの場合は、チームを2つのグループに分け、Ａグループが問題を解決する策を提案し、Ｂグループがその提案を批判するという形をとった。こちらのチームは、主張と反論の繰り返しを通じて結論を出すことを目指した。各チームが出した結論の質を専門家に判断してもらうと、反論役がいるチームが出した結論のほうが、はるかに質が高いという評価になった。なぜそういう評価になったのか？　反論役がいるチームのほうが、前提のあぶりだしや検証を慎重に行い、隠れていたリスクを明らかにし、選択肢を丁寧に吟味していたのだ。[14]

私が実施した調査では、反論が出るとチーム内で生じた共有情報バイアスが解消されて、問題を解決する力が向上しうることがわかった。昔から言われていることだが、人は集団になると、全員が知っている情報に関する話し合いに多大な時間を費やす傾向がある。残念なことに、共有されていない、または特異な（つまりは一部の人しか持っていない）情報を明らかにすることや、そういう情報について話し合うこと、そういう情報をまとめることに費やされる時間は十分とは言えない。[15]当然ながら、チームを結成する目的は、異なる専門知識を持ち寄って、ひとりでは誰も考えつけない策を考案することにある。しかし、共有情報バイアスが生じると、チームに求められる相乗効果は生まれない。

私はブライアン・ワデルとスッキ・ユーンとともに、反論役の存在が共有情報バイアスの克服に一役買うかどうかを試すことにした。そして学生を集めて、心理学者のガロルド・ステイサーが創作した殺人事件の謎を解いてもらった。ステイサーは共有情報バイアスを発見した人物だ。その殺人事件には3人の容疑者がいる。学生はチームに分かれ、チームごとに多数のヒントを通じて犯人を特定し、ほかの2人の容疑を晴らさないといけない。すべてのヒントを全員には与えず、いくつかのヒントは限られた学生だけに伝えた。また、一部のチームでは、誰かひとりを反論役に指名した。それ以外のチームには、チーム全員で協力して謎を解明するようにとだけ伝えた。すると、反論役がいるチームの正解率のほうが高かった。反論を述べる存在のおかげで、情報の共有と分散された情報のとりまとめが円滑に進んだのだ。[16]

創造力殺し？

あえての反論を快く思わない人は少なくない。そういう人は、つねに新しいアイデアのあら捜しをしてしつこく批判すれば、創造力が抑圧されると思っている。ＩＤＥＯのトム・ケリーも、マイナス面に固執する人に「アイデアを台無しにされる」ことが多すぎると考える。あえて反論させるという仕組みについてどう思っているのか、彼の忌憚のない意見を紹介しよう。

　「あえて反論させてもらうと」というフレーズは害がなさそうに思えるが、これを口にした人は、自分は強力な守護の力で守られていて、他人のアイデアに対して思いつくままに好きなことを言えばよく、何を言っても許されると思い込む。（中略）あえての反論は、反論役を特別な存在とし、その人に言葉による攻撃を許す。つまり攻撃が始まる前の時点で、生まれたてのアイデアはすでに燃やされはじめているのだ。（中略）いまのアメリカでイノ

“あえての反論は
創造力を抑圧するという人もいる”

Some people do not have a fond view of the devil's advocate. They believe that tenacious critics who always look to poke holes in new ideas can stifle creativity.

ベーションをいちばん殺しているのは、あえての反論だろう。脅威であるとわかりにくいからこそ、その否定の仮面は危険だ。来る日も来る日も、何千という素晴らしい新たなアイデア、概念、計画が、あえての反論によって芽のうちに摘み取られている。[17]

ケリーの意見はあっさり切り捨てられるものではない。彼が言うような嫌な思いをした人は大勢いる。何か提案するたびに、おまえは何もわかっていないと言わんばかりに反論されて気分がいい人はいない。反論役の存在は自主規制を促す。誰かの提案に容赦なく厳しい言葉を浴びせられている場面を目撃すれば、思いついたアイデアを引っ込める人が必ず出てくる。そうやって、創造力はあえての反論の犠牲になってきた。だがそのうち、空が落ちてくると叫んでばかりいるチーム内の「チキン・リトル」の言葉には耳を貸さなければいい、と思う人が増えていく。場合によっては、反論された人がムキになり、対立が生まれることもある。性格の不一致や個人間の衝突によってチームがバラバラになり、前に進むためのアイデアを生み出して実行する力が削がれる。

残念ながら、いまの企業を見渡すと、批判する人や否定する人のほうが、アイデアを生み出して行動に移す人に比べて圧倒的に多いところがほとんどだ。ある意味、批判する機会を待ち構える社会になったということだろう。アマゾンには商品、イェルプにはレストラン、ウーバーには運転手のレビューを書き込む。嫌な思いをすれば、そのことをフェイスブックの友達やツイッターのフォロワーに伝える。かつては、ジーン・シスケルやロジャー・エバートの映画批評に耳を傾けた。それがいまでは、ロッテン・トマトなどのレビューサイトのおかげで、誰もが映画評論家だ。批評の民主化にはいい面も多々あるが、否定を前提とする考えの持ち主が「イノベーション殺し」となった例がある組織は少なくないのではないか。

学校で働いていると、批判的思考を学校で教える必要性を説く教職員の声がしょっちゅう耳に入る。だがそれは、新しいアイデアを考え出す、新しい何かを発見するというよりは、他者の行動分析を意味することがほとんどだ。文学の授業では、著者の構想の立て方やキャラクターの性格形成を批判する。歴史の授業では、大統領、総理大臣、軍の指導者らの決断を批判する。ビジネススクールでは、ケーススタディごとにトップの戦略的判断の誤りについて分析する。人は、他人のアイデアの欠点やあらを見つけてその場でいちばん賢いかのようにふるまう人のことを、やたらと称賛する（私もそのひとりだ）。そういう態度だから、新たな策を提案せずとも批判を口にできるというラクな道を選ぶ人が後を絶たないのだ。

子供たちには、じっくりと考えたうえで批判的に評価することを教える必要がある。ただし、芸術作品をつくらせる、社会問題を解決に導くための具体的な方針を考案させる、独自のビジネスプランを立てさせる、といったことも必要だ。「結果を見てあれこれ言うだけの人」ではなく、自ら行動を起こす世代を育む。それが私たちの務めだ。セオドア・ルーズベルト大統領の名言を、いま一度思い出してほしい。

> 価値があるのは批評家ではない。強者のつまずきを指摘する人や、こうしたほうがよかったとケチをつける人に価値はない。称賛に値するのは、実際に舞台に立ち、顔を埃と汗と血まみれにする人だ。努力を惜しまず、間違いを犯し、何度も期待を裏切る人にこそ価値がある。間違いや不足がなければ、努力は生まれない。何かを成し遂げようと実際に努力する人は、熱意の素晴らしさ、献身の素晴らしさを知り、価値ある目的に身を捧げるのである。[18]

ということは、あえての反論は禁じるべき行為なのか？　もちろん違う。新しいアイデアは、創造力どうしのある種の衝突のなかで花開く。曲について話すときのレノンとマッカートニーはつねに目を見て話していたわけでなく、彼らが意見をぶつけ合ったことで曲づくりのヒントが生まれた。ピクサーが製作途中の映画を率直に批判させていることは、観客に喜ばれる作品づくりに役立っている。新しいアイデアに異議を唱え、意見の相違や議論を促進する役回りはチーム内に必要だ。ただし、その反論は適切なものでなければならない。頭ごなしに否定する姿勢が組織に定着し、新しいアイデアが現れるたびに抑え込むようなことがあってはならない。反論は、会話を建設的に進めるためのものでなければ意味がない。創造力を押しつぶすのでは

“反論は適切なものでなければならない”

We need the right kind of devil's advocates.

なく、高めるのだ。そのためには、反論する人、するタイミング、反論の仕方について慎重に検討する必要がある。

反論するのにふさわしい人は誰か？

１９１４年に生まれたヘンリ・ウォーリックは、ワイマール共和国時代のドイツで育った。１９２０年代にドイツをハイパーインフレーションが襲い、そのときのことが彼のなかに深く刻み込まれた。何年たっても、９歳のときに地元のプールに行って数十億ドイツマルクという入場料を払った経験は鮮明に思い出せたという。[19] のちにアメリカに移住したウォーリックは、ハーバードで経済学の博士課程を取得してイェール大学の教職員となる。そして１９７４年、リチャード・ニクソン大統領によりＦＲＢ（連邦準備制度理事会）の理事に任命された。

１９７０年代になると、アメリカは激しいインフレーションに見舞われる。ウォーリックが理事に就任した年の消費者物価指数は、11・04％まで上昇した。その後数年のあいだは少しましになったものの、１９７０年代後半になるとインフレーションが再燃し、１９８０年には13・50％を記録した。[20] 子供時代の経験も相まって、ウォーリックはＦＲＢ理事のなかでもっともインフレーションを目の敵にする存在となった。実際、「インフレーションは詐欺の一種だと思っている」と述べている。[21] 政府が通貨の価値を下げるという形で国民を欺くことがあってはならない、と彼は感じていた。

連邦準備制度の歴史のなかで、ウォーリックほど反対票を投じた理事はいない（その数は27にのぼる）。彼は金融引き締め政策の実施を繰り返し主張した。インフレーションの抑圧を期待してのことだ。１９８０年だけでも、彼が投じた反対票の数は８もある。[22] 金融の専門家であるスティーヴン・ラトナーが、『ニューヨーク・タイムズ』紙で連邦公開市場委員会の内部事情について語ったことがある。それによると、ウォーリックが頻繁に反対するせいで、彼の意見は「軽んじられていた」という。ウォーリックは通貨の供給量を短期間に増やすことの危険性を繰り返し訴えたが、委員の大半は「黙って我慢」することで彼の主張をやり過ごした。[23] ジャーナリストのウィリアム・グライダーも、ウォーリックは「壊れたレコードのようになっていて、状況に関係なく同じことを繰り返すばかり」と書いている。[24] ウォーリックは一度、委員会で何度も反対票を投じたことを次のように振り返っている。「反対意見を言いつづけることは気分のいいものではない（このときの彼は悲しそうな声だった）。これほど反対していると、自分が無力に思えてくる。（中略）絶えず反対する者になるのは虚しい[25]」

残念ながら、連邦準備制度は、インフレーションの緩和に必要な厳しい政策を何年も採用しなかった。そして、アメリカは物価が高騰する10年を味わった。１９７２年に１００ドルで買えたものは、10年後には平均して２３１ドル払わないと買えなくなった。[26] 最終的に、ロナルド・レーガン大統領の支持のもとにポール・ボルカーＦＲＢ議長が大幅な金融引き締め政策を行い、

1983年にはインフレ率が3・2%まで下がり、その後は比較的低い水準を保った。[27]

ウォーリックのエピソードから何がわかるか？　チーム内の反論役は、毎回同じであってはいけない。たとえ博識で経験豊かな人であっても、毎回反論していれば、どんな意見も壊れたレコードのように聞こえてしまう。そうなれば、ほかのメンバーはつねに否定の響きを持つ声に何も感じなくなり、耳を貸さなくなる。こうした問題は、厳しい練習を課し、決して満足しないスポーツのコーチが抱えやすい。

シカゴ・ブルズのコーチだったトム・シボドーもそんなひとりだ。彼は2010年にコーチを引き継いだが、その前年のブルズは、かろうじて出場できたプレーオフの1回戦で敗退するという有様だった。シボドーは就任した最初の年に62勝し、新人コーチによる最多勝利の記録に並んだ。また、その年のNBA最優秀コーチ賞にも選出されている。[28]チームとしてのブルズは、厳しいコーチの監視下で鉄壁のディフェンスをしてみせた。選手たちはコーチのことを、理想を追求することしか頭にないと語っている。シボドーは選手たちのプレーをつぶさに観察し精査した。だが結局、コーチの声に耳を貸さない選手が現れはじめた。ある年のシーズン前にコーチから批判されたことについて、スター選手だったデリック・ローズは、「もう何も感じない。慣れたから」[29]と語っている。シボドーは2015年にブルズから解雇された。これについて、ジャーナリストのスティーヴ・ローゼンブルームは次のように書いている。

“チーム内の反論役は
毎回同じであってはいけない”

For most teams, the same person cannot play the devil’s advocate during every meeting.

どれだけ成功を収めても、非情なコーチはどこかの時点で賞味期限切れとなる。その時期が訪れるのは想像以上に早く、たいていは思いがけない形でやってくる。あるときから、選手たちが耳を貸さなくなるのだ。それは唐突に起こる。コーチはボリュームを最大に上げる。だが関係ない。誰も見向きもしない。[30]

反論役の人数は問題になるか？

この「壊れたレコード現象」を生まないようにするには、反論役を交代する仕組みを検討する必要がある。アメリカ最大の非営利医療機関のひとつである、カトリック・ヘルス・イニシアチブのＣＥＯを務めるケヴィン・ロフトンは、重要な決断を迫られるたびに反論役を代えるようにしている。[31] 法人管理の専門家であるジョン・ジンキンも、役員会議を生産的なものにしたいなら反論役を交代制にするとよいと述べている。[32]

また、反論役は１人より２人のほうがいい。グループ内で１人が反対しても、多数派にその場で却下されることが多い。反論者が１人だけだと、ほかのメンバーは、判断を誤ったか知識が不足しているせいで間違った結論にたどり着いたに違いない、と納得しようとする。だが２人となると、反対意見を無視したり除外したりしづらくなる。それに、反論者には、周囲の意見に合わせろというプレッシャーが重くのしかかる。そんな状況で、２人目の反対意見という

“反論役を交代する仕組みが必要”

Leaders must consider rotating the role of devil’s advocate.

形でほかのメンバーの前で支持が得られれば、多数派に従わねばならないという重圧にも耐えられるようになる。

心理学者のソロモン・アッシュが行った有名な実験を紹介しよう。アッシュは8人のグループに対し、長さの異なる3本の線から別に見せる線と同じ長さのものを選ぶ問題を出した。正解は誰が見てもわかるものだ。ただし、8人中7人は、アッシュが事前に頼んだ仕掛け人だった。7人は、出題のたびに不正解の線を選び、全員が同じ間違いをするようにとの指示を受けた。つまり、8人中1人だけが、この指示を知らない少数派というわけだ。その調査対象者である少数派の1人が、明らかに間違っているにもかかわらず多数派の意見に従うかどうかを確かめることがこの実験の狙いだった。すると、少数派となった人の74%が12回中1回以上は多数派に迎合し、6回以上間違った答えに追従した人は、30%にも及んだ[33]!

アッシュは少しだけ内容を変えた実験を続けて行った。何も知らされていない調査対象者に仲間を与えることにしたのだ。仲間となる人物は、調査対象者よりも先に発言し、必ず正解を答えるようにとの指示を受けた。6人の仕掛け人は多数派を形成し、全員が同じ間違いをした。すると、最初の実験に比べて、調査対象者が多数派に同調する回数はかなり減った。自分と同じ意見を表明する仲間の存在が、同調への重圧をずいぶんと軽くしてくれたのだ[34]。

十数年後、社会心理学者のセルジュ・モスコヴィッシが少数派と多数派を入れ替えた。何も知らない4人の参加者のなかに2人の仕掛け人を混ぜたのだ。仕掛け人には、色を認識する問

“反論役は1人より2人のほうがいい”

Leaders also should consider appointing two devil’s advocates rather than one.

題で必ず間違った色を答えるようにとの指示を与えた。たとえば、はっきり青色とわかるグラデーションのスライドを見せたとき、仕掛け人の2人は指示に従って「緑色」と答えた。その結果、何も知らない参加者の32%が、少なくとも1回は間違った解答をし（青ではなく緑と答え）た。つまり、つねに少数派となる2人の意見であっても、グループ内の多数派の心を惑わせることは可能なのだ。[35]

では、少数派が2人になると、反論者が1人のときよりも影響力は強くなるのか？　この疑問について調べようと、ジャック・アーバスノットとマーク・ウェイナーが実験を行った。参加者に訴訟の内容を読んでもらい、グループごとに原告が受け取るべき賠償金額の合意を図るというものだ。各グループには、研究者の指示を受けた仕掛け人が1人か2人混ぜられた。仕掛け人は、多数派とは大きく異なる金額を主張する役割だ。すると、少数派が2人のほうが、1人のときよりはるかに強い影響力を持つことがわかった。2人で協力して唱えた反論は、1人の反論の声に比べて賠償金額を大きく動かすことに成功した。[36]

これらの実験を踏まえると、チーム内の反論役は1人より2人にしたほうがいいとわかる。組織人事コンサルティング会社のエーオンヒューイットが企業の重役を対象に行った調査も、この主張を裏づけるものとなっている。同社は１２０人のイギリス人重役と、３００人の高等教育を受けた一般人を対象にアンケート調査を実施した。すると、どちらの対象も、1人ではなく2人が支持する意見や批判のほうをより真剣に受け止める傾向にあることがわかったという。[37]

2人の反論役がいることの効果は、いちかばちかの決断を下すときに反論が功を奏したことで有名な例からもよくわかるのではないか。1962年10月、キューバ危機問題に取り組んでいたジョン・ケネディ大統領は、セオドア・ソレンセンとロバート・ケネディの2人をシニアアドバイザーたちの発言の監視役に据えた。そしてこの信頼する2人の仕掛け人に対し、「問題の上っ面しか見ていないが故に間違いが起こることのないように、あらゆる議論の争点を容赦なく突いてほしい」と頼んだ。[38] 国防長官を務めていたロバート・マクナマラは当時を振り返り、2人が徹底して疑問を投げかけたおかげで、大惨事を防ぐ賢明な決断を下すことができたと述べている。[39]

反論に適したタイミングはいつか？

女優で脚本家のティナ・フェイは、バラエティ番組「サタデー・ナイト・ライブ」のレギュラーとして有名になった。有名になる前の彼女は、シカゴを拠点に活動する即興コメディ劇団「セカンド・シティ」でレッスンを受け、のちに劇団の舞台に出演するようになった。このときに、即興コメディの原則である「イエス、アンド（いいね、じゃあ……）」の精神を学んだという。彼女は、偉大なコメディエンヌだったジョーン・リヴァーズの逸話を振り返りながら次のように語った。数十年前、リヴァーズは「離婚したい」と叫んで相棒と即興コントを始めた。相棒は「でも子供はどうする？」と答えた。リヴァーズはすぐさま「子供なんていないじゃない！」と切り返した。観客はどっと笑ったが、彼女のその返しは「コントを台無しにした」とフェイは言う。[40] それはなぜか？ リヴァーズの返しは、相棒の返答から会話を広げるものではなかったからだ。フェイは次のように説明する。

> 現実には当然、すべての人のすべての言葉に同意するとは限らない。でもコメディの「合意のルール」では、「相棒がつくりだしたものを尊重する」ことになっているので、少なくともそれを受け入れる。とにかく「イエス」と言って、そこから話を広げるのだ。（中略）即興の２つ目のルールが、「イエス」だけではなく「イエス、アンド」と続けること。つまり、相手に同意したら、そこに何かを付け足すことが求められる。[41]

この即興コメディの原則を、組織内の反論役にどう活かすことができるか？ 意思決定の初期段階では、批判は控えるのが賢明だ。ＩＤＥＯではそれを「判断の先延ばし」と呼んでいる。どんな提案も批判してはならない。それはなぜか？ 誰かのアイデアがすぐさま排除されるのを見たら、発言を自粛する人が出てくる恐れがあるからだ。アイデアを発表する場は、笑いものにされたりバカにされたりする恐れはないと安心できる雰囲気がいい。実行不可能だ、実用的でない、あるいは少々常軌を逸していると思われるよ

“アイデアを発表する場は
安心できる雰囲気がいい”

You want to create a safe atmosphere where people do not fear having their ideas mocked or ridiculed.

うな策でも、心おきなく発言できる環境が望ましい。

　ジェイク・ナップがグーグルに導入したブレーンストーミングは、ＩＤＥＯのやり方とは違う。ナップは、デザインスプリントの初期段階では個別にアイデアを生み出すことを推奨した。彼はそれを「ワーク・アローン・トゥゲザー（共同個人ワーク）」と呼ぶ。[42] 周囲の影響や同僚からの批判を受けることなくアイデアを生み出せる時間とスペースを与え、それで生まれた個別のアイデアをチームで共有し、協力して形にしていくのだ。私が大学の同僚とともにＩＤＥＯとグーグルのやり方を組み合わせてみたところ、講義や会議の効率が格段に上がった。問題解決に向けてひとりで作業をする時間を与えてから、チームとしてアイデアを出すことに専念する。ただし、早い段階のうちは、あえての反論を認めないようにしている。

　問題解決の初期の段階でアイデアの批判が許されないなら、他者の提案やアイデアに対してどのような反応をとればいいのか？　まず、まったく違う選択肢を提案することができる。加えて、ＩＤＥＯのデザイナーは、互いのアイデアに何か付け加えることに賛同している。要するに、誰かの発言を広げて考えを進化させるのだ。まさに、「イエス、アンド」の原則の適用だ。残念ながら、組織のなかには、独創的なアイデアに対して「イエス、バット（いいね、でも……）」と言う人が大勢いる。「いいね、でも社内で前にやったよね」「いいね、でもそのアイデアを実現するためのリソースがない」「いいね、でも役員の支持が得られるとは思えないな」という具合だ。何かを決めるときの初期段階で創造力を刺激したいなら、「イエス、バット」を「イエス、

“「イエス、バット」を
「イエス、アンド」に変える”

To stimulate creativity, we have to replace “yeah, but” with “yes, and”.

アンド」に変える必要がある（図7－1参照）。

「イエス、アンド」の原則は、反論役を排除するという意味ではない。ときどき、「イエス、アンド」を衝突を根絶することだと誤解する人がいるが、それは大きな間違いだ！　数々のイノベーションを起こしてきたスコット・バークンもこう言っている。「ブレーンストーミングの目的は、批判をなくすことではない。単に先送りにすることである」[43]。チームとして多様な選択肢が生まれたあとで、一つずつ建設的な批判を始めればいい。その反論や議論は、アイデアの改良や新たな選択肢の誕生に導いてくれる。

どのように反論すべきか？

反論の仕方は非常に重要だ。反論役を演じる人の態度は、大きく次の2つに分かれる。ひとつは、同僚が提案するたびに欠点を探そうとする態度だ。自

図7－1「イエス、バット」と「イエス、アンド」の違い

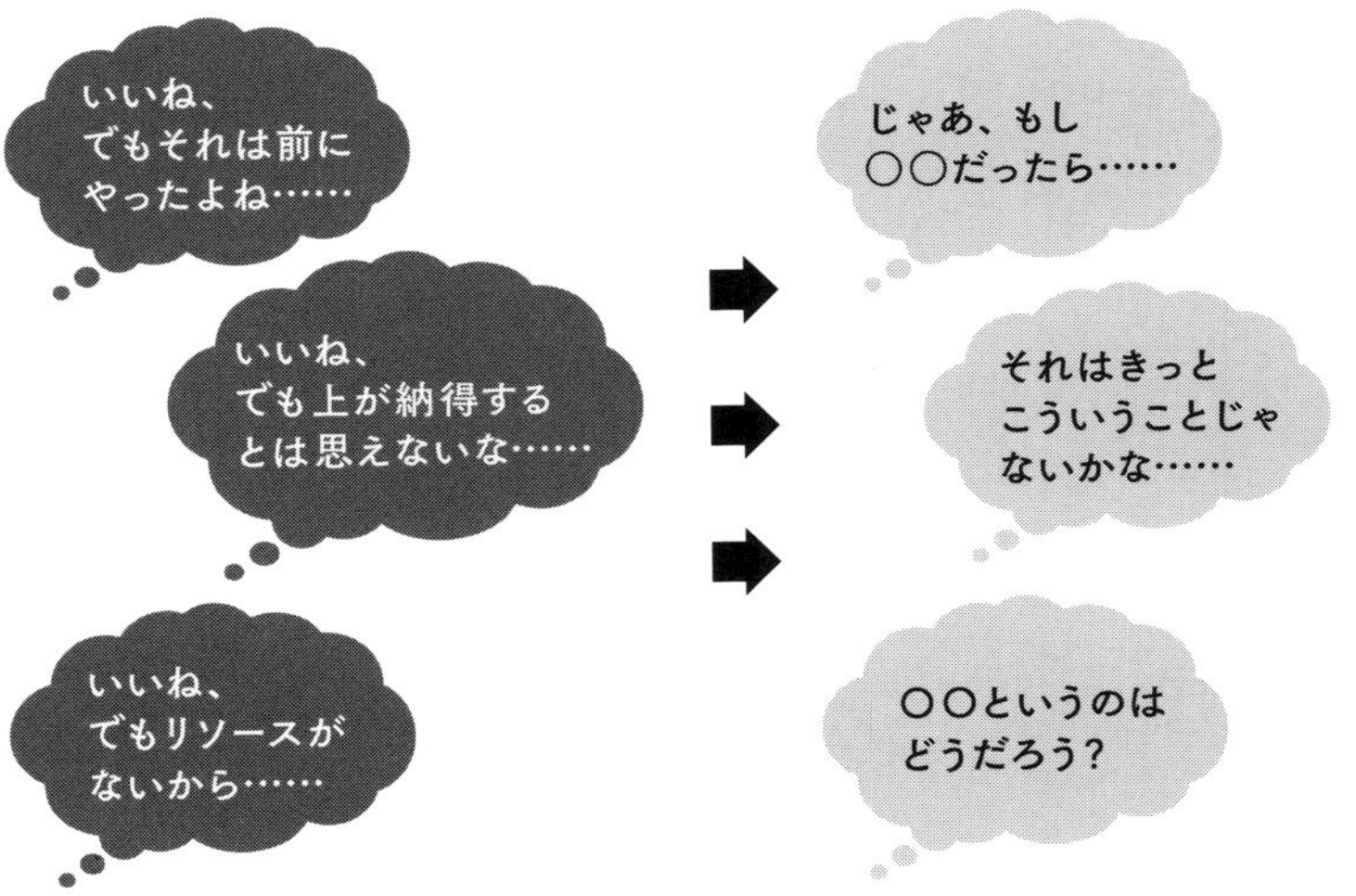

信満々に自説を主張し、わからないことや不明瞭なことがあっても認めたがらない。質問はほとんどせず、断定的な物言いをする。代案を出すことなく提案を引っかき回す。吟味するのは案のマイナス面のみで、メリットとデメリットのバランスなどお構いなし。議論のことを、勝者を決めるコンテストのように受け止めていて、人間関係にヒビが入ろうが気にとめない。審議はもはや、一方が犠牲になってもう一方が勝つゼロサムゲームと化す。このような何も生み出さない反論役は、周囲から認められなくても自らの主張を頑なに繰り返す。周囲を身構えさせ、人間関係の対立を招く。そういう場でたち消えた優れたアイデアの数は計り知れない。

　幸い、まったく違う態度の反論役もいる。こちらのタイプの反論役は、アイデアの説明に熱心に耳を傾け、よく考えて質問し、新たな可能性に周囲の意識を向けさせる。アイデアが成功しない理由を並べ立てるだけにとどまらず、「どうすれば実現させられるか？」と問う。自分と対照的な前提や信念を持つ理由を探ろうとする。たとえば、「そう考える理由を理解したいのだ[44]が……」で始まるような、有効な尋ね方をする。また、自分が理解できていない部分があることを認める。こちらのタイプの反論役は、アイデアを打ち負かす闘いの勝者となることではなく、学ぶことを目指す。

　チームのためになる反論役は、必要に応じて問題の再定義を促す。必要になるのはたぶん、問題の定義が狭すぎたときか広すぎたときのどちらかだろう。イノベーション教育を目的として設立されたＬＵＭＡインスティテュートでは、デザイン思考の専門家が問題を再定義することの効果を見事に実証している。彼らの教育では、スティーブ・ジョブズやトニー・ファデル、ジョニー・アイヴといった人々がiPodを開発した経緯を生徒に想像させる。実際の開発は、「MP3プレーヤーをレベルアップさせるにはどのようなデザインをすればいいか？」と自問することから始まったかもしれないが、いずれにせよ、アップルの開発チームは幸いにも、「MP3プレーヤーよりもっと楽しい音楽体験を生み出すことはできないか？」と問題を再定義した。別の視点から問題に光を照らしたことで、機器の改良にとどまらずiTunesを生み出して、消費者の音楽体験を総合的に進化させた。[45]

　建設的な反論をする人は、既存のアイデアのあら探しをするというよりも、新たな選択肢を生み出そうとする。型破りだと自分でも思う選択肢を提案するときは、誰にとっても勇気がいるだろう。だから彼らは、思いついたことを口にしやすい場をつくる。たとえば、「ありえないとか胡散臭いとか思われそうな代案はないか？」という具合に効果的な介入を試みる。また、チームが思い描く想定を明確にする手助けをし、そのうえでその想定を慎重に精査する。肯定的な発言をする彼らは、想定が現実的でないと単純に切り捨てたりせず、「その想定が間違いだったとしたら、チームとしての見解や提案はどう変わる？」と尋ねる。さらには、チーム内で出された意見を、証明された事実ではなく検証可能な仮説とみなすことを促す。だから、「その理論の真偽はどうやったら証明できる？　集められそうなデータや現実にできそうな実験にはどういうものがある？」と尋ねる。

“建設的な反論をする人は
新たな選択肢を生み出そうとする”

Constructive devil's advocates seek to generate new options.

最高レベルの反論役になると、説教はせずにソクラテス式の問答を繰り広げる。１９７３年の映画『ペーパーチェイス』に登場する、ハーバード・ロースクールの有名なシーンを例に説明しよう。ロースクールでの授業の初日、キングスフィールド教授は新入生のジェームズ・ハートを指名して議論を始めるようにと告げる。事前に読んでおくことになっていた医療過誤事件についての議論を始めろというのだ。ハートは驚きを隠せなかった。初日は教授の講義を聴くものだと思い込んでいたのだ。授業が終わると、ハートはトイレに駆け込んで吐いた。これがロースクールなのだ！

キングスフィールド教授はのちに、新入生に向かって彼の教育哲学を説明する。彼のやり方は、思考を促す疑問を尋ねることが中心だという。

> ここではソクラテス式問答を活用する。君たちの誰かを指名して問いかけ、指名された者はそれに答える。なぜ私は講義をしないのか。私が問いかけることで、君たち自身で学ぶことになるからだ。（中略）自ら問い、自ら答えることを学ぶ。ときには正解がわかったと思うこともあるだろう。だがそれは、君だけの完全なる幻想だ。絶対的かつ決定的な正しい答えが見つかることはない。私の授業では、つねに次の問いがある。ここで行うのは脳の手術だ。（中略）君たちは君たち自身で法律を学び、私は君たちの思考を鍛える。どろどろしたものが入った頭蓋骨とともにここへやってきて、法律家のような思考を身につけ

てここを去るのだ。[46]

有能な反論役は、表7-1のような適切な問いかけをする。ファンタジースポーツ運営サイトのドラフトキングスでデザイナーを務めるアンソニー・レスティヴォは、顧客リサーチを行ったときに、イエス／ノーで答えられない質問づくりを鍛えられたという。それに加えて、すでに自分のなかで出ている答えを誘導するような質問を避けることも学んだ。有能な反論役の言動は、優秀なデザイナーを思わせる。自由に流れる会話を歓迎し、既定路線の答えに議論を向かわせないようにする。[47]

建設的に反論する人は、すべての答えを知っているフリをしない。むしろ、目の前のテーマについてとりたてて詳しくないことを自覚している。彼らはとにかく、会話や議論を促す。表に出すのは、確かな自信ではなく知的好奇心だ。彼らは質問を通じて、学習と発見を共有する。どんな答えよりも問題そのものを重視し、ほかの人たちにも同じように思ってもらうことを望んでいる。ベテラン教師と同じで、その場でいちばん賢い人になろうとはせず、議論のまとめ役に徹する。表7-2に反論を有効に活かすためのポイントをまとめた。

表7-1　反論としてふさわしい質問

質問のタイプ	具体例
選択肢を生み出す	この問題を解決するための選択肢はほかにないか？バカげているとか、実現できそうにないと思えるものでも構わずあげてほしい。いまは予算的に可能かどうかは考えなくてもいいから。
因果関係を明らかにする	それをすれば望む成果が得られると思う理由を教えてほしい。その因果関係について、もっと詳しく知りたい。
前提内容を吟味する	この計画の成功を現実にするためには、何をする必要がある？　自分たちの頭にある前提をリストにして、それが事実かどうか確かめていこう。
うまくいかなかったときに備える	計画どおりに進まなかったらどうする？うまくいかなかったときのことを想像してみよう。どんなふうに失敗すると思う？失敗しかねないことをあげていこう。
他者の立場になって考える	私たちと違う立場の人だったらどうするだろう？違う立場の人ならこの問題にどう対処するか考えてみよう。
実験と学び方を検討する	この計画を成功させるには、どんなテストや実験を行えばいいだろうか？実験を通じて何が学べる？　時間とお金をかけずに試す方法について考えてみよう。

君は何かを生み出す者か？

成功者はよく、反対意見は無視すればいいと口にする。たしかに、疑い深い人、すぐに否定したがる人、何でも批判する人たちに新しいアイデアを邪魔されている企業はあまりにも多い。ＩＢＭのＣＥＯを務めたルイス・ガースナーは、そういう環境のことを「ノーの文化」と呼ぶ。彼は、ＩＢＭのＣＥＯに就任すると同時に不健全な否定思考に直面した。それは、「誰もイエスと言わないが、ノーなら誰でも言える文化」のことだという[48]。

２０１０年５月、オンラインメディア企業ゴーカーのライターだったライアン・テイトが、とんでもないメールのやりとりがあったことを記事にした。「スティーブ・ジョブズと昨晩ケンカになるとは思わなかった。事の発端は、ｉＰａｄの広告に僕がイラついたことだった」[49]。そして、テイトがその晩遅くに怒りのメールを書くと、意外にもジョブズがそれに返信した。その後数時間にわたってケンカ腰のやりとりが続いたが、ジョブズの痛烈な一撃によってやりとりは終了した。その一撃は、彼にしか浴びせることができないものだった。ジョブズのメールはこうだ。「ところで、君はこれまでに偉大なことを成し遂げたことがあるのか？　何かを生み出す者と、他人の仕事を批判してやる気をそぐだけの者。君はどちらだ？[50]」

優秀なリーダーは、何かを生み出すことを後押しし、来る日も来る日も批評家のまねごとを

表7－2　建設的な反論のために覚えておくべきこと

人選 WHO	● チームメンバーが順に反論役を担う ● 1人ではなく2人に反論させる ● 偏見のある人や既得権がある人は避ける
タイミング WHEN	● 問題解決の初期段階で判断を下さない ● 「イエス、アンド」の精神を取り入れ、「イエス、バット」な受け答えをしない ● 批判よりも先に、多種多様な選択肢を生み出す
態度 HOW	● 自分からの提案は控え、質問をする ● 新たな選択肢が生まれるように働きかける ● 問題の再定義を促す ● わからないことはわからないと認める

するだけの人をよしとしない。だからといって、反対意見を排除することはない。望む結果をもたらさない反論者を切り捨てれば、イエスマンばかりになってしまう。チューインガムで財を成したウィリアム・リグレー・ジュニアはかつてこう言った。「生まれついてのイエスマンも多少はいるだろうが、ほとんどはつくられる。不安が彼らを次々に生み出すのだ」。有能なリーダーは**ためになる批判**を求めている。だからこそ、反対意見を誰が出すか、どのタイミングで反論や議論を仕掛けるか、反論役にどう演じてもらうかを入念に吟味するのだ。

“有能なリーダーは
ためになる批判を求めている”

Effective leaders encourage helpful critics.

第8章 Leader as Teacher

優れたリーダーはよい教師のようにふるまう

――人生に刺激を与えつつ、その成長と広がりの邪魔をしない。これが教師のいちばんの仕事である。

マリア・モンテッソーリ（イタリアの医師、教育者）

ジェニファー・ダウドナは7歳のときにハワイ島へ引っ越した。そこでの生活は人生における「大冒険」だった、と彼女は言う。[1] 少女時代のジェニファーは、難題に挑んだり、興味をそそられたことの答えを探したりすることに夢中になった。父親は文学の教授で、地元の新聞に載っているパズルを毎週楽しみに解いていた。暗号に隠されている有名な名言を解読する、という具合だ。そのそばにはいつもジェニファーがいて、父親と一緒に隠された名言を解読した。彼女はこの経験から、「何かを見つける楽しさを教えてもらった」と話す。[2]

12歳になったジェニファーは、友人のリサ・トゥイッグ＝スミスとよく家の周辺の美しい自然を探索した。同じクラスだったリサは次のように振り返る。「イノシシの通った跡があればそれを追って歩いたりと、とにかくいろいろなものに目を奪われました。花を咲かせる苔とか、キノコとか」[3]。ジェニファーはハワイでヒラヒラの名で知られるオジギソウに興味を持った。牧草地に出かけたときに見つけたのだ。その植物の葉に触れると、葉が閉じた。「それを見たときに、どういう仕組みなのだろうと思った」という。[4]ジェニファーは彼女を取り巻く世界に存在する、そうした謎の虜になった。

ジェニファーの父親は、事あるごとに娘の知的好奇心を育んだ。彼自身が新しいことを知りたがる人で、その熱意を娘にも伝えたのだ。ダウドナ家には本があふれていた。ジェニファーは「何かを知る最初の人になることが喜びで、生まれつきそういうことが好きなのだと思う」とも語っている。[5]高校生になると、彼女はウォング先生の化学の授業を選択した。この先生が素晴らしい先生で、「ものごとの仕組みに疑問を持つことや、何かを試すために実験することの喜びを生徒に教えてくれた」と彼女は振り返る。[6]

高校卒業後はポモナ大学で生化学の学位を取得し、ハーバードの大学院に進んだ。最初はＲＮＡ（リボ核酸）の研究者としてその名が知られ、のちにリボザイムの構造の解読に初めて成功した。２０１１年、ジェニファー・ダウドナはとあるカンファレンスで遺伝子学者のエマニュエル・シャルパンティエと知り合い、ふたりでＣＲＩＳＰＲ（クリスパー、クラスター化され規則的に間隔があいた短い繰り返し配列）と呼ばれるＲＮＡ配列の研究を始めた。最初のうちは、「実験室に数人が集まって、和気あいあいとあれこれ試すちょっとした活動」[7]という意識だった。いつものごとく興味をひかれた疑問に突き動かされるまま、彼女は実験と学習を続けた。この「好奇心に突き動かされた研究」がどこに向かうかは彼女にはわからなかった。だが最終的に、画期的な発見を成し遂げた。そのとき彼女は、「ワオ。これは世界を変えるかもしれない」と思ったという。[8]

そうしてダウドナの研究チームは、幅広く適用できる革命的な遺伝子編集技術を考案した。この技術は新薬の発見やがん細胞の変化に活用できるので、いつの日か嚢胞性線維症といった遺伝性疾患の治療手段の発見に活かされるかもしれない。２０１５年には、『タイム』誌が発表する世界でもっとも影響力のある１００人に、ダウドナとシャルパンティエが選ばれた。[9]ふたりはいずれノーベル賞を獲得すると予想する専門家も多い。そうした偉業を成し遂げる旅は、好奇心旺盛な7歳の少女が、よくできたパズルを愛し、よく考えて質問することを学んだことから始まった。

ジェニファー・ダウドナのようなノーベル賞候補になりうる人材がチームや組織にいるとは限らないが、どの集団にも好奇心が強く学びたい欲求を抱えている人は大勢いるものだ。創造力は、少々の不思議に思う気持ちとよく考えられた疑問から生まれる。ジェニファーが教わった先生と彼女の父親は、特定のテーマの勉強に若き彼女を向かわせることはしなかった。彼女の好奇心と探究心を育み、ジェニファーが持って生まれた特技や能力が開花しやすい環境を整えた。責任ある立場の人は、同僚や部下に同じことができる。いや、同じことをすべきだ。

　個々人の力が発揮しやすい環境の構築とは、創造力の障害となる思い込みを改めることを意味する。ここまで読んでおわかりのとおり、そのために特別な技能は何も必要ない。ただし、変えるという決意と忍耐がいる。昔からの思い込みは簡単にはなくならない。そうした障害を排除しているあいだは、独創的なアイデアがすぐに実を結ばないからといって腹を立てないこと。組織にいる人の創造力は、長きにわたって使われてこなかった可能性が高い。そのことを肝に銘じてほしい。創造力を抑圧されてきた人は、それに対して腹を立てるどころか悲観的になっていてもおかしくない。抑圧される状況下に置かれれば、人は自分を守ろうとする。目立たないようにしながら職務をこなし、波風を立てないことだけを考える。だから、考え方を変えさせるには、彼らに火をつける必要があるかもしれない。新しい知識への渇望や、解決策を自分で考え出したい気持ちを思い出させるのだ。

　チームや組織のリーダーは、自らを教師だと思ってほしい。もちろん、高いところから知識を授ける聖人のような先生という意味ではない。ジェニファーの父は科学ではなく文学の先生だが、娘が優秀な生化学者となるのに一役買った。それと同じで、同僚や部下が子供時代に出会った素晴らしい先生のように、彼らの好奇心や知識欲を育んで成長させていく必要がある。知的好奇心は、創造力を活性化させてくれる。

脳をかきまわせ

好奇心を育むと、脳が大いに活性化される。脳科学者のマティアス・グルーバーが率いる研究チームは、好奇心が脳に与える影響と学習の起こり方について調べた。その一環として、実験参加者にいくつかの質問文を見せ、興味の度合いを示してもらった。そして少し時間を置き、最初に見せた質問文の大半を再び見せた。考える時間は1文につき14秒だ。その際、参加者の知らない誰かの顔写真を合間に提示した。写真はどれも、質問とはいっさい関係がない。そして最後に、各質問の答えを見せた。その20分後、抜き打ちで再認記憶テストを実施した。このテストでは、質問の答えと顔写真を思い出せる度合いを測った。そして翌日にも同じテストが実施された。

その結果、人は関心を強く見せた質問の正解をよく覚えていることがわかった。これについてはあまり驚きはないかもしれないが、顔写真についても、興味のある質問の直後に見せた顔をよく覚えていたという！[10]

好奇心が学習と記憶を高める効果についてもっと詳しく調べるため、参加者の脳を画像化し

> “知的好奇心は
> 創造力を活性化させてくれる”
>
> A spirit of inquisitiveness will fuel the creative process.

た。すると、ドーパミンを伝達する領域の活動が活発になるとともに、記憶の形成に重要な役割を果たす海馬の活動も増加した。これについて、共同研究者のチャラン・ランガナスは次のように話す。

> つまり、好奇心は報酬系を強化するのだ。報酬系と海馬が相互に作用すると、脳は情報を学習し維持しようとする状態になるようだ。とりわけ興味深い情報や重要な情報でなくても関係ない[11]。

要するに、好奇心は内発的なモチベーションの強い表れなのだ。生徒の内に秘められている好奇心を解放する教師は、花丸やシールなど外的な報酬の類いを与えるだけの教師と違い、生徒に学習を促す。

ここで昔に戻ってみよう。あなたが子供だったときにいちばんよかった先生のことを思い返してほしい。その先生の何がそんなに特別だったのか？　その先生は、あなたが内に秘めていた好奇心をどうやって育んだのか？　そうしたやり方を参考にして、ともに働く才能あふれる人たちに火をつけ、彼らの脳を活性化させよう。

疑問を抱くことを奨励する

パティ・ファースはカナダのオンタリオで4年生と5年生を受け持つ教師だ。彼女は単元の最初の授業に必ず、その単元で学習するテーマに関係する何か（写真や小物など）を持ち込む。それが会話や探求のきっかけになればと期待してのことだ。そのうえで、教室に「不思議の壁」をつくる。正確には、彼女の協力のもとに生徒がその壁を完成させるのだ。ファースは生徒に付箋紙を与え、調べたテーマについて疑問に思ったことを書くようにと告げる。その際は、「私が不思議に思うのは」で始めて文章を完成させることを勧める。そのテーマについて知りたいことや、混乱または困惑していることを文章にするのだ。[12]

生徒が疑問を書いたら、それを不思議の壁に貼って全員が読めるようにする。ここに掲示された数々の疑問が、この先何週間にも及ぶ学習と発見の過程の道標となるのだ。誤解しないでもらいたいが、ファースは学習の目的を彼女自身で決めたうえで教壇に立っている。だが、不思議の壁は生徒たちの好奇心を駆り立て、興味をひかれた謎を調べようとする気持ちを後押ししてくれる。その壁は、子供にとって重要に思える疑問をファースが大事にしている証であり、壁をつくることで、個々の興味を共有し、ほかのクラスメイトも一緒に興味を持てるようになる。

ヴァージニア大学のジェームズ・ライアン学長は、人は2種類の疑問を抱くことに助けられていると語る。ひとつは「不思議に思う」疑問、もうひとつは「きっとこういうことではないか」という疑問だ。前者の疑問は知的好奇心の表れで、実際のところを理解したいときに抱く。その疑問が生まれたら、今度は「こういうことではないか」と考えることができるようになる。つまり、可能性として何が考えられるか、どうすればもっとよくなるか、といったことを考えるのだ。そうすると、成長、発展、変化が生まれる新たな機会を受け入れられるようになるという。[13]

いまでは、世界中で多くの教師が不思議の壁を活用している。カナダのとある学校で校長を務めるピーター・ガムウェルは、壁に夢中になっている生徒たちを初めて目の当たりにしたときのことを次のように振り返る。彼が幼児クラスの教室に入ると、4人の園児が教師と一緒に机を囲んでいた。そばにあるホワイトボードには、人体についての疑問がずらりと並ぶ。少しとんちんかんなものもあれば、非常に本格的なものもある。ガムウェルは園児と一緒に座ってこう尋ねた。「何をしているの？　すごく楽しそうだね！」。すると園児のひとりが答えた。「すごく楽しいよ。一緒にやろう」。教師が人体図の腸の部分を指すと、ひとりの男の子が「それ知ってる！　腸だよ！　腸！」と叫んだ。ほかの園児のあいだで笑いが起きた。男の子の熱意にガムウェルは圧倒された。そしてすぐに、不思議の壁というアイデアは、幼稚園の教室に限らずもっと幅広く適用できるものだと悟った。[14]

どの組織も、独自の不思議の壁を備えるべきだ。経営学の第一人者として知られるピーター・ドラッカーがこのアイデアを知ったら、きっと気に入ったに違いない。彼はかつて次のように書いている。「経営判断におけるもっともよくある間違いは、適切な疑問ではなく適切な答えを見つけるほうを重視することである」[15]。あなたのチームにいる仲間たちは、どの疑問についていちばん探求したいと思っているだろうか？　それは意外なものかもしれないし、その疑問によって組織に新たな機会が生まれるかもしれない。自ら抱いた疑問の答えを探すとなれば、チームのモチベーションは高まる。上層部が定めた問題の追求を命じられてばかりいるときとは比べものにならない。

自分で答えを見つけさせる

不思議の壁をクラスに導入した当初、ファースはすべての疑問に答えたい気持ちに駆られたという。

> 生徒に質問されると、答えを教えたくてたまりません。私が持っている知識のすべてを彼らに伝え、何かを学んでほしい。だって私は教師ですよ。それが仕事じゃないですか！　知っていることを教えたいと思うのは当然でしょう！

だが彼女は自分を制することを学んだ。そして生徒自身に答えを見つけさせ、発見の喜びを味わわせたいと思うようになった。それはある重要なことに気づいたからだという。

面白いことが起こりました。壁をつくると、生徒の学習スピードが期待以上に加速しはじめたのです。生徒たちは疑問を持ち帰って答えを調べるようになりました。自由になる時間に本を読んで疑問の答えを探し、自宅で両親と話したりもしたようです。疑問について学んでいるときの彼らは驚くほど楽しげで、自然と授業の活気も増していきました。[16]

認知科学者のダニエル・ウィリンガムは、難題の答えを教わることには何の楽しみもないと指摘する。答えを知る喜びは、発見の過程を通じて生まれるのだ。[17] パズルとその答えを同時に見せられたと想像してみてほしい。答えをすぐに知ったところで、何かしらの満足感は得られるか？　もちろん、得られない。よくできたなぞなぞの答えを教えようとする友人を、「待って、まだ言わないで！」と制したことは一度や二度ではないはずだ。誰だって、答えに気づく瞬間を台無しにされたくはない。事実、人は好奇心が満たされたときにがっかりする感覚を味わうことが多いと実証されている。喜びの絶頂は自分にできると期待しているあいだに迎えるのであって、実際に達成したあとではない。[18]

“答えを知る喜びは、
発見の過程を通じて生まれる”

The joy comes through the process of discovery.

問題の答えを早々に提示することは、チャレンジ好きな人をがっかりさせるだけではない。ほかにもいくつかのリスクが伴う。チームや組織の責任者は得てして、一方的に策を押しつけようとは思っていない。だが、部下に意見を尋ねるつもりでいても、期せずして創造的な解決策を出そうという彼らの意欲をそぐことがある。いったいどういうことなのか？　責任者という立場の人は、問題に取り組むにあたって主導権をとることが多い。問題を提示して自分の頭にある策を説明し、そのうえで部下や同僚に向かって「どう思う？　この提案に賛成か反対か？」と尋ねるのだ。これでは、黙って見つめ返すか、「そんなのありえない！」と思いながら曖昧にうなずくしかできない。

相手の意見を求める前に自分の答えを提示することには3つの悪影響が考えられる。まず、先に策を提示すると、既成事実が生まれたような印象を与えかねない。結論はすでに出ていると感じれば、誰だって腹が立つ。「わざわざ相談するなんて時間のムダじゃないか。結論はもうはっきり出ているのに」と思う。また、責任者が主導権を握るということは、責任者が問題の枠を定めることになり、チームから生まれるアイデアの幅を狭める恐れがある。それに、策を提示すれば確証バイアスが生じて、収集する情報が偏る恐れもある。さらには反論を封じ込めることにもなりかねない。上司にあたる立場の人の意見に異を唱えたり、その提案に含まれる前提に疑問を投げかけたりすることに、居心地の悪さを覚える人は少なくないだろう。

製薬会社バクスター・インターナショナルのＣＥＯを務めた経験もあるハリー・クレーマー

は、リーダーは聖フランシスコの哲学を心にとめておく必要があると語る。これは、理解されることより理解することのほうを重視するという意味だ。[19] リーダーという立場にある人は、会議の冒頭では口を閉ざし、聞き役に徹することも必要だ。わかりやすい質問は投げかけても、自分の意見を主張して会話の流れを妨げてはいけない。黙って細かくメモをとり、あとから自分の理解が正しいかどうかを確認する。メディアエンターテインメント企業ＮＢＣユニバーサルで役員を務めるヴィッキー・ウィリアムズは、社内のリーダー的立場の人全員に対し、「他人の意見に耳を貸さないリーダーのまわりには、意見を持たない人しかいなくなる」と念を押している。[20]

カナダ人起業家のキャメロン・ハロルドは、自分がリーダーの場では最後に意見を述べるようにしているという。加えて、立場が低いメンバーや年が若いメンバーの意見を先に求めるようにもしている。これについて、彼は次のように説明する。

> 会議の場に無口で控えめな人がいるときにリーダーがとる最善の行動は、自分の発言を最後にとっておくことだ。リーダーは最初に自分の意見を提示しすぎる。リーダーの意見を聴いたところで、周囲に自信は生まれないし、リーダーとしての資質が向上するわけでもない。だから、リーダーはまず、ほかのメンバーに意見を尋ねる必要がある。とりわけ、積極的に口を開かないメンバーに発言を促すことが大切だ。[21]

“会議の冒頭では リーダーは聞き役に徹する”

Sometimes leaders simply need to shut up and listen at the start of meetings.

失敗談を共有する

子供はときどき、自信のなさから特定の分野を学習したがらないことがある。その分野をマスターするには、自分にはない特別な知的能力が必要になると信じ込んでいるせいで、内なる好奇心を抑えつけてしまうのだ。とんでもないことを成し遂げた英雄のエピソードを話して聴かせれば、この問題はますます悪化する。

北アリゾナ大学で教職員を務めるロン・グレイは、以前は中学生に科学を教えていた。科学的な発見が一筋縄ではいかないことを、確かな事実として子供たちに伝えることには意義がある、というのが彼の信念だ。アルベルト・アインシュタインのような偉人たちが遭遇した困難や行き詰まりについて教えることで、偉業を成し遂げた有名な人たちも同じ人間で、みんなと同じように間違いも犯すのだと気づいてほしい。それにより、自分にも科学的に偉大なことを成し遂げられると思えるようになる、と彼は信じている。[22]

コロンビア大学のシャオドン・リン＝シーグラー率いる研究チームが実施した調査から、偉大な発見を成し遂げた人が抱えていた困難や苦労を理解すると、子供の学習効率が上がることが実証されている。その調査では、４００人以上の高校生に有名な科学者の物語を読んでもらった。Ａグループには、アルベルト・アインシュタイン、マリー・キュリー、マイケル・ファラデーが間違いを犯したときの話をあてがった。科学者たちが画期的なことを成し遂げる途中で失敗し、そこからどのように学んで立ち直ったかが描かれている。Bグループには、この3人の科学者のプライベートにまつわる困難についての話を読んでもらった。たとえばファラデーなら、とても貧しい家庭に生まれ、生涯にわたって宗教的な偏見がついてまわったという具合だ。そしてCグループには、この3人が成し遂げたことを英雄的に語った話をあてがった。そこには、失敗や困難の話はほとんど登場しない。

そして、物語を読む前後の生徒たちの科学の成績を追跡調査した。3グループ合わせた平均的な成績は、物語を読む前と後でほとんど変わらなかった。だが、研究者の困難やプライベートの不遇について読んだ生徒は、英雄的な物語を読んだ生徒に比べて読後6週間にわたって科学で高い成績を収めた。何より、読書後にもっとも成績が伸びたのは、読書前にもっとも成績の低かった生徒たちだった。[23]

リーダー的な立場にある人は、自分が経験した困難や失敗談を同僚や部下と共有すべきだ。組織における学習を研究するエイミー・エドモンドソンは、チームメンバーの好奇心を形にし、過ちは誰もが犯すものだと認識させるリーダーこそがもっとも有能だと主張する。そういうリーダーの下では、メンバーは心おきなく実験を試み、間違いを恐れなくなる。失敗しても責められることも罰せられることもないとわかれば、好奇心から生まれた課題や疑問を進んで探求するようになる。[24]

“リーダーは困難や失敗の経験を部下と共有すべし”

Leaders should think about sharing their own stories of adversity and failures with colleagues and subordinates.

下着会社スパンクスの創業者でCEOを務めるサラ・ブレークリーは、子供のころの父親との会話がいまでも心に残っていると話す。父親は口癖のように、最近した失敗は何だと彼女に尋ねてきた。そのとき彼女は、「パパ、〇〇をやってみたけど全然ダメだった！」と報告していたという。だからといって、彼女の父は娘にがっかりすることはなく、大好きな言葉を娘にかけた。「父は私にハイタッチして、『いいぞ！　もっとやれ！』といつも言ってくれました。だから私にとっての失敗は、成果が出せないことではなく、挑戦しないことになったのです」[25]

ブレークリーはこのことを、社員全員に伝えるように心がけている。数年前、彼女はブリトニー・スピアーズのヒット曲「ウップス！　アイ・ディド・イット・アゲイン（あっ、またやっちゃった）」を全体会議の場で流した。そして、スパンクスが成長し成功する過程で彼女が犯した数々の失敗を披露した。こうやって、彼女も過ちを犯すということを社員にはっきりと伝えたのだ。新しいことに挑戦すれば、失敗は必ず起こるものだと私も思う。[26]

間違いを歓迎する

マキシーン・クラークは、小学3年生の通知表で教師から衝撃的なコメントをもらった。授業で質問しすぎると書いてあったのだ。クラークも実際、「たしかに私は詮索好きな子供で、なぜこんなことをするのか、なぜあんなことをするのかと知りたがってばかりいました」[27]と述べている。そのコメントを読んだクラークの母親は怒った。ただし、娘にではなく教師にだ。母親は小学校へ乗り込んだ。教師の行動に対して母親が不満を露わにしたのは、後にも先にもこのときだけだという。母親はその教師に、クラークが1年生のときの担任だったグレース先生と話をしてみてほしいと言った。グレース先生は、子供の好奇心や学習に対してまったく違う考えを持っていた。

小学1年生だったクラークのクラスでは、毎週誰かにグレース先生から赤鉛筆賞が贈られた。赤鉛筆と聞いて、楽しい思い出が浮かぶ人は少ない。しょせん赤が使われるのは、宿題の間違ったところをはっきりと指摘するときくらいのものだ。ところがグレース先生は、その週の授業中によく手をあげた生徒を称える意味で赤鉛筆を贈った[28]。当時のことをクラークは次のように振り返る。

> グレース先生はいつも、自分は特別だと思わせてくれました。クラスで「今週の最高の間違い」をした生徒には、赤鉛筆がもらえました。その鉛筆にみんな憧れたものです。小学1年生は太い鉛筆を使うものですが、先生がくれる赤鉛筆は細くて、本当にかっこよかったのです[29]。

グレース先生は、生徒に質問することを奨励し、間違いを怖がるなと教えた。授業中は、間違うことを恐れずに新しい知識を追求してほしいと考えていたのだ。

クラークは多くの先生から実にさまざまなことを教わったが、グレース先生のことはいまでも懐かしんで思い出すという。小学1年生の教室で育まれたクラークの好奇心は、彼女のキャリアに大きく貢献した。約40年後、クラークは子供が自分でつくれるぬいぐるみという斬新なアイデアを思いつく。そうしてビルド・ア・ベア・ワークショップという会社を設立すると、急成長して大きな成功を収めた。同社のCEOとして、クラークは社内に赤鉛筆賞を設けることを決め、既存の仕組みに疑問を投げかける、新たなやり方を試みる、間違いから学ぶといった、勇気ある行動をとった社員を称えている。

心から共感する

デイヴィッド・グラーエは、ニューヨーク州ナイアガラ・フォールズにあるハイド・パーク小学校で2年生を教えている。この学区に住む世帯の多くは収入が低い。その証拠に、ほとんどの子供が給食費免除の対象に該当する。グラーエは20年以上前から、夏になると毎年、秋から彼のクラスに入る生徒の両親に手紙を書いている。簡単に自己紹介をして、進級前に面談をしませんかと誘うのだ。面談は純粋に彼が自発的に行っている。ほかの教師と違い、グラーエは学校の教室にくるようにとは言わない。彼がその家庭に出向くと申し出る。そうすると、多くの親が彼の思いがけない申し出を受け入れる。

　グラーエはこの家庭訪問を子供についてよく知る機会だととらえていて、会話のきっかけとするための質問をいくつか準備して臨む。なかでもいちばん重要な質問は、「お子さんについて知っておくべきことはありませんか？」だという。そうすると、親は子供が興味を持っていることや夢中になっていること、苦手にしていることを話す。グラーエはこう語る。「たいていの親御さんはとても協力的で、子供に関することをあらゆる方面から語ってくれます。子供が興味を持っていることについて教えてもらえると、本当に助かります。その子の学習に何を結びつけたらいいかがわかりますから」[30]。こうした家庭訪問を通じて、グラーエは担任する生徒の多くが家庭や地域で抱える問題を理解しようと努めている。同校の校長であるメアリ・ケリンズは、「グラーエ先生は父兄とつながりを持ったうえで、生徒との関係を構築しています。父兄も生徒も、彼が気にかけているとわかっています」と話す[31]。

　グラーエの行動を知ったとき、私はセオドア・ルーズベルトが残した「あなたがどれほど親身になっているかを知らないうちは、あなたが何を知っているかなど気にならない」という言葉を思い出した。自分の成長や幸せに人並み以上の関心を持ってくれた先生のことは、誰もが覚えている。その先生の授業を熱心に聴いたのは、先生が一流大学を出たからでも、専門分野の有名な賞をもらったからでもない。自分を気にかけてくれたからこそ、人一倍熱心に取り組んだ。

誰かに共感しようと行動を起こせば、その人が抱える問題が理解できるようになるし、大事に思っていると相手に伝えることにもなる。そのように相手を思った行動をとると、何もしなければわからないままだったかもしれない共通点が見つかることがある。２０１５年にハンター・ゲールバックを筆頭とするチームが実施した調査を紹介しよう。彼らは３１５人の高校生とその担任教師を対象に、「あなたのことを知る調査」を実施した。そして半数の生徒と教師には、5項目で生徒と教師に共通点があったと伝えた。共通の趣味や同じ経験があるとわかると、教師はその生徒とのつながりが深くなったように感じた。実際、交流する機会も増えたという。この研究の直接的でない証拠ですら、教師と生徒が互いの共通点を認識すると、学業の成績が向上することを示唆している。また、共通点を認識すると、マイノリティーの生徒とそうでない生徒との成績の差が小さくなるとも考えられる。[32]

どんな会社のトップも、社員に心から共感するにはどうすればいいかを考えるべきだ。その努力によって、素晴らしいアイデアが生まれるかもしれない。２００７年、クリス・ナセッタがヒルトンのＣＥＯに就任した。傾きかけたホテルチェーンの経営を立て直すことが彼の務めだ。ナセッタは、経営陣と現場で働く人たちとのつながりを深める必要があると考えた。現場の社員が懸念していることを理解し、腹を立てていることを知り、彼らの意見に耳を傾ける必要がある。トップの経営チームと実際に業務を行っている人たちとのつながりがなくなっていたことに、彼は不安を覚えたのだ。ナセッタは18歳からホテル業界で働いている。初めて就い

“社員に共感するために
できることを考えるのがトップの務め”

Leaders across all types of organizations should consider
how they can empathize genuinely with their employees.

た仕事は、ワシントンDCにあるキャピトル・ホリデイ・インでのトイレ掃除係だ。この仕事から多くを学んだことを彼は忘れておらず、自身のルーツに戻ると決めた。

そして、経営陣全員に対し、毎年必ず世界中にあるヒルトンホテルのどこかで1週間働くことを指示した。彼自身も対象とし、経営チームに期待する行動を自らが手本となって示した。そうして経営陣は、客室を清掃し、施設のスタッフとして対応し、設備のメンテナンスを行い、フロントで宿泊客に挨拶した。[33] ナセッタはインタビューで次のように語っている。「現場で働く人たちの仕事は、経営陣の仕事以上に大変だ。だから現場に行けば、彼らに敬意を払う」[34]。経営陣はこの「没頭期間」を通じて、毎年実に多くのことを学ぶ。そして、経営陣と現場の社員が交わす会話から、新しいアイデアが生まれている。

自信を持たせる

ダニエル・ウィリンガムは、「人生でいちばん大事だと思う先生は誰か?」と多くの人に尋ねてきた。そして、この質問に対する反応には共通点があると気づいた。

まず、ほとんどの人の頭のなかに、すでにその答えがある。そして、強く印象に残っている理由は、ほぼ間違いなくその人の感情によるところである。「数学をたくさん教えてくれたから」といった理由はひとつもなく、たいていの人は、「その先生のおかげで自分を信じられるようになったから」や「知ることが楽しいと教えてくれたから」といった理由をあげる。[35]

特別な存在となる教師は、生徒に高い期待をかけ、多くのことを要求する。生徒に本気で挑むのだ。ただし、多大な信頼を寄せていると伝えることも忘れない。子供たちの力はどんどん成長し、いずれは想像もしなかったことを成し遂げると本気で信じていることを態度で表す。こういう類いまれな教師は、やみくもに生徒を褒めない。フィードバックに時間をかけて生徒が成長するための道筋を明らかにし、生徒の努力が十分でなければ、呼び出して指摘する。

デイヴィッド・イェーガー率いる研究チームが興味深い実験を行っている。彼らは学校の授業にうまく介入し、教師の教師自身もしくは生徒への信頼が成績に及ぼすことを実証してみせたのだ。その実験では、中学校で社会の授業を行う3クラスの生徒と教師に協力してもらい、教師の指示で生徒に作文を書かせ、教師がいつもと同じように添削して生徒に返した。ただし、添削に1行追記してもらった。一部の生徒には、「添削のコメントは高い期待の表れです。期待に応えてくれると信じています」という文章を添えた。残りの生徒には、「添削のコメントを見直しに役立ててください」とだけ添えた。作文を返却後、生徒全員に書き直しにあてられる時間を設けた。ただし、書き直すようにという教師からの指示はなかった。

すると、期待されているという文章を受け取った生徒のほうが、無難な文章を受け取った生徒に比べてはるかに高い割合で作文を書き直した。しかも、書き直した生徒の作文は、教師だけでなく外部の添削機関からも高い評価を受けた。マイノリティーの生徒の成績が低くなる傾向にも大きな変化が現れた。アフリカ系アメリカ人の生徒が期待されているという文章を受け取った場合、同じ文章を白人の生徒が受け取る以上にその効果は大きく、学校に不信感を抱いていたアフリカ系アメリカ人生徒の評価は飛躍的に上昇した。[36]

イェーガーの研究は、先ほど述べた共感にも関係する。彼は、教師は生徒と同じ目線から学習の過程をとらえる努力をする必要があると強調する。生徒が抱える懸念、不安、思い込みが学習をどのように阻害しているのか、なぜ阻害するのかを理解する必要があるからだ。これと同じことは、当然ながら企業の社員にもあてはまる。経営者は一歩引いて、疑問や思いついたことを口にしようとしない社員や、新しいことを試みようとしない社員は、どんな思いや不安を抱えているのか考えてみてほしい。

新しいことを取り入れる

私が小学生のときに教わったマロワ先生は、いつも何をするか予想がつかない先生だった。メアリー・カサットとクロード・モネについて学んだと思ったら、その週の後半は自動車の発明の歴史について学ぶという具合で、学校の裏手にある森へ出かけて自然を探索する授業も何度かあった。また、カーペットの上に寝転んで目を閉じて、先生が読む物語を聴きながらどこか遠くの地にいると想像してごらん、と言われることもあった。私が課題のテーマをプロアメリカンフットボールの歴史にしたいと言い出したときも、すんなり認めてくれた（母親は困惑していたが）。マロワ先生の授業では、さまざまなテーマについて学んだだけでなく、多種多様な教授法や学習法を体験した。毎回待ち受けている驚きに、生徒はみな興奮にも似た感情を覚えた。マロワ先生がいまも教師を続けていたら、今日はどんな秘策を用意するだろう？[37]

人並み外れた教師なら、同じ教え方を日々繰り返すことはしない。さまざまな学習テクニックを活用するのがふつうだ。新しいことを取り入れるので、それに驚く生徒で授業はいつも活気に満ちている。また、生徒にさまざまなことを体験させる。未知の場所へ連れて行ったり、会ったことのない人たちと引き合わせたり、生徒に染みついた固定観念に相反する考え方を提示したりする。こうした授業は生徒にとって心地いいばかりではないが、身近にはいない人と接したり、いつもと違う状況や考え方に触れたりすると、生徒の好奇心が刺激され、知りたい意欲が高まる。

科学者のニコ・ブンツェックとエムラ・ドゥツェルは、新しい状況に対する脳の反応について調べた。とりわけ彼らが注目したのは、脳の黒質と腹側被蓋野だ。脳の画像を使って調べた結果、この領域は新しい刺激を受けると活発さが増すことがわかった。そうして彼らは、新しいものが探究心や学習を高めると結論づけた。[38]

では、社内の好奇心、疑問、知識欲を刺激する手段として新しいことを活用するにはどうすればいいか？　社員に未知のことを体験させればいい。訪れたことのない場所への旅行や、違う文化について学ぶことを勧めてもいいし、専門分野に限らず多彩なジャンルの本を読むことを奨励してもいい。職務と直接関係のない分野の講座を受ける機会を提供するのもひとつの手だ。すでに詳しい分野以外のことで、チャレンジとなる何かを与えてもいい。

新しい何かを取り入れたからといって、すぐにその効果が現れるとは限らない。だが思い出してほしい。画期的なアイデアの多くは、一見すると無関係に思える概念を誰かが組み合わせたときに生まれている。そういうつながりや関係が、一夜にして明らかになるとは考えづらい。ときには、単なる幸運の産物としか思えないアイデアもあるだろう。そうした意見に対し、ハーバード大学研究員のイーサン・ズッカーマンは、「工学における発見の才能は、偶然よりも高い確率で、思いもしなかった有効なつながりを見つけやすくすることを意味する」と反論する。[39] そういうつながりはどうすれば見つかるのか？　社員や部下に対し、専門とする分野の知識を深めるだけでなく、新たな学びを得ることを意識させるのだ。

トア・ミレンが大手広告代理店グループＷＰＰの上級役員を務めていたとき、彼は木曜日の午前９時から正午まで会議を開くことを禁じた。直属の部下のひとりだったジーナ・スクラファニは、毎週訪れるこの時間のことを、「会社が正式に認めた、各自が好きに個々の思考を広げ、

“社員に専門分野以外の
新たな学びについて意識させる”

We have to encourage our team members to become purposeful about seeking novel learning experiences.

日頃脇に追いやっていることに捧げる時間」と呼ぶ。[40] スクラファニはこの時間を使って何か新しいことを学ぼうと考えた。あまり興味のなかったことについて調べることにしたのだ。彼女は最初、思索にふける楽しい時間になるだろうと思った。ところが彼女はこう語る。「それは間違いでした。自分のコンフォートゾーンから出るのですから、当然ながら快適ではありません。むしろつらい時間でした[41]」。だがそのおかげで、無関係に思えることにつながりを見いだしたり、新たな視点からものごとをとらえたり、当たり前に思っていたことに疑問を感じたりするようになったという。広告業界でクリエイティブ・ディレクターとして働く彼女は、いつしかこれまでとは違うやり方で問題に取り組むようになっていた。不快な思いもしたが、新しい学びによって、彼女の脳は間違いなく刺激された。つらい思いをしただけの価値はあった、と彼女は言う。同僚や部下の好奇心の促し方を表8−1にまとめた。ぜひ参考にしてもらいたい。

リーダーにとって最大の報酬

教師にとっての最高の一日となるのは、何があったときか？　感謝の気持ちをしたためた短い手紙を贈られたときだ。だから、影響を受けた教師には、どのような影響を受けたのか、なぜ影響を受けたのかを伝えてほしい。昨年、私のかつての教え子からメールが届いた。素晴らしいキャリアの道を手に入れたという。そこにはこう書いてあった。「先生には感謝してもしき

表8－1 優秀な教師やリーダーが好奇心に火をつけるために行うこと

方法	具体策
疑問を抱くことを奨励する	独自の「不思議の壁」をつくり、同僚や部下が調べたがっている疑問や、彼らがやりがいを感じる難題を明らかにする。
自分で答えを見つけさせる	自分の答えを真っ先に与えない。自分の答えを提示するより先に、周囲の意見を尋ねる。
失敗談を共有する	自分の失敗談を交えながら、創造力を使って何かに挑むことの難しさや大変さをみなの前で語る。
間違いを歓迎する	思いきって実験を試みた人や、間違いや失敗から学習する人を称賛し、敬意を表する。
心から共感する	同僚や部下が抱える困難や障害について知る努力をする。たとえ短期間でもいいので、その人の立場に実際になってみる。
自信を持たせる	高い期待をかけ、優秀な働きを要求するが、それと同時に相手の才能や能力を信頼していると態度で示す。
新しいことを取り入れる	未知の体験を提供する、これまでとは違う考え方に触れさせる、経歴や視点が違う人と引き合わせるなどを通して脳の活性化を図る。

れません。先生がいなければ、私がこの道に進むことは絶対になかったと思います」。私は目を潤ませ、その日は一日中浮かれていた。これだけは断言できる。教室でも教室を巣立ったあとでも、自分の教え子の成長を目の当たりにすることこそ、教師にとって最大の報酬である。

責任ある立場にある人も、同じように考えてほしい。困難な問題を自分で解決したときは、誰だって爽快な気分になる。では、自分の協力によって、誰かが画期的なことを成し遂げたとしたらどうか？　リーダーとして、部下のアイデアが社内で花開いたときの感激や喜びがどれほどのものか、想像してみてほしい。部下や同僚が自らのアイデアを追求し、実験し、学べるようにすることは、リーダーの務めである。そしてその務めが、最大の報酬をもたらしてくれる。

部下や同僚には素晴らしい創造力がある。このことを決して忘れないでほしい。リーダーの仕事は彼らの知性をとりまとめることだ。生徒からいちばん愛される教師と同じで、優秀なリーダーはほかのメンバーが力を発揮しやすくなる環境を整える。リーダーの協力があれば、組織が直面する「厄介な」問題を解決するときに、個々人が創造力を発揮できるようになる。リーダーだからといって、すべての答えを用意する必要はない。本当に必要なのは、同僚や部下の内なる好奇心を育むことだ。そのためには、創造力を物理的に妨げるものを取り除き、創造力を抑えつける思い込みを変えなければならない。あなたが道を切り開くことで、ほかの人たちも新たな方向へ進みはじめ、新たな目的地を見いだす。彼らの行く手を阻む障害を取り除くだけで、どんなアイデアや機会が生まれるか考えてみてほしい。それはきっと……。

“大切なのは、
みんなの内なる好奇心を育むこと”

You must nourish the innate curiosity of your colleagues.

謝辞

Acknowledgments

組織内で創造力を活性化する方法について学ぶこの旅は、２０１２年から始まった。その一環として、ブライアント大学の同僚たちとＩＤＥＡというプログラムを導入した。この集中プログラムにより、新入生はみな自分の手で実際に試しながらデザイン思考を学ぶ。このプログラムを通じて、創造力についての私の考え方に影響を及ぼし、思考を形づくってくれた仲間には感謝してもしきれない。アリソン・バトラー、ロリ・コークリー、リッチ・ホルツマン、リッチ・ハーレー、マット・クレイメイアー、アマンダ・マクグラス、クリス・モース、クリスティン・リッジ、ジム・セゴヴィス、スー・ザーナウスキ。それから、ＩＤＥＡプログラムで何年にもわたってメンターやチームのリーダーを務めた学生たち。本当にありがとう。一人ひとりから実に多くのことを学ばせてもらったし、プログラムで彼らと一緒に何かをするのは本当に楽しかった。とくに一緒に研究したアリソン・バトラーからは、創造力について多大な影響を受けた。ロリ・コークリーとジム・セゴヴィスも忘れてはならない。学生の指導を第一とするこの才能あふれるふたりの研究者と手を組んだことで、非常に多くを得ることができた。

デザイン思考というレンズを通して、私に創造力について教えてくれた人も数多い。カイ・ヘイリーがグーグルで初めて開催されたデザインスプリント・カンファレンスに招待してくれたおかげで、さまざまな組織のクリエイティブな人たちからいろいろな話を聞くことができた。ＩＤＥＯを訪問した際に対応してくれたみなさんも素晴らしく、その人間を中心としたイノベーションへの取り組みについて教えてくれた。しかも、ＩＤＥＯは独自の方法論を世界中の教育者に開放している。ほかにも、エクスペリエンスポイント社のアンドリュー・ウェブスター、ＩＢＭのフィル・ギルバート、ガネットのローラ・ラモス、フェデックスのミッシェル・プロクター、ビジネス・イノベーション・ファクトリーのソウル・カプランをはじめ、多種多様な業界の多くの専門家から話を聞かせてもらった。

エド・キャットムルにはニューヨーク・シティで数時間つきあってもらい、ディズニーとピクサーの創造性について教えてもらった。ブライアン・ターケルソンは、リアリティ番組人気に火がつく前にマーク・バーネットとともに型破りな行動に出たときのことを、エド・ベスターズとデイヴィッド・ブリーシャーズは、長年にわたってエベレストの登山隊を率いてきたことについて多くを語ってくれた。ほかにも、ドラフトキングスのアンソニー・レスティヴォ、オールステート保険のジェイソン・パーク、キューリグのビル・パチェコ、デロイトのビル・リバウド、ロードアイランド州兵軍のマイク・マニング少佐、フィデリティ・インベストメンツのジェーン・ソウザとニック・パテル、アミカ保険のジェフ・ギャニオン、モントローズ学校とリンカーン学校の教師と生徒のみなさんをはじめ、本当に多くの人々が話を聞かせてくれた。彼らに心からお礼を言いたい。

私はソフトウェア企業のフォリオとハーバード・ビジネス・パブリッシングと連携し、やり直しや試作品づくりについて教えることを目的としたエクササイズ「フード・トラック・チャレンジ」を考案した。フォリオのマイケル・ビーンを中心とするチーム、そしてハーバード・ビジネス・パブリッシングのニコル・ハリス、ナヴィド・シャリフィ、リン・マホニー、マーク・フラー、アビー・ヴァーガス。彼らとの制作活動は、非常に有意義な「やってみて学ぶ」経験となった。そして、研究、執筆、学生の指導をともに行っているエイミー・エドモンドソンには、とりわけ心理的な安全性や機能的なチームについて詳しく教えてもらった。ブライアン・ワデルとスッキ・ユーンには、卒業論文と数年前に学術誌に掲載された論文の共同制作を通じて、反論についての考えを深める手助けをしてもらった。

ブライアント大学教務責任者のグレン・サルマシーと同大学ビジネス・カレッジのマダン・アナヴァルジュラ学部長の計らいにより、私は丸一年かけてこの本の執筆に取り組むことができた。そのおかげで、本当に実りの多い知的探求を味わえる年となった。彼らの後押しには心から感謝している。そして、ジャネン・レイ、ヴィッキー・アダング、クリスティーナ・ヴェリガン、シャルミラ・スリミヴァサンをはじめとする、私の書くものに興味を持ち、本書の出版に携わってくれた出版社ワイリーのみなさんにもお礼を言いたい。彼らと一緒に仕事ができたのは本当に幸運だ。

最後になったが、家族への感謝の念をここに表明したい。グレース、セリア、ルークの3人の子供たちからは、どんなリサーチプロジェクトからも得られないほどの創造性と好奇心を教えてもらった。彼らの父親であることが本当に誇らしい。もちろん、子供の将来を考えてアメリカに渡るという大胆なリスクをとった両親にも感謝している。そして私の心はつねに、日々教え子たちの創造力を刺激し、教職に対する熱意を分かち合う素晴らしい女性とともにある。クリスティン、無償の愛とサポートをいつもありがとう。

【訳者紹介】
花塚　恵（はなつか　めぐみ）
翻訳家。福井県福井市生まれ。英国サリー大学卒業。英語講師、企業内翻訳者を経て現職。主な訳書に『米海軍で屈指の潜水艦艦長による「最強組織」の作り方』（東洋経済新報社）、『苦手な人を思い通りに動かす』（日経BP）、『Appleのデジタル教育』（かんき出版）、『脳が認める勉強法』（ダイヤモンド社）などがある。東京都在住。

Unlocking Creativity
チームの創造力を解き放つ最強の戦略

2020 年 3 月 26 日発行

著　者——マイケル・A・ロベルト
訳　者——花塚　恵
発行者——駒橋憲一
発行所——東洋経済新報社
〒103-8345　東京都中央区日本橋本石町 1-2-1
電話＝東洋経済コールセンター　03(6386)1040
https://toyokeizai.net/

装丁・本文デザイン……新井大輔
D T P………………アイランドコレクション
印　刷………………東港出版印刷
製　本………………積信堂
編集担当……………伊東桃子
Printed in Japan　　ISBN 978-4-492-04661-6

著者紹介

マイケル・A・ロベルト

ブライアント大学（ロードアイランド州スミスフィールド）経営学教授。ハーバード・ビジネス・スクール教授、ニューヨーク大学スターン・スクール・オブ・ビジネスの客員教授を務めた経験を持つ。

ケースセンター（事例研究の発展を目的とした非営利機関）が行った最新の調査において、世界でもっともケーススタディが売れた作成者トップ25に名を連ねた。考案したシミュレーションは世界中のビジネススクールや企業で採用されていて、フォリオ社とハーバード・ビジネス・パブリッシングと協力して制作した「エベレスト・リーダーシップ・アンド・チーム・シミュレーション」や「フード・トラック・チャレンジ」などがある。

これまでに、『なぜ危機に気づけなかったのか――組織を救うリーダーの問題発見力』（飯田恒夫訳、英治出版、2010年）と『決断の本質――プロセス志向の意思決定マネジメント』（スカイライト コンサルティング訳、英治出版、2006年）を上梓している。また、意思決定、リーダーシップ、ビジネス戦略をテーマにしたオーディオ／ビデオ講義シリーズもある。

1991年にハーバード大学で経済学の学士を取得。その後1995年にハーバード・ビジネス・スクールでMBAを取得したときは、ジョージ・F・ベイカー・スカラー（成績上位5%の学生に与えられる称号）を得て修了し、2000年に博士号も取得した。

著者のウェブサイトwww.professormichaelroberto.comとブログhttp://michael-roberto.blogspot.comもある。

原注

はじめに

1. Classic TV Database. "1979–1980 TV Schedule" (www.classic-tv.com/features/schedules/1979-1980-tv-schedule, accessed June 22, 2018).
2. Internet Movie Database. "The 50 Worst TV Shows of All Time According to TV Guide, " March 24, 2016 (www.imdb.com/list/ls032245551/, accessed June 22, 2018).
3. Dave Nagle, "ESPN, Inc.: 1997 in Review," ESPN Media Zone, January 2, 1998 (espnmediazone.com/us/press-releases/1998/01/espn-inc-1997-in-review/, accessed June 25, 2018).
4. Ethan Alter, "Return to 'Oz' : An Oral History of the Pioneering Prison Drama," Yahoo! TV, July 12, 2017 (www.yahoo.com/entertainment/hbo-oz-20th-anniversary-oral-history-153416770.html, accessed June 25, 2018).
5. Netflix. "About Netflix," Netflix Media Center (media.netflix.com/en/about-netflix, accessed June 25, 2018).
6. TiVo. "History," TiVo.com (www.tivo.com/history, accessed June 25, 2018).
7. Chris Welch, "Hulu Passes 20 Million US Subscribers, Says Offline Downloads Are Coming," The Verge, May 2, 2018 (www.theverge.com/2018/5/2/17309336/hulu-20-million-subscribers-announced-offline-downloads-new-feature, accessed June 26, 2018).
8. Shalini Ramachandran, "How a Weakened ESPN Became Consumed by Politics," *Wall Street Journal*, May 24, 2018 (www.wsj.com/articles/how-a-weakened-espn-became-consumed-by-politics-1527176425, accessed June 26, 2018).
9. John Koblin, "487 Original Programs Aired in 2017. Bet You Didn't Watch Them All," *New York Times*, January 5, 2018 (www.nytimes.com/2018/01/05/business/media/487-original-programs-aired-in-2017.html, accessed June 26, 2018).
10. Variety Staff. "Emmys 2017: Full List of Nominations," Variety.com, July 13, 2017 (variety.com/2017/tv/news/2017-emmy-nominees-list-nominations-1202494465/, accessed June 26, 2018).
11. www.emmys.com/awards/nominees-winners, accessed June 26, 2018.
12. IBM. "IBM 2010 Global CEO Study: Creativity Selected as Most Crucial Factor for Future Success," IBM press release, May 18, 2018 (www-03.ibm.com/press/us/en/pressrelease/31670.wss, accessed June 26, 2018).

第 1 章

1. Ernest-Alfred Chesneau qtd. in "Dejuener sur l'herbe (1863) by Edouard Manet," Encyclopedia of Art Education (www.visual-arts-cork.com/paintings-analysis/luncheon-on-the-grass.htm, accessed October 16, 2017).

2. Louis Étienne qtd. in Ross King, *The Judgment of Paris: The Revolutionary Decade that Gave the World Impressionism* (New York: Bloomsbury, 2007), 88.
3. Théophile Thoré qtd. in King, *The Judgment of Paris*, 89.
4. King, *The Judgment of Paris*, 87.
5. King, *The Judgment of Paris*, 88.
6. King, *The Judgment of Paris*, 39.
7. Anahita Shafa, "Manet," Impressionist Impressions website, 2007 (www.anahitadesign.com/impressionist/manet.html, accessed October 16, 2017).
8. Musée d'Orsay, "Edouard Manet: *Luncheon on the Grass*," 2018 (www.museeorsay.fr/index.php?id＝851&L＝1&tx_commentaire_pi1％5BshowUid％5D＝ 7123, accessed October 17, 2017).
9. King, *The Judgment of Paris*, 2.
10. King, *The Judgment of Paris*, 151.
11. King, *The Judgment of Paris*, 32.
12. King, *The Judgment of Paris*, 91.
13. C. Monet Gallery, "Monet, Father of Impressionism," (www.cmonetgallery.com/father-of-impressionism.aspx, accessed October 17, 2017).
14. Shunryu Suzuki, *Zen Mind, Beginner's Mind: Informal Talks on Zen Meditation and Practice* (Boston, MA: Shambhala, 2010), 1.（松永太郎訳『禅マインド　ビギナーズ・マインド』サンガ，2012年）
15. James Lawrence Powell, *Mysteries of Terra Firma: The Age and Evolution of the World* (New York: Free Press, 2001), 92.
16. David Owen, *Copies in Seconds: Chester Carlson and the Birth of the Xerox Machine* (New York: Simon and Schuster, 2004), 92.
17. Pamela Weintraub, "The Dr. Who Drank Infectious Broth, Gave Himself an Ulcer, and Solved a Medical Mystery," *Discover*, March 2010 (discovermagazine.com/2010/mar/07-dr-drank-broth-gave-ulcer-solved-medical-mystery, accessed October 18, 2017).
18. Alice Truong, "The rejection letters of early-round investors who passed on Airbnb," Quartz.com, July 13, 2015 (qz.com/452185/the-rejection-letters-of-early-round-investors-who-passed-on-airbnb/, accessed October 19, 2017).
19. Erin Scott, Pian Shu, and Roman M. Lubynsky, "Are 'Better' Ideas More Likely to Succeed? An Empirical Analysis of Startup Evaluation," *Harvard Business School Working Paper*, 16–013, 2016.
20. Victor Ottati, Erika D. Price, Chase Wilson, and Nathanael Sumaktoyo, "When self-perceptions of expertise increase closed-minded cognition: The earned dogmatism effect," *Journal of Experimental Social Psychology*, 61 (2015): 132.
21. Thomas Kuhn, *The Structure of Scientific Revolutions*, 4th edition (Chicago, IL: University of Chicago Press, 2012), 90.（中山茂訳『科学革命の構造』みすず書房，1971年）
22. Brandon Brown, "Genius Move," *Slate*, June 2015 (www.slate.com/articles/health_and_

science/science/2015/06/max_planck_s_principle_physics_and_constant_he_knew_how_to_change_his_mind.html, accessed October 20, 2017).

23. IBM. “IBM 2010 Global CEO Study: Creativity Selected as Most Crucial Factor for Future Success,” IBM press release, May 18, 2018 (www-03.ibm.com/press/us/en/pressrelease/31670.wss, accessed June 26, 2018).

24. David Sturt and Jordan Rogers, “A Global Survey Explains Why Your Employees Don’t Innovate,” *Harvard Business Review* (digital article), February 24, 2016 (hbr.org/2016/02/why-your-employees-dont-innovate, accessed October 16, 2017).

25. IBM, *Capitalizing on Complexity: Insights from the Global Chief Executive Officer Study*, 2010 (public.dhe.ibm.com/common/ssi/ecm/gb/en/gbe03297usen/ GBE03297USEN.PDF, accessed October 16, 2017).

26. Jennifer S. Mueller, Shimul Melwani, and Jack Goncalo, “The Bias Against Creativity: Why People Desire but Reject Creative Ideas,” *Psychological Science*, 23(1), 2011, 13–17.

27. Jennifer Mueller, Jack Goncalo, and Dishan Kamdar, “Recognizing Creative Leadership: Can Creative Idea Expression Negatively Relate to Perceptions of Leadership Potential?” *Journal of Experimental Social Psychology*, 47(2), 2011, 494–498.

28. Knowledge@Wharton, “A Bias against ‘Quirky’ ? Why Creative People Can Lose Out on Leadership Positions,” Knowledge@Wharton, February 16, 2011 (knowledge.wharton.upenn.edu/article/a-bias-against-quirky-why-creative-people-can-lose-out-on-leadership-positions/, accessed October 21, 2017).

29. Erik Westby and V.L. Dawson, “Creativity: Asset or Burden in the Classroom,” *Creativity Research Journal*, 8(1), 2010, 1–10.

30. Ken Robinson, “Do Schools Kill Creativity?,” TED2006 Conference, February 2006 (www.ted.com/talks/ken_robinson_says_schools_kill_creativity, accessed October 5, 2017).

31. Tim Brown, “Tales of Creativity and Play,” 2008 Serious Play Conference, May 2008 (www.ted.com/talks/tim_brown_on_creativity_and_play, accessed October 5, 2017).

32. Isaac Asimov and Arthur Obermayer, “Isaac Asimov Asks, ‘How Do People Get New Ideas?’ : A 1959 Essay by Isaac Asimov on Creativity,” *MIT Technology Review*, October 20, 2014 (www.technologyreview.com/s/531911/isaac-asimov-asks-how-do-people-get-new-ideas/, accessed October 21, 2017).

33. Tyler Durden. “The Fortune 500’s Fastest Growing (and Shrinking) Companies, ZeroHedge, April 5, 2017 (www.zerohedge.com/news/2017-04-05/fortune-500s-fastest-growing-and-shrinking-companies, accessed March 19, 2018).

34. Lucinda Shen, “If You Invested in Amazon at Its IPO, You Would Be a Millionaire Today,” *Fortune*, May 15, 2017 (fortune.com/2017/05/15/amazon-stock-20-years-ipo/, Accessed November 3, 2017).

35. Ibid., 33

36. Eric Kutcher, Olivia Nottebohm, and Kara Sprague, “Grow Fast or Die Slow,” April 2014 (www.mckinsey.com/industries/high-tech/our-insights/grow-fast-or-die-slow, accessed

October 24, 2017).

37. Nicholas Bloom, Charles Jones, John Van Reenen, and Michael Webb, "Are Ideas Getting Harder to Find?," *National Bureau of Economic Research Working Paper Series*, September 2017, 18.

38. Ibid., 8.

39. Inc. Staff, "How to Hire for Creativity," *Inc.*, October 1, 2010 (www.inc.com/magazine/20101001/guidebook-how-to-hire-for-creativity.html, accessed October 18, 2017).

40. John Darley and C. Daniel Batson, "'From Jerusalem to Jericho' : A Study of Situational and Dispositional Variables in Helping Behavior," *Journal of Personality and Social Psychology*, 27(1), 1973, 100–108.

第 2 章

1. おじのアルカンジェロ・ラナウドが，イタリアのアンキアーノ郊外にある美術館に何度か連れて行ってくれた．美術館はフィレンツェ中心部から約45kmの距離にある．

2. ダ・ヴィンチに関する記述は，ウォルター・アイザックソンが手がけた素晴らしいダ・ヴィンチの伝記から引用している．Walter Isaacson, *Leonardo Da Vinci* (New York: Simon and Schuster, 2017).（土方奈美訳『レオナルド・ダ・ヴィンチ上』『レオナルド・ダ・ヴィンチ下』文藝春秋，2019年）

3. Paula Rae Duncan, *Michelangelo and Leonardo: The Frescoes for the Palazzo Vecchio*, Graduate Thesis, University of Montana, 2004.

4. Isaacson, *Leonardo Da Vinci*, 82.（土方奈美訳『レオナルド・ダ・ヴィンチ上』『レオナルド・ダ・ヴィンチ下』文藝春秋，2019年）

5. Ibid., 87.

6. Leonard Schlesinger and Charles Kiefer, *Just Start: Take Action, Embrace Uncertainty, Create the Future* (Boston, MA: Harvard Business Review Press, 2012), 9.（清水由貴子訳『ジャスト・スタート――起業家に学ぶ予測不能な未来の生き抜き方』CCCメディアハウス，2013年）

7. Russell Ackoff, "On the Use of Models in Corporate Planning," *Strategic Management Journal*, 2(4), 1981, 359.

8. William J. Broad, "The Creative Mind: Tracing the Skeins of Matter," *New York Times Magazine*, May 6, 1984 (www.nytimes.com/1984/05/06/magazine/the-creative-mind-tracing-the-skeins-of-matter.html?pagewanted＝all, accessed November 6, 2017).

9. Kyle VanHemert, "The Engineer of the Original Apple Mouse Talks About His Remarkable Career," *Wired*, August 18, 2014 (www.wired.com/2014/08/the-engineer-of-the-original-apple-mouse-talks-about-his-remarkable-career/, accessed November 6, 2017).

10. Alex Pang and Wendy Marinaccio, "Interview with Jim Yurchenco and Rickson Sun," *Making the Macintosh: Technology and Culture in Silicon Valley* website, June 10, 2000 (web.stanford.edu/dept/SUL/sites/mac/primary/interviews/ideo/index.html, accessed

November 6, 2017).

11. David Kelley qtd. in Alex Pang and Wendy Marinaccio, “The Apple Mouse,” *Making the Macintosh: Technology and Culture in Silicon Valley* website, September 12, 2000 (web.stanford.edu/dept/SUL/sites/mac/primary/interviews/kelley/mouse.html, accessed November 6, 2017).
12. この章で引用している情報ソースとは別に，2016年3月にIDEOで開催されたワークショップでもIDEOの歴史について学んだ．ワークショップには，IDEOのティム・ブラウンCEOによるプレゼンテーションも含まれていた．また，同社の歴史や文化について，IDEOのアラン・ラトリフにインタビューする機会も得た．
13. *Nightline*, “The Deep Dive,” ABC, February 9, 1999.
14. Ibid.
15. IDEO U, “Design Thinking,” 2018 (www.ideou.com/pages/design-thinking, accessed November 7, 2017).
16. Interaction Design Foundation, “Stage 1 in the Design Thinking Process: Empathise with Your Users,” 2017 (www.interaction-design.org/literature/article/stage-1-in-the-design-thinking-process-empathise-with-your-users,accessed November 9, 2017).
17. Thomas Both and Dave Baggeroeor, “(Archival Resource) Design Thinking Bootcamp Bootleg,” Hasso Plattner Institute of Design at Stanford University, n.d. (dschool.stanford.edu/resources/the-bootcamp-bootleg, accessed March 23, 2018).
18. Ian Hutchings, “Leonardo da Vinci: The First Systematic Study of Friction,” University of Cambridge Department of Engineering website, May 5, 2016 (www.eng.cam.ac.uk/news/leonardo-da-vinci-first-systematic-study-friction, accessed November 10, 2017).
19. Isaacson, *Leonardo da Vinci*.（土方奈美訳『レオナルド・ダ・ヴィンチ上』『レオナルド・ダ・ヴィンチ下』文藝春秋，2019年）See also Zaria Gorvett, “Leonardo da Vinci’s Lessons in Design Genius,” BBC Future, July 28, 2016 (www.bbc.com/future/story/20160727-leon, accessed November 3, 2017).
20. Brad Smith, “Intuit’s CEO on Building a Design-Driven Company,” *Harvard Business Review*. January-February 2018.（辻仁子訳「インテュイット：デザインから考える組織」『Diamondハーバード・ビジネス・レビュー』43(9): 60–67）
21. “Intuit: How Design Drove Its Turnaround,” *Bloomberg Businessweek*, March 20, 2014 (www.bloomberg.com/news/articles/2014-03-20/intuit-how-design-drove-its-turnaround, accessed November 8, 2017).
22. Roger Martin, “The Innovation Catalysts,” *Harvard Business Review*, June 2011.
23. 2017年11月にグーグルが開催したデザインスプリント・カンファレンスにて，フラワーズがインテュイットのブループリンティングについて説明するのを聴いた．
24. 2014年11月にIBMのフィル・ギルバート，2015年11月にIBMのチャールズ・ヒルに実施したインタビューより．また，2015年10月にニューヨークにあるIBMのデザインスタジオを訪問した．
25. ローラ・ラモス，ミッシェル・プロクター，パトリック・ダグラスに実施したイ

ンタビューより．

26. Tim Malbon, "The Problem with Design Thinking," Made by Many, March 3, 2016 (www.madebymany.com/stories/the-problem-with-design-thinking, accessed November 10, 2017).

27. Rikke Dam and Teo Siang, "5 Stages in the Design Thinking Process," Interaction Design Foundation, 2017 (www.interaction-design.org/literature/article/5-stages-in-the-design-thinking-process, accessed November 9, 2017).

28. サンクコストの罠に陥る理由についてさらに詳しく知りたい人は，以下を参照するとよい．Barry Staw and Jerry Ross, "Understanding Behavior in Escalation Situations," *Science*, 246, 1989, 216–220; Hal Arkes and Catherine Blumer, "The Psychology of Sunk Cost," *Organizational Behavior and Human Decision Processes*, 35, 1985, 124–140; Joel Brockner, "The Escalation of Commitment to a Failing Course of Action," *Academy of Management Review*, 17(1), 1992, 39–61. サンクコストの罠に陥らない方法についてさらに詳しく知りたい人は，以下を参照するとよい．Michael Roberto, "Cutting Your Losses: How to Avoid the Sunk Cost Trap," *Ivey Business Journal*, November/December 2009. また，高高度登山の経験があるデイヴィッド・ブリーシャーズとエド・ヴィエスチャーズにインタビューを実施したことで，サンクコストの罠に陥る原因やその克服の仕方の理解が深まった．

29. Adam Penenberg, "An Insider's History of How a Podcasting Startup Pivoted to Become Twitter," *Fast Company*, August 9, 2012 (www.fastcompany.com/1837848/insiders-history-how-podcasting-startup-pivoted-become-twitter, accessed November 15, 2017).

30. Lee Ross and Richard Nisbett, *The Person and the Situation: Perspectives of Social Psychology* (London: Pinter & Martin, 2011).

31. Paul Green, Jr., Francesca Gino, and Bradley Staats, "Shopping for Confirmation: How Disconfirming Feedback Shapes Social Networks," *Harvard Business School Working Paper* 18–028, September 2017.

32. https://www.tomwujec.com/marshmallowchallenge, accessed November 17, 2017.

33. Tom Wujec, "Build a Tower, Build a Team," TED Talk, February 2010 (www.ted.com/talks/tom_wujec_build_a_tower, accessed November 17, 2017).

34. 私もブライアント大学のIDEAプログラムの一環として，数千人の大学生にマシュマロチャレンジに挑戦させたほか，企業の重役研修にもこのチャレンジを取り入れた．その結果もやはり，ウージェックの見解を裏づけるものとなった．ビジネスを専攻する学生や企業の重役の大半が，このチャレンジでタワーを完成させることができなかった．

35. *Nightline*, 1999.

36. Jennifer Mueller, *Creative Change: Why We Resist It ... and How We Can Embrace It* (Boston, MA: Houghton Mifflin Harcourt, 2017).

第3章

1. Bill Carter, "Survival of the Pushiest," *The New York Times*, January 28, 2001 (www.nytimes.com/2001/01/28/magazine/survival-of-the-pushiest.html, accessed November 27, 2017).
2. Mark Burnett, *Jump In! Even if You Don't Know How to Swim* (New York: Ballantine Books, 2006).
3. 2017年3月に実施したブライアン・ターケルセンへのインタビューより.
4. Bill Carter, *Desperate Networks* (New York: Crown Publishing, 2007).
5. Steve Johnson, "'Survivor' Finale Posts Ratings Even Larger Than Show's Hype," *Chicago Tribune*, August 25, 2000 (articles.chicagotribune.com/2000-08-25/news/0008250272_1_survivor-finale-nielsen-ratings-cbs-spokesman-chris-ender, accessed November 27, 2017).
6. Emily Yahr, Caitlin Moore, and Emily Chow, "How We Went from 'Survivor' to More Than 300 Reality Shows: A Complete Guide," *Washington Post*, May 29, 2015 (www.washingtonpost.com/graphics/entertainment/reality-tv-shows/, accessed November 27, 2017).
7. Robert E. Kennedy, "Strategy Fads and Competitive Convergence: An Empirical Test for Herd Behavior in Prime-Time Television Programming," *The Journal of Industrial Economics*, 50(1), 2002, 57–84.
8. PBS, "Primetime Soaps," *Pioneers of Television* website, 2014 (www.pbs.org/wnet/pioneers-of-television/pioneering-programs/primetime-soaps/, accessed November 28, 2017).
9. Kennedy, "Strategy Fads and Competitive Convergence," 2002.
10. Kennedy, "Strategy Fads and Competitive Convergence."
11. Anita Tucker and Amy Edmondson, "Cincinnati Children's Hospital Medical Center," Harvard Business School Case Study 9-609-109, April 25, 2011.
12. Gary Hamel, *Leading the Revolution* (Boston, MA: Harvard Business School Press, 2000), 49. (鈴木主税，福嶋俊造訳『リーディング・ザ・レボリューション』日本経済新聞社，2001年)
13. Youngme Moon, *Different: Escaping the Competitive Herd* (New York: Crown Business, 2010), 37. (北川知子訳『ビジネスで一番、大切なこと――消費者のこころを学ぶ授業』ダイヤモンド社，2010年)
14. The Stihl Group, "The Stihl Group: Leading the Way for More Than 90 Years," Stihl website, n.d. (www.stihl.com/about-stihl.aspx, accessed November 30, 2017).
15. Stihl, Advertisement in *Winnipeg Free Press*, June 4, 2008, 22 (newspaperarchive.com/winnipeg-free-press-jun-04-2008-p-22/, accessed November 30, 2017).
16. Betsy Morris, "Steve Jobs Speaks Out," *Fortune*, March 7, 2008 (archive.fortune.com/galleries/2008/fortune/0803/gallery.jobsqna.fortune/6.html, accessed November 30, 2017).
17. Moon, *Different*.（『ビジネスで一番、大切なこと』）
18. Henry Truc, "A Bittersweet Moment for Richard Branson as Virgin America Sells to

Alaska Air Group," Equities.com, April 4, 2016 (www.equities.com/news/a-bittersweet-moment-for-richard-branson-as-virgin-america-sells-to-alaska-air-group, accessed December 1, 2017).

19. Airlines for America, "U.S. Airline Bankruptcies," Airlines.org, n.d. (airlines.org/dataset/u-s-bankruptcies-and-services-cessations/, accessed December 1, 2017).

20. Berkshire Hathaway, Annual Report, 2007.

21. Jost Daft and Sascha Albers, "An Empirical Analysis of Airline Business Model Convergence," *Journal of Air Transport Management*, 46, 2015, 3–11.

22. Michael Porter, "What Is Strategy?" *Harvard Business Review*, November–December 1996.（中辻万治訳「戦略の本質—独自性ある価値を生むポジションの創造」『Diamond ハーバード・ビジネス・レビュー』22(2): 6–31）

23. Ken Favaro and Art Kleiner, "The Thought Leader Interview: Cynthia Montgomery," *Strategy+ Business* 70, Spring 2013 (www.strategy-business.com/article/00163?gko＝f0c49, accessed December 1, 2017).

24. キャリアへの懸念が経営判断に及ぼす影響について詳しく知りたい人は，以下を参照するとよい．Jeffrey Zwiebel, "Corporate Conservatism and Relative Compensation," *Journal of Political Economy*, 103(1), 1995, 1–25.

25. Mojo Staff, "Born to Run," *Mojo* magazine, October 2017 (www.fooarchive.com/features/mojo2017.htm, accessed December 2, 2017).

26. Michael Heatley, *Dave Grohl: Nothing to Lose*, 4th edition (London: Titan Books, 2011), 10.

27. Sarah Anderson, "50 Things You Never Knew about Nirvana," *NME*, September 13, 2011 (www.nme.com/photos/50-things-you-never-knew-about-nirvana-1413101, accessed December 2, 2017).

28. Kory Grow and Jonathan Bernstein, "Dave Grohl's Guest List: 21 Amazing Musical Cameos," *Rolling Stone, January* 11, 2018 (www.rollingstone.com/music/lists/dave-grohls-guest-list-15-amazing-musical-cameos-20141119/the-backbeat-band-1994-w515308, accessed December 2, 2017).

29. Dave Grohl, Interview, Arclight Theater, Hollywood, CA, October 23, 2013 (www.youtube.com/watch?v＝9dRG_PaZYjM, accessed December 2, 2017).

30. Ibid.

31. Shirley Halperin, "Paul McCartney and Dave Grohl: A Bromance Is Born Before the Grammys," *Rolling Stone*, February 8, 2009 (www.rollingstone.com/music/news/paul-mccartney-and-dave-grohl-a-bromance-is-born-before-the-grammys-20090208, accessed December 2, 2017).

32. Billboard Staff, "Paul McCartney, Nirvana Alums Rock 'Cut Me Some Slack' at Sandy Concert," Billboard.com December 13, 2012 (www.billboard.com/biz/articles/news/1483945/paul-mccartney-nirvana-alums-rock-cut-me-some-slack-at-sandy-concert, accessed December 2, 2017).

33. Ryan Reed, "Paul McCartney Plays Drums on Upcoming Foo Fighters LP," *Rolling Stone*,

August 2, 2017 (www.rollingstone.com/music/news/paul-mccartney-plays-drums-on-upcoming-foo-fighters-lp-w495625, accessed December 2, 2017).

34. Wright Brothers Aeroplane Company, "A History of the Airplane," 2010 (www.wright-brothers.org/History_Wing/History_of_the_Airplane/History_of_the_Airplane_Intro/History_of_the_Airplane_Intro.htm, accessed December 4, 2017).
35. Abraham Luchins, "Mechanization in Problem Solving: The Effect of Einstellung." *Psychological Monographs*, 54(6), 1942.
36. David Jansson and Steven Smith, "Design fixation," *Design Studies*, 12 (1), 1991, 3–11.
37. Ibid.
38. Steven Smith, Thomas Ward, and Jay Schumacher, "Constraining effects of examples in a creative generation task," *Memory & Cognition*, 21(6), 1993, 837–845.
39. Smith, Ward, and Schumacher, 843.
40. Jake Rossen, "Adjusted for Inflation: A History of the Reebok Pump," Mental Floss, October 22, 2015 (mentalfloss.com/article/69922/adjusted-inflation-history-reebok-pump, accessed December 6, 2017).
41. Marion Poetz, Nikolaus Franke, and Martin Schreier, "Sometimes the Best Ideas Come from Outside Your Industry," *Harvard Business Review* (Digital Article), November 21, 2014.
42. Lou Schuler, "Planet Fitness Is Not a Gym," *Men's Health*, January 11, 2014 (www.menshealth.com/fitness/planet-fitness-is-not-a-gym, accessed December 7, 2017).
43. Schuler, 2014.
44. Planet Fitness, "Lift Things Up" commercial, 2011(www.youtube.com/watch?v = q7gzmoqmL7g, accessed December 7, 2017).
45. Katie Morell, "Marc Grondahl of Planet Fitness: How a Lean Business Model Became a Franchise Heavyweight," American Express Open Forum, June 13, 2013 (www.americanexpress.com/us/small-business/openforum/articles/mark-grondahl-of-planet-fitness-how-a-lean-business-model-became-a-franchise-heavyweight/, accessed December 7, 2017).
46. Mallory Schlossberg, "Planet Fitness's main competitors are Chili's and Uno's, CEO says," *Business Insider*, August 17, 2016 (www.businessinsider.com/planet-fitness-ceo-says-competition-isnt-gyms-2016-8, accessed December 7, 2017).
47. Paul Brownfield, "'JAG' Is Alive and Well at CBS," *Los Angeles Times*, May 4, 1998 (articles.latimes.com/1998/may/04/entertainment/ca-46102, accessed December 8, 2017).
48. Sandra Gonzalez, "How 'NCIS' Became the World's Most-Watched Show," Mashable, September 22, 2015 (mashable.com/2015/09/22/ncis-worldwide-viewers/#Pe7sbThnAZqww6, accessed December 8, 2017).

第 4 章

1. Andrew Feinberg, "Booyah! The Manic Universe of Jim Cramer," *Kiplinger*, August 31,

2006 (www.kiplinger.com/article/investing/T052-C000-S002-booyah-the-manic-universe-of-jim-cramer.html, accessed November 14, 2017).

2. Jonathan Hartley and Matthew Olson, "Jim Cramer's 'Mad Money' Charitable Trust Performance and Factor Attribution," May 23, 2016 (www-stat.wharton.upenn.edu/~maolson/docs/cramer.pdf, accessed November 14, 2017).

3. "Good Will Hunting," Box Office Mojo, n.d. (www.boxofficemojo.com/movies/?id=goodwillhunting.htm, accessed December 11, 2017).

4. Samantha Miller, "Sexiest Man Alive: Ben Affleck," *People*, December 2, 2002 (people.com/archive/cover-story-sexiest-man-alive-ben-affleck-vol-58-no-23/, accessed December 11, 2017).

5. Chris Schulz, "The Terrible Film Festival: Gigli Is Even Worse Now Than It Already Was," *New Zealand Herald*, July 19, 2017 (www.nzherald.co.nz/entertainment/news/article.cfm?c_id=1501119&objectid=11892008, accessed December 11, 2017).

6. Xan Brooks, "The 10 Biggest Box Office Flops of All Time—In Pictures," *The Guardian*, March 20, 2012 (www.theguardian.com/film/gallery/2012/mar/20/biggest-box-office-flops-in-pictures, accessed December 11, 2017). 製作費と収益の詳細はBox Office Mojoのデータを参照.

7. "Raiders of the Lost Ark," Box Office Mojo, n.d. (www.boxofficemojo.com/movies/?id = raidersofthelostark.htm, accessed December 11, 2017).

8. William Goldman, *Adventures in the Screen Trade* (New York: Warner Books, 1983), 41.

9. Ben Fritz, "How 'Wonder' Became a Box-Office Hit," *Wall Street Journal*, December 6, 2017 (www.wsj.com/articles/how-wonder-became-a-box-office-hit-1512577852, accessed December 11, 2017). 収益額はBox Office Mojoのデータを参照.

10. Goldman, *Adventures in the Screen Trade*, 42.

11. Pro Football Referenceのデータから著者が数値を算出. (www.pro-football-reference.com/, accessed December 12, 2017).

12. Tony Manfred, "The Baltimore Ravens Have A Brilliant New Philosophy on the NFL Draft," Business Insider, May 5, 2014 (www.businessinsider.com/baltimore-ravens-nfl-draft-philosophy-2014-5, accessed December 12, 2017).

13. Pro Football Reference.

14. Phil Tetlock and Dan Gardner, *Superforecasting: The Art and Science of Prediction* (New York: Crown Publishing, 2015), 4.（土方奈美訳『超予測力——不確実な時代の先を読む10カ条』早川書房，2018年）

15. Tetlock and Gardner, *Superforecasting*, 2015.（土方奈美訳『超予測力——不確実な時代の先を読む10カ条』）

16. Tara Elizabeth Burton, "Could You Be a 'Super-Forecaster'?" BBC Future, January 20, 2015 (www.bbc.com/future/story/20150120-are-you-a-super-forecaster, accessed December 14, 2017).

17. Tetlock and Gardner, *Superforecasting*, 2015.（土方奈美訳『超予測力——不確実な時

代の先を読む10カ条』）

18. Arie Kruglanski and Donna Webster, "Motivated Closing of the Mind: 'Seizing' and 'Freezing'," *Psychological Review*, 103(2), 1996, 263–283.

19. Jennifer Whitson and Adam Galinsky, "Lacking Control Increases Illusory Pattern Perception," *Science*, 322(5898), 2008, 115.

20. Nicholas Turiano, Benjamin Chapman, Stefan Agrigoroaei, Frank Infurna, and Margie Lachman, "Perceived Control Reduces Mortality Risk at Low, Not High, Education Levels," *Health Psychology*, 33(8), 2014, 883–890.

21. Ellen Langer, "The Illusion of Control," *Journal of Personality and Social Psychology*, 32 (2), 1975, 311–328.

22. Whitson and Galinksy, 117.

23. ディズニーは著者が長年にわたって教材にしてきたケーススタディのひとつである. Michael Rukstad and David Collis, "The Walt Disney Company: The Entertainment King," Harvard Business School Case Study 9-701-035, January 5, 2009. ジム・フィールディングがディズニーストア・ワールドワイドの社長を務めていた時代に彼との交流で学んだこともこのセクションに活かした.

24. Tom Petruno, "A Bold Bit of Disney Image-ineering Pays Off," *Los Angeles Times*, January 30, 1995 (articles.latimes.com/1995-01-30/business/fi-26137_1_disney-world, accessed December 15, 2017).

25. Carol Loomis, "The 15% Delusion," *Fortune*, February 5, 2001 (archive.fortune.com/magazines/fortune/fortune_archive/2001/02/05/296141/index.htm, accessed December 15, 2017).

26. Myoung Cha, Bassel Rifai, and Pasha Sarraf. "Pharmaceutical Forecasting: Throwing Darts?" *Nature Reviews Drug Discovery*, 12 (10), 2013, 737.

27. Harlan Sonderling, "Forecasting New Drug Sales Is More Art Than Science," *Business Insider*, April 14, 2014 (www.businessinsider.com/predicting-new-drug-sales-2014-4, accessed December 18, 2017).

28. Carmen Nobel, "Why Companies Fail and How Their Founders Can Bounce Back," Harvard Business School Working Ideas, March 7, 2011 (hbswk.hbs.edu/item/why-companies-fail-and-how-their-founders-can-bounce-back, accessed December 18, 2017).

29. Christopher Mokwa and Soenke Sievers, "Biases in Management Forecasts of Venture-Backed Start-Ups: Evidence from Internal Due Diligence Documents of VC Investors," July 11, 2012 (papers.ssrn.com/sol3/papers.cfm?abstract_id=1714399, accessed December 18, 2017).

30. Steve Blank, "Why the Lean Startup Changes Everything," *Harvard Business Review*, May 2013, 68.（有賀裕子訳「リーン・スタートアップ――大企業での活かし方」『Diamond ハーバード・ビジネス・レビュー』38(8): 46–51）

31. Ashley Stewart, "Which Grocers Do Shoppers Prefer?" *Puget Sound Business Journal*, January 18, 2018 (www.bizjournals.com/bizwomen/news/latest-news/2018/01/which-

grocer-do-shoppers-prefer.html, accessed March 11, 2018).

32. David Ager and Michael Roberto, “Trader Joe’s,” Harvard Business School Case Study 9-714-419, April 8, 2014.

33. Cherie Mercer Twohy, *The I Love Trader Joe's Cookbook* (Berkeley, CA: Ulysses Press, 2009).

34. Ibid., 32

35. Trader Joe's, “About Trader Joe's: Timeline,” Trader Joe's corporate website (www.traderjoes.com/pdf/tjs-timeline.pdf, accessed December 19, 2017).

36. Mark Gardiner, *Build a Brand Like Trader Joe's* (Seattle: Amazon Digital Services, 2012).

37. Trader Joe’s corporate website (www.traderjoes.com/, accessed December 19, 2017). https://buffalonews.com/2018/05/10/wegmans-tops-make-list-of-top-selling-grocers/.

第5章

1. このセクションの記述は，数年前に著者がザッポス本社を訪問したときに実施した調査にもとづく．その際に頭に王冠を載せて玉座に座っている写真を撮ったことを申し添えておく!

2. Micah Solomon, “Tony Hsieh Reveals the Secret to Zappos’ Customer Service Success in One Word,” *Forbes*, June 12, 2017 (www.forbes.com/sites/micahsolomon/2017/06/12/tony-hsieh-spills-the-beans-the-one-word-secret-of-zappos-customer-service-success/#7c506e6d1acc, accessed January 3, 2018).

3. Holacracy, “How It Works,” Holacracy.org (accessed December 27, 2017).

4. Jennifer Reingold, “How a Radical Shift Left Zappos Reeling,” *Fortune*, March 4, 2016 (fortune.com/zappos-tony-hsieh-holacracy/, accessed January 3, 2018).

5. Frederic Laloux, *Reinventing Organizations* (Brussels: Nelson Park, 2014).（フレデリック・ラルー，嘉村賢州解説，鈴木立哉訳『ティール組織——マネジメントの常識を覆す次世代型組織の出現』英治出版，2018年）

6. Rebecca Greenfield, “Zappos CEO Tony Hsieh: Adopt Holacracy or Leave,” *Fast Company*, March 30, 2015 (www.fastcompany.com/3044417/zappos-ceo-tony-hsieh-adopt-holacracy-or-leave, accessed December 28, 2017).

7. ザッポスのホラクラシー導入について詳しく知りたい人は，以下を参照するとよい．Harvard Business School Professor Ethan Bernstein’s interview on the subject (hbr.org/ideacast/2016/07/the-zappos-holacracy-experiment.html); Tony Hsieh’s comments about possible regrets (www.cnbc.com/2016/09/13/zappos-ceo-tony-hsieh-the-thing-i-regret-about-getting-rid-of-managers.html); Jena McGregor’s article in the *Washington Post*: (www.washingtonpost.com/news/on.../wp/.../zappos-gets-rid-of-all-managers/); and Adam Grant’s interview with Tony Hsieh for Knowledge@Wharton (knowledge.wharton.upenn.edu/article/zappos-tony-hsieh-holacracy-right-fit/).

8. Bourree Lam, “Why Are So Many Zappos Employees Leaving?” *The Atlantic*, January 15, 2016 (www.theatlantic.com/business/archive/2016/01/zappos-holacracy-hierarchy/424173/, accessed January 4, 2018).

9. Reingold, "How a Radical Shift Left Zappos Reeling".
10. "100 Best Companies to Work For," *Fortune*, February 2015 (fortune.com/best-companies/2015/, accessed January 6, 2018).
11. Reingold, "How a Radical Shift Left Zappos Reeling".
12. Andy Doyle, "Management and Organization at Medium," Medium.com, March 4, 2016 (blog.medium.com/management-and-organization-at-medium-2228cc9d93e9, accessed January 7, 2018).
13. Jennifer Reingold, "Management Changes at Medium," *Fortune*. March 4, 2016 (fortune.com/2016/03/04/management-changes-at-medium/, accessed January 7, 2018).
14. Bret Sanner and J. Stuart Bunderson, "The Truth about Hierarchy," *MIT Sloan Management Review* 50, Winter 2018.
15. Richard Ronay, Katharine Greenaway, Eric Anicich, and Adam Galinsky, "The Path to Glory Is Paved with Hierarchy: When Hierarchical Differentiation Increases Group Effectiveness," *Psychological Science*, 23(6), 2012, 669–677.
16. Nir Halevy, N., Eileen Chou, Adam Galinsky, and Keith Murnighan, "When Hierarchy Wins: Evidence from the National Basketball Association," *Social Psychological and Personality Science*, 3(4), 2012, 398–406.
17. 以下のリンクのデータを参照してチームのパフォーマンスを調べた．www.basketball-reference.com/, accessed January 22, 2018.
18. Matt Bloom, "The Performance Effects of Pay Dispersion on Individuals and Organizations," *Academy of Management Journal*, 42(1), 1999, 25–40.
19. 1996年5月にエベレストで起きた悲劇について，著者はエド・ヴィエスチャーズとデイヴィッド・ブリーシャーズと何度か話をする機会を得た．悲劇が起きたとき，ふたりはIMAXが製作するドキュメンタリー映画の撮影チームのリーダーとしてエベレストに登っていて，危機的状況に陥っていたマウンテン・マッドネス隊とアドベンチャー・コンサルタンツ隊の救出活動に協力した．この遭難事故に関する著者の調査は以下になる．

    Michael Roberto, "Lessons from Everest: The Interaction of Cognitive Bias, Psychological Safety, and System Complexity," *California Management Review* 45(1), 2002, 136–158; Michael Roberto and Gina Carioggia, "Mount Everest-1996," Harvard Business School Case Study 9–303–061, January 6, 2003.
20. Jon Krakauer, *Into Thin Air* (New York: Anchor Books, 1998), 245.（海津正彦訳『空へ――「悪夢のエヴェレスト」』山と渓谷社，2013年）
21. Krakauer, *Into Thin Air*, 245.（海津正彦訳『空へ』）
22. Krakauer, *Into Thin Air*, 260.（海津正彦訳『空へ』）
23. Eric Anicich, Roderick Swaab, and Adam Galinsky. "Hierarchical Cultural Values Predict Success and Mortality in High-Stakes Teams," *Proceedings of the National Academy of Sciences*, 112(5), 2015, 1338–1343.
24. 1996年5月に起きたエベレストの遭難事故で，マウンテン・マッドネス隊とアドベ

ンチャー・コンサルタンツ隊の5人（ロブ・ホール，スコット・フィッシャー，難波康子，ダグ・ハンセン，アンディ・ハリス）が山頂からの下山途中で命を落とした．

25. Marcia W. Blenko, Michael Mankins, and Paul Rogers, “The Decision-Driven Organization,” *Harvard Business Review*, June 2010, 54–62.

26. Sony, “Sony Corporation Announces Major Reorganization and New Management Team Led by Howard Stringer,” press release, February 27, 2009 (www.sony.net/SonyInfo/News/Press/200902/09-028E/index.html, accessed January 22, 2018). 訳文はソニーの日本語HPによる．http://www.sony.co.jp/SonyInfo/News/Press/200902/09-028/.

27. Sony, “Sony Corporation Names George Bailey Senior Vice President, Corporate Executive and Chief Transformation Officer,” press release, May 15, 2009 (www.sony.net/SonyInfo/News/Press/200905/09-055E/index.html, accessed January 22, 2018).

28. Hiroko Tabuchi, “Incoming Chief Takes on a Sony That Is a Shadow of Its Former Self,” *New York Times*, February 2, 2012 (www.nytimes.com/2012/02/03/technology/incoming-chief-takes-on-a-sony-that-is-a-shadow-of-its-former-self.html, accessed January 22, 2018).

29. Hiroko Tabuchi and Bettina Wassener, “Sony Chief Unveils Plans to Revive Company,” *New York Times*, April 12, 2012.

30. Stephen Heidari-Robinson and Suzanne Heywood, “Assessment: How Successful Was Your Company' s Reorg?” *Harvard Business Review* (Digital Article), February 24, 2017.

31. Marcia W. Blenko, Michael C. Mankins and Paul Rogers, “The Key to Successful Corporate Reorganization,” Forbes.com, July 30, 2010 (www.bain.com/publications/articles/key-to-successful-corporate-reorganization.aspx, accessed January 9, 2018).

32. “Another Reorganization? What to Expect, What to Avoid,” Knowledge@Wharton, July 2, 2003 (knowledge.wharton.upenn.edu/article/another-reorganization-what-to-expect-what-to-avoid/, accessed January 10, 2018).

33. このセクションの内容は，著者が過去数年に何度かグーグルを訪問したときに学んだことにもとづく．

34. Google, “Guide: Understand Team Effectiveness,” Re:Work (rework.withgoogle.com/print/guides/5721312655835136/, accessed January 11, 2018).

35. Google Partners, “Google's Five Keys to a Successful Team,” June 22, 2015 (www.youtube.com/watch?v＝KZlSq_Hf08M&t＝1096s, accessed January 11, 2018).

36. *Miracle*, directed by Gavin O'Connor, Buena Vista Pictures, February 6, 2004.（『ミラクル』ギャヴィン・オコナー監督，ブエナ・ビスタ・ピクチャーズ配給，2004年2月6日公開．日本では劇場未公開）

37. Google Partners, “Google's Five Keys to a Successful Team.”

38. Amy Edmondson, “Psychological Safety and Learning Behavior in Work Teams,” *Administrative Science Quarterly*, 44(2), 1999, 350–383.

39. Amy Edmondson, “Learning from Mistakes Is Easier Said Than Done: Group and

Organizational Influences on the Detection and Correction of Human Error," *Journal of Applied Behavioral Science*, 32, 5–28. 著者はエイミー・エドモンドソンとアニタ・タッカーとともに，学習と改善を推進する一環として医療事故についてオープンに話す試みを導入したミネソタの病院のケーススタディを作成した．以下を参照．Amy Edmondson, Michael Roberto, and Anita Tucker, "Children's Hospital and Clinics (A)," Harvard Business School Case Study 9–302–050, November 15, 2001.

40. 心理的な安全性に関する研究を中心に取り上げたエイミーの名著がある．以下を参照．Amy Edmondson. *Teaming: How Organizations Learn, Innovate, and Compete in the Knowledge Economy* (New York: John Wiley & Sons, 2012).（野津智子訳『チームが機能するとはどういうことか——「学習力」と「実行力」を高める実践アプローチ』英治出版，2014年）

41. スペースシャトル「コロンビア号」の事故について，著者がエイミー・エドモンドソンとリチャード・ボーマーと共著した章，記事，マルチメディア版ケーススタディがある．以下を参照．Amy Edmondson, Michael Roberto, Richard Bohmer, Erika M. Ferlins, and Laura R. Feldman. "The Recovery Window: Organizational Learning Following Ambiguous Threats." In *Organization at the Limit: Lessons from the Columbia Disaster*, ed. William Starbuck and Moshe Farjoun, (New York: Wiley Blackwell, 2005), 220–245; Michael Roberto, Richard Bohmer, and Amy Edmondson, "Facing ambiguous threats," *Harvard Business Review*, November 2006, 106–113; Michael Roberto, Amy Edmondson, Richard Bohmer, Laura Feldman, and Erika Ferlins, "Columbia's Final Mission," Harvard Business School Multi-Media Case Study 9–305–032, March 1, 2005.

42. 2017年7月に実施したジェイソン・パークへのインタビューより．

43. Adam Bryant, "Christa Quarles of Open Table: The Advantage of 'Early, Often, Ugly'," *New York Times*, August 12, 2016 (www.nytimes.com/2016/08/14/business/christa-quarles-of-opentable-the-advantage-of-early-often-ugly.html, accessed January 15, 2018).

44. *Saturday Night Live*, "Netflix Apology," October 1, 2011.

45. Daniel B. Kline, "Netflix CEO Reed Hastings on the Beauty of Making Mistakes," *The Motley Fool*, September 26, 2015 (www.fool.com/investing/general/2015/09/26/netflix-ceo-reed-hastings-on-making-mistakes.aspx, accessed January 15, 2018).

46. "Alan Mulally of Ford: Leaders Must Serve, with Courage," Stanford Graduate School of Business, February 7, 2011 (www.youtube.com/watch?v=ZIwz1KlKXP4, accessed January 15, 2018). ムラーリーはこの話を何度も繰り返し語っている.活字で詳しく知りたい人は以下を参照．Bill Vlasic, *Once Upon a Car: The Fall and Resurrection of America's Big Three Automakers-GM, Ford, and Chrysler* (New York: William Morrow, 2011).

47. Ed Catmull, *Creativity Inc.: Overcoming the Unseen Forces That Stand in the Way of True Inspiration* (New York: Random House, 2014), 90.（石原薫訳『ピクサー流 創造するちから』ダイヤモンド社，2014年）

48 このセクションのピクサーに関する記述は，著者が2014年10月に実施したエド・キャットムルへのインタビューにもとづく．

49. Ed Catmull, Talk from Fortune Brainstorm Tech Conference, July 14, 2015, Aspen, CO (www.youtube.com/watch?v＝VMMKWVIUqm8, accessed January 16, 2018).

50. Ibid.

51. Catmull, *Creativity Inc.*, 101.（石原薫訳『ピクサー流 創造するちから』）

52. Catmull, *Creativity Inc.*, 101.（石原薫訳『ピクサー流 創造するちから』）

53. 2017年1月に著者が実施したダグ・ブラウンへのインタビューより.

54. 2016年3月に著者がサンフランシスコのIDEOを訪問した際に確認.

55. Tracey Kidder, *The Soul of a New Machine* (Boston,MA: Back Bay Books, 2000).（糸川洋訳『超マシン誕生』日経BP, 2010年）

56. Ibid.

57. Data General interviews, Harvard Business School Video, 1996.

58. Ibid.

59. J. Richard Hackman and Greg Oldham. "Motivation through the design of work: Test of a theory," *Organizational Behavior and Human Performance*, 16(2), 1976, 250–279.

60. Ibid.

61. Greg Oldham and Anne Cummings, "Employee Creativity: Personal and Contextual Factors at Work," *Academy of Management Journal*, 39(3), 1996, 607–634.

62 Matt Mayberry, "20 Inspiring and Valuable Quotes on Leadership," Entrepreneur.com, October 27, 2015 (www.entrepreneur.com/article/252099, accessed January 17, 2018).

第 6 章

1. "Bono Speaks," *U2 Magazine 10*, February 1, 1984 (www.atu2.com/news/bono-speaks.html, accessed January 24, 2018).

2. "War," U2.com (www.u2.com/music/Albums/4004/War, accessed January 24, 2018).

3. Steve Pond, "U2: The Joshua Tree," *Rolling Stone*, April 9, 1987 (www.rollingstone.com/music/albumreviews/the-joshua-tree-19870409, accessed January 24, 2018).

4. Lyricshall, "The Unforgettable Fire," Lyricshall.com, n.d. (www.lyricshall.com/albums/U2/The＋Unforgettable＋Fire/, accessed January 24, 2018).

5. Joshua Klein, "Brian Eno and Daniel Lanois Remember the Making of U2's *Unforgettable Fire*," Pitchfork.com, October 23, 2009 (pitchfork.com/news/36883-brian-eno-and-daniel-lanois-remember-the-making-of-u2s-unforgettable-fire/, accessed January 29, 2018).

6. Alex Dobuzinskis, "U2 Took 'Unforgettable' Trip to Castle for '84 Album," Reuters.com, October 26, 2009 (www.reuters.com/article/us-lanois/u2-took-unforgettable-trip-to-castle-for-84-album-idUSTRE59P56220091026, accessed January 24, 2018).

7. *The Making of the Unforgettable Fire*, directed by Barry Devlin, Island Records, 1984.

8. "The Unforgettable Fire," U2.com, n.d. (www.u2.com/music/Albums/4006/The+Unforgettable＋Fire, accessed January 24, 2018).

9. MessyNessy, "Then & Now: The Rolling Stones' French Villa of Debauchery," MessyNessy-

Chic.com, December 23, 2014 (www.messynessychic.com/2014/12/23/then-and-now-the-rolling-stones-french-villa-of-debauchery/, accessed January 25, 2018).

10. “The Untold Story of Bob Dylan's ‘Basement Tapes’: Inside the New Issue,” *Rolling Stone*, November 5, 2014 (www.rollingstone.com/music/news/the-untold-story-of-bob-dylans-basement-tapes-inside-the-new-issue-20141105, accessed January 25, 2018).
11. Trace William Cowen, “Kanye West Reportedly ‘Holed Up’ at the Top of a Mountain in Wyoming Working on New Album,” Complex.com, May 9, 2017 (www.complex.com/music/2017/05/kanye-west-holed-up-top-mountain-wyoming-working-new-album, accessed January 25, 2018).
12. CreativeHuddle, “Creativity: Better Alone or in Groups?” CreativeHuddle.co.uk (www.creativehuddle.co.uk/creativity-better-alone-or-in-groups, accessed January 22, 2018).
13. Thomas Oppong, “The Remarkable Science of Silence: How Solitude Enriches Creative Work,” Medium, April 25, 2017 (medium.com/personal-growth/the-remarkable-science-of-silence-how-solitude-enriches-creative-work-be0eb19b15d0, accessed January 22, 2018).
14. このセクションでは2017年11月に著者がグーグルを訪問したときに学んだことが活かされた．訪問時にジェイク・ナップと面会し，デザインスプリントという方法論が誕生した経緯を目の前で聞かせてもらった．また，カイ・ヘイリーが招待してくれたおかげで初のグーグル・デザインスプリント・カンファレンスに参加することができ，そこでジェイク・ナップだけでなく，エアビーアンドビー，フェイスブック，ウーバー，インテュイット，ドロップボックス，IDEO，マイクロソフトなど多くの企業のデザインスプリントの専門家たちから話を聞くことができた．
15. Jake Knapp, John Zeratsky, and Braden Kowitz. *Sprint: How to Solve Big Problems and Test New Ideas in Just Five Days* (New York: Simon & Schuster, 2016), 38.（櫻井祐子訳『SPRINT 最速仕事術——あらゆる仕事がうまくいく最も合理的な方法』ダイヤモンド社，2017年）
16. Jake Knapp, “Tour of the GV Sprint Room in San Francisco,” LinkedIn, February 1, 2016 (www.linkedin.com/pulse/tour-gv-sprint-room-san-francisco-jake-knapp/, accessed January 29, 2018).
17. Gloria Mark, Victor Gonzalez, and Justin Harris. “No Task Left Behind? Examining the Nature of Fragmented Work,” *Proceedings of the SIGCHI conference on Human factors in computing systems*, ACM, 2005, 321–330.
18. Kermit Pattison, “Worker, Interrupted: The Cost of Task Switching,” *Fast Company*, July 28, 2008 (www.fastcompany.com/944128/worker-interrupted-cost-task-switching, accessed January 29, 2018).
19. Cyrus Foroughi, Nicole Werner, Erik Nelson, and Deborah Boehm-Davis, “Do Interruptions Affect Quality of Work?” *Human Factors*, 56(7), 2014, 1262–1271.
20. Eyal Ophir, Clifford Nass, and Anthony D. Wagner, “Cognitive control in media

multitaskers," *Proceedings of the National Academy of Sciences*, 106(37), 2009, 15583–15587.

21. David Sanbonmatsu, David Strayer, Nathan Medeiros-Ward, and Jason Watson, "Who Multi-tasks and Why? Multi-tasking Ability, Perceived Multi-tasking Ability, Impulsivity, and Sensation Seeking," *PloS one*, 8(1), 2013, e54402.

22. David Doughan, "J. R. R. Tolkien: A Biographical Sketch," The Tolkien Society, 2018 (www.tolkiensociety.org/author/biography/, accessed January 30, 2018).

23. "C. S. Lewis, J. R. R. Tolkien, and the Inklings," CSLewis.com, April 16, 2009 (www.cslewis.com/c-s-lewis-j-r-r-tolkien-and-the-inklings/, accessed January 30, 2018).

24. Maev Kennedy, "From the North Pole to Middle-Earth: Tolkien's Christmas Letters to His Children," *The Guardian*, December 19, 2017 (www.theguardian.com/books/2017/dec/19/north-pole-middle-earth-tolkien-christmas-letters-children, accessed January 30, 2018).

25. "JRR Tolkien Trained as a British Spy," *The Telegraph*, September 16, 2009 (www.telegraph.co.uk/news/uknews/6197169/JRR-Tolkien-trained-as-British-spy.html, accessed January 30, 2018).

26. "Best-Selling Novels the Critics Hated," Forbes.com, n.d. (www.forbes.com/pictures/mfg45hihf/lord-of-the-rings-jrr-tolkien/#3710457d7b86, accessed January 30, 2018).

27. Ron Powers, *Mark Twain: A Life* (New York: Free Press, 2005).

28. 手紙は以下のサイトで確認することができる．*Mark Twain Project Online* (www.marktwainproject.org/, accessed January 31, 2018).

29. Henry Nash Smith, Mark Twain: *A Collection of Critical Essays* (Englewood Cliffs, NJ: Prentice Hall, 1963), 89.

30. "Mississippi River Tour 1882 Itinerary," TwainQuotes.com, (www.twainquotes.com/Steamboats/Itinerary1882.html, accessed February 2, 2018).

31. Robert B. Brown, "One Hundred Years of Huck Finn," *American Heritage magazine* 35(4), June/July 1984 (www.americanheritage.com/content/one-hundred-years-huck-finn, accessed January 31, 2018).

32. Walter Blair, *Essays on American Humor: Blair through the Ages*, ed. Hamlin Hill (Madison, WI: University of Wisconsin Press, 1993), 199.

33. Srini Pillay, "Your Brain Can Only Take So Much Focus," *Harvard Business Review* (Digital Article), May 12, 2017.

34. Ferris Jabr, "Why Walking Helps Us Think," *The New Yorker*, September 3, 2014.

35. Rebecca Solnit, *Wanderlust: A History of Walking* (New York: Penguin Books, 2000), 77.（東辻賢治郎訳『ウォークス　歩くことの精神史』左右社，2017年）

36. Evan Polman and Kyle Emich, "Decisions for Others Are More Creative Than Decisions for the Self," *Personality and Social Psychology Bulletin*, 37(4), 2011, 492–501.

37. Denis Dumas and Kevin Dunbar, "The Creative Stereotype Effect," *PloS one*, 11(2), 2016, e0142567.

38. このセクションの内容は，著者がカナダのサン・ライフ・ファイナンシャルで実施してハーバード・ビジネス・スクールのケーススタディとして公開した調査に

もとづく. Michael Roberto, “Strategic Planning at Sun Life,” Harvard Business School Case Study 9-301084, August 1, 2001.

39. Ibid., 37

40. Roberto, “Strategic Planning at Sun Life,” 13.

41. Roberto, “Strategic Planning at Sun Life,” 13.

42. Roberto, “Strategic Planning at Sun Life,” 15.

43. Tim Brown, *Change by Design: How Design Thinking Transforms Organizations and Inspires Innovation*, (New York: Harper Business, 2009). (千葉敏生訳『デザイン思考が世界を変える』早川書房, 2014年)

44. 赤チームについては, 著者がフォートブラッグ, 空軍戦争大学, ウエスト・ポイントの陸軍士官学校を訪問した際に学んだ.

45. Lile Jia, Edward Hirt, and Samuel Karpen, “Lessons from a Faraway Land: The Effect of Spatial Distance on Creative Cognition,” *Journal of Experimental Social Psychology*, 45(5) 2009, 1127–1131.

46. 聖アウグスティヌスのこの言葉は著者が通う教会のマーク・コイロ神父のお気に入りで, 著者は神父から教えてもらった.

47. Tom Kelley and David Kelley, *Creative Confidence: Unleashing the Creative Potential Within Us All* (New York: Crown Business, 2013), 77. (千葉敏生訳『クリエイティブ・マインドセット——想像力・好奇心・勇気が目覚める驚異の思考法』日経BP, 2014年)

48. Frédéric Godart, William Maddux, Andrew Shipilov, and Adam Galinsky, “Fashion with a Foreign Flair: Professional Experiences Abroad Facilitate the Creative Innovations of Organizations,” *Academy of Management Journal*, 58(1), 2015, 195–220.

49. Blair Farris, “On the Go with Blythe Harris,” Peachy, August 2, 2017 (peachythemagazine.com/2017/08/on-the-go-with-blythe-harris/, accessed February 2, 2018).

50. David Chiu, “The Beatles in India: 16 Things You Didn't Know,” *Rolling Stone*, February 12, 2018 (www.rollingstone.com/music/lists/the-beatles-in-india-16-things-you-didnt-know-w516195, accessed March 4, 2018).

51. Ibid.

52. Ibid.

53. The Beatles, *The Beatles Anthology* (San Francisco, CA: Chronicle Books, 2000), 305. (ザ・ビートルズ・クラブ訳『THE BEATLES ANTHOLOGY』リットーミュージック, 2000年)

54. Dave Swanson, “50 Years Ago: The Beatles Meet the Maharishi,” UltimateClassicRock.com, February 15, 2016 (ultimateclassicrock.com/the-beatles-india-maharishi/, accessed March 4, 2018).

55. Jens Förster, Ronald Friedman, and Nira Liberman, “Temporal Construal Effects on Abstract and Concrete Thinking: Consequences for Insight and Creative Cognition,” *Journal of Personality and Social Psychology*, 87(2), 2004, 177–189.

56. Jillian D'Onfro, “Why Amazon Forces Its Developers to Write Press Releases,” *Business*

Insider, March 12, 2015 (www.businessinsider.com/heres-the-surprising-way-amazon-decides-what-new-enterprise-products-to-work-on-next-2015-3, accessed February 5, 2018).

57. Ibid., 55

58. Andre Faria, "Try an Internal Press Release before Starting New Products," March 21, 2014 (medium.com/bluesoft-labs/try-an-internal-press-release-before-starting-new-products-867703682934, accessed February 5, 2018).

59. U2 and Neil McCormick, *U2 by U2* (New York: Harper Collins, 2009), 188.（前むつみ監訳，久保田祐子訳『U2 BY U2』シンコーミュージック・エンタテイメント，2006年）

60. PBS, "Mark Twain: About the Film," n.d. (www.pbs.org/marktwain/scrapbook/06_connecticut_yankee/page2.html, accessed January 31, 2018).

第 7 章

1. Ephraim Kam, *Surprise Attack: A Victim's Perspective* (Cambridge, MA: Harvard University Press, 2004), 92.

2. Bruce Riedel, "Enigma: The Anatomy of Israel's Intelligence Failure Almost 45 Years Ago," *Brookings Institution Report*, September 25, 2017 (www.brookings.edu/research/enigma-the-anatomy-of-israels-intelligence-failure-almost-45-years-ago/, accessed February 8, 2018).

3. Ibid.

4. Ibid.

5. Mitch Ginsburg, "Golda Meir: 'My Heart Was Drawn to a Preemptive Strike, but I Was Scared' ," *The Times of Israel*, September 12, 2013 (www.timesofisrael.com/golda-meir-my-heart-was-drawn-to-a-preemptive-strike-but-i-was-scared/, accessed February 8, 2018).

6. Center for Israel Education, "Agranat Commission of Inquiry Interim Report (April 1974)," 2015 (israeled.org/wp-content/uploads/2015/06/1974.4-Agranat-Commission-of-Inquiry-Interim-Report.pdf, accessed February 8, 2018).

7. Yosef Kuperwasser, "Lessons from Israel's Intelligence Reforms," *Brookings Institution Analysis Paper*, October 2007 (www.brookings.edu/wp-content/uploads/2016/06/10_intelligence_kuperwasser.pdf, accessed February 7, 2018).

8. Charlan Nemeth, Keith Brown, and John Rogers, "Devil's Advocate versus Authentic Dissent: Stimulating Quantity and Quality," *European Journal of Social Psychology*, 31(6), 2001, 707–720.

9. 2010年4月に著者が実施したキンボール・ホールへのインタビューより．

10. Adam Bryant, "Bob Pittman of Clear Channel on the Value of Dissent," *New York Times*, November 16, 2013 (www.nytimes.com/2013/11/17/business/bob-pittman-of-clear-channel-on-the-value-of-dissent.html, accessed February 12, 2018).

11. Adam Bryant, "Ori Hadomi of Mazor Robotics on Choosing Devils Advocates' ," *New York*

Times, December 24, 2011 (www.nytimes.com/2011/12/25/business/ori-hadomi-of-mazor-robotics-on-choosing-devils-advocates.html, accessed February 8, 2018).

12. Jake Knapp, John Zeratsky, and Braden Kowitz, *Sprint: How to Solve Big Problems and Test New Ideas in Just Five Days* (New York: Simon & Schuster, 2016), 35.（櫻井祐子訳『SPRINT最速仕事術』）．2017年11月に開催されたグーグル・デザインスプリント・カンファレンスで著者が話したデザインスプリントの専門家の多くは，トラブルメーカーという役割が持つ重要性について議論していた．また，その役割を振る相手を賢く選ぶ必要があるとも語っていた．

13. Richard Banfield, C. Todd Lombardo, and Trace Wax, *Design Sprint: A Practical Guidebook for Building Great Digital Products*. (Sebastopol, CA: O'Reilly Media, 2015).（牧野聡訳，安藤幸央，佐藤伸哉監修『デザインスプリント――プロダクトを成功に導く短期集中実践ガイド』オライリージャパン，2016年）

14. David Schweiger, William Sandberg, and James Ragan, "Group Approaches for Improving Strategic Decision Making: A Comparative Analysis of Dialectical Inquiry, Devil's Advocacy, and Consensus," *Academy of Management Journal*, 29, 1986, 51 – 71; David Schweiger, William Sandberg, and Paula Rechner, "Experimental Effects of Dialectical Inquiry, Devil's Advocacy, and Consensus Approaches to Strategic Decision Making," *Academy of Management Journal*, 32, 1989, 745–772.

15. 共有情報バイアス研究の先駆けはギャロルド・ステイサーである．以下を参照．Garold Stasser, and William Titus, "Pooling of Unshared Information in Group Decision-Making: Biased Information Sampling during Discussion," *Journal of Personality and Social Psychology*, 48(6), 1985, 1467 – 1478; Garold Stasser and Dennis Stewart, "Discovery of Hidden Profiles by Decision-Making Groups: Solving a Problem versus Making a Judgment," *Journal of Personality and Social Psychology*, 63(3), 1992, 426–434.

16. Brian Waddell, Michael Roberto, and Sukki Yoon, "Uncovering Hidden Profiles: Advocacy in Team Decision Making," *Management Decision*, 51(2), 2013, 321–340.反論に関する著者の調査については以下に詳しい．Michael Roberto, *Why Great Leaders Don't Take Yes for an Answer*, 2nd edition (Upper Saddle River, NJ: FT Press, 2013).（スカイライトコンサルティング訳『決断の本質――プロセス志向の意思決定マネジメント』英治出版，2006年）

17. Tom Kelley and Jonathan Littman, *The Ten Faces of Innovation* (New York: Doubleday, 2005), 2.（鈴木主税訳『イノベーションの達人！――発想する会社をつくる10の人材』早川書房，2006年）

18. Theodore Roosevelt, "Citizenship in a Republic," speech delivered at the Sorbonne, Paris, France, April 23, 1910, qtd. in "The Man in the Arena," Theodore-Roosevelt.com, n.d. (www.theodore-roosevelt.com/trsorbonnespeech.html, accessed February 13, 2018).

19. Steven Rattner, "A Look Inside Paul Volcker's Fed," *New York Times*, May 3, 1981 (www.nytimes.com/1981/05/03/business/a-look-inside-paul-volcker-s-fed.html, accessed February 14, 2018).

20. インフレーションに関するデータは以下から引用．InflationData.com, "Consumer Price Index 1980–1989" and "Consumer Price Index 1970–1979," n.d. (accessed February 14, 2018).
21. William Greider, *Secrets of the Temple: How the Federal Reserve Runs the Country* (New York: Touchstone, 1987), 81.
22. 連邦公開市場委員会でのすべての反対票に関する記録は以下で確認できる．www.stlouisfed.org/about-us/resources/a-history-of-fomc-dissents (accessed February 16, 2018).
23. Rattner, 1981.
24. Greider, *Secrets of the Temple*, 201.
25. Greider, *Secrets of the Temple*, 201.
26. 以下のサイトを使って数値を算出した．Bureau of Labor Statistics inflation calculator: (data.bls.gov/cgi-bin/cpicalc.pl, accessed February 14, 2018).
27. InflationData.com, "Consumer Price Index 1980–1989."
28. Basketball-Reference.com (www.basketball-reference.com/, accessed February 15, 2018).
29. Marcel Mutoni, "Derrick Rose 'Numb' to Tom Thibodeau's Complaints," Slam, October 15, 2014 (www.slamonline.com/nba/derrick-rose-numb-tom-thibodeaus-complaints/, accessed February 15, 2018).
30. Steve Rosenbloom, "Is Thibs' Sky Falling and Are His Players Listening?" *Chicago Tribune*, October 15, 2014 (www.chicagotribune.com/sports/rosenblog/chi-tom-thibodeau-bulls-criticism-20141015-column.html, accessed February 15, 2018).
31. Adam Bryant, "Kevin E. Lofton of Catholic Health Initiatives: Designate a Devil's Advocate," *New York Times*, August 8, 2015 (www.nytimes.com/2015/08/09/business/kevin-e-lofton-of-catholic-health-initiatives-designate-a-devils-advocate.html, accessed February 8, 2018).
32. John Zinkin, "Letter to the Editor," *Financial Times*, October 19, 2011 (www.ft.com/content/4a637670-f8e5-11e0-a5f7-00144feab49a, accessed February 15, 2018).
33. Solomon Asch, "Effects of Group Pressure upon the Modification and Distortion of Judgments," In H. Guetzkow (ed.) *Groups, Leadership and Men* (Pittsburgh, PA: Carnegie Press, 1951).
34. Ibid.
35. Serge Moscovici, Elisabeth Lage, and Martine Naffrechoux, "Influence of a Consistent Minority on the Responses of a Majority in a Color Perception Task," *Sociometry*, 1969, 365–380.
36. Jack Arbuthnot and Marc Wayner, "Minority Influence: Effects of Size, Conversion, and Sex," *The Journal of Psychology*, 111(2), 1982, 285–295.
37. Aon Hewitt, "Better Boards: Aon Research Report," 2017 (www.aon.com/unitedkingdom/attachments/retirement-investment/trustee-effectiveness/Better-Boards.pdf, accessed February 19, 2018).

38. Irving Janis, *Victims of Groupthink*, 2nd edition (Boston: Wadsworth, 1982), 141.
39. 2005年4月に著者はロバート・マクナマラと一日を過ごす機会があった．ジャン・リヴキン教授とともにハーバード・ビジネス・スクールでの講演を依頼したところ，彼は引き受けてくれたのだ．このときに，キューバミサイル危機の詳細や，ロバート・ケネディとテッド・ソレンセンが果たした役割について話を聞いた．彼は終始，意思決定プロセスにおける建設的な対立の重要性を強調していた．
40. このエピソードは2011年にグーグルで行われたティナ・フェイとエリック・シュミットとの対談で披露された．そのときの動画が以下になる．www.youtube.com/watch?v＝M8Mkufm3ncc (accessed February 20, 2018).
41. Tina Fey, *Bossypants*, (New York: Reagan Arthur Books, 2011), 84.
42. 2017年11月に著者がグーグルを訪問したときに，ジェイク・ナップが「ワーク・アローン・トゥゲザー」について語ってくれた．また，以下の本でもこの哲学について触れている．Knapp, Zeratsky, and Kowitz, *Sprint*.（櫻井祐子訳『SPRINT 最速仕事術』）
43. Scott Berkun, “In Defense of Brainstorming,” ScottBerkun.com, February 13, 2012 (scottberkun.com/2012/in-defense-of-brainstorming-2/, accessed February 20, 2018).
44. William Ury. *Getting Past No: Negotiating Your Way from Confrontation to Cooperation* (New York: Bantam Books, 1993).（斎藤精一郎訳『【決定版】ハーバード流 “NO” と言わせない交渉術』三笠書房，2010年）
45. このエピソードは2017年11月のグーグル・デザインスプリント・カンファレンスにて，LUMAインスティテュートのヴィディヤ・ディナマニから教えてもらった．
46. *The Paper Chase*, directed by James Bridges, Twentieth Century Fox Corporation, 1973.（『ペーパーチェイス』ジェームズ・ブリッジズ監督，20世紀フォックス製作・配給，1973年）
47. 2017年7月25日に著者が実施したアンソニー・レスティヴォへのインタビューより．
48. Louis Gerstner, Jr., *Who Says Elephants Can't Dance?* (New York: Harper Business, 2003), 193.（山岡洋一，高遠裕子訳『巨象も踊る』日本経済新聞社，2002年）
49. Ryan Tate, “My Amazing Email Exchange with Steve Jobs,” *Business Insider*, May 16, 2010 (www.businessinsider.com/my-amazing-email-exchange-with-steve-jobs-2010-5, accessed February 12, 2018).
50. Ibid.

第 8 章

1. Rajendrani Mukhopadhyay, “‘On the Same Wavelength’,” *ASBMB Today*, August 2014 (www.asbmb.org/asbmbtoday/201408/Features/Doudna/, accessed February 26, 2018).
2. Melissa Pandika, “CRISPR Pioneer Jennifer Doudna Shares Her Outlook for the Groundbreaking Gene-Editing Tool,” *Chemical & Engineering News*, 95(17), April 18, 2017, 28–29 (cen.acs.org/articles/95/i17/CRISPR-pioneer-Jennifer-Doudna-shares-her-outlook-for-the-groundbreaking-gene-editing-tool.html, accessed February 26, 2018).

3. Jennifer Kahn, "The Crispr Quandary," *The New York Times Magazine*, November 9, 2015 (www.nytimes.com/2015/11/15/magazine/the-crispr-quandary.html, accessed February 26, 2018).
4. Ibid.
5. Mukhopadhyay, "'On the Same Wavelength.'"
6. Ibid.
7. Ibid.
8. Kahn, "The Crispr Quandary."
9. "The 100 Most Influential People 2015," *Time*, April 16, 2015 (time.com/collection/2015-time-100/, accessed February 26, 2018).
10. Matthias Gruber, Bernard Gelman, and Charan Ranganath. "States of Curiosity Modulate Hippocampus-Dependent Learning via the Dopaminergic Circuit," *Neuron*, 84(2), 2014, 486–496.
11. Andy Fell, "Curiosity Helps Learning and Memory," Egghead blog, UC Davis, October 2, 2014 (blogs.ucdavis.edu/egghead/2014/10/02/curiosity-helps-learning-and-memory/, accessed February 27, 2018).
12. Patti Firth, "Talking Inquiry: Making a Wonder Wall," MadlyLearning.com, August 6, 2015 (www.madlylearning.com/wonderwall/, accessed March 1, 2018).
13. James Ryan, *Wait, What? And Life's Other Essential Questions* (New York: HarperOne, 2017).（新井ひろみ訳『Wait, What?――ハーバード発、成功を導く「5つの質問」』ハーパーコリンズ・ジャパン，2018年）
14. Peter Gamwell and Jane Daly, *The Wonder Wall: Leading Creative Schools and Organizations in an Age of Complexity* (Thousand Oaks, CA: Corwin Press, 2017), 2.
15. Peter Drucker, *The Practice of Management* (New York: Harper Row, 1954), 351.（上田惇生訳『現代の経営 上』『現代の経営 下』ダイヤモンド社，2006年）
16. Firth, "Talking Inquiry: Making a Wonder Wall."
17. Daniel Willingham, *Why Don't Students Like School* (New York: John Wiley & Sons, 2009).（恒川正志訳『教師の勝算――勉強嫌いを好きにする9の法則』東洋館出版社，2019年）
18. George Lowenstein, "The Psychology of Curiosity: A Review and Reinterpretation," *Psychological Bulletin*, 116(1), 1994, 75–98.
19. 2017年9月に著者が聴講したハリー・クレーマーの講義でこの話が語られた．
20. Jennifer V. Miller, "Leaders Who Listen Create Space for Great Ideas to Emerge," SmartBrief.com, June 13, 2017 (www.smartbrief.com/original/2017/06/leaders-who-listen-create-space-great-ideas-emerge, accessed March 2, 2018).
21. Cameron Herold, "Why Leaders Should Speak Last in Meetings," *The Globe and Mail*, March 24, 2017 (www.theglobeandmail.com/report-on-business/careers/leadership-lab/why-leaders-should-speak-last-in-meetings/article31934105/, accessed March 2, 2018).
22. Marjee Chmiel, "Stories of Challenge and Triumph: Using History of Science in Our

Science Teachiner," Smithsonian Science Education Center website, n.d. (ssec.si.edu/stemvisions-blog/stories-challenge-and-triumph-using-history-science-our-science-teachiner, accessed March 3, 2018).

23. Xiaodong Lin-Siegler, Janet Ahn, Jondou Chen, Fu-Fen Anny Fang, and Myra Luna-Lucero, "Even Einstein Struggled: Effects of Learning about Great Scientists' Struggles on High School Students' Motivation to Learn Science," *Journal of Educational Psychology*, 108(3), 2016, 314–328.
24. Amy Edmondson, *Teaming: How Organizations Learn, Innovate, and Compete in the Knowledge Economy* (San Francisco, CA: Jossey-Bass, 2014). (野津智子訳『チームが機能するとはどういうことか——「学習力」と「実行力」を高める実践アプローチ』英治出版, 2014年)
25. Kathleen Elkins, "The Surprising Dinner Table Question That Got Billionaire Sara Blakely to Where She Is Today," *Business Insider*, April 3, 2015 (www.businessinsider.com/the-blakely-family-dinner-table-question-2015-3, accessed March 5, 2018).
26. Shana Lebowitz, "A Self-Made Billionaire Explains How Britney Spears Helped Her Teach a Key Business Lesson to Her Employees," *Business Insider*, June 22, 2016 (www.businessinsider.com.au/sara-blakely-teaches-spanx-employees-to-embrace-failure-2016-6, accessed March 5, 2018).
27. Tom Peters Company, "Clark, Maxine," Tom Peters Company website, 2006 (tompeters.com/cool-friends/clark-maxine/, Accessed March 6, 2018).
28. Maxine Clark and Amy Joyner, *The Bear Necessities of Business: Building a Company with Heart* (New York: Wiley, 2007).
29. Tom Peters Company, "Clark, Maxine."
30. Anne Neville, "Award-Winning Niagara Falls Teacher Learns from Parents During House Calls," *The Buffalo News*, February 1, 2018 (buffalonews.com/2018/01/31/award-winning-teacher-learns-a-lessons-from-parents/, accessed March 6, 2018).
31. Ibid.
32. Hunter Gehlbach, Maureen Brinkworth, Aaron King, Laura Hsu, Joseph McIntyre, and Todd Rogers, "Creating Birds of Similar Feathers: Leveraging Similarity to Improve Teacher–Student Relationships and Academic Achievement," *Journal of Educational Psychology*, 108(3), 2016, 342–352.
33. 著者がこの取り組みを初めて知ったのは, 2012年12月にバージニア州アーリントンで開催されたヒューマン・リソース・リーダーシップ・フォーラムのミーティングでヒルトンホテルの人材・組織開発責任者を務めていたキモ・キッペンと話したときである.
34. Scott Mayerowitz, "How Hilton's CEO Led the Company's Massive Turnaround," *Inc.*, July 30, 2014 (www.inc.com/associated-press/how-hilton-ceo-turned-around-his-hotel-business.html, accessed March 3, 2018).
35. Willingham, *Why Don't Students Like School*, 144. (恒川正志訳『教師の勝算——勉強嫌

いを好きにする9の法則』東洋館出版社，2019年）

36. David Yeager, Valerie Purdie-Vaughns, Julio Garcia, Nancy Apfel, Patti Brzustoski, Allison Master, William Hessert, Matthew Williams, and Geoffrey Cohen, "Breaking the Cycle of Mistrust: Wise Interventions to Provide Critical Feedback across the Racial Divide," *Journal of Experimental Psychology*: General, 143(2), 2014, 804–824.

37. キャシー・マロワ先生は何十年ものあいだエセックス小学校で教鞭をとった．私をはじめとする多くの生徒に多大な影響を与えてくれたことに心から感謝する．

38. Nico Bunzeck and Emrah Düzel, "Absolute Coding of Stimulus Novelty in the Human Substantia Nigra/VTA," *Neuron*, 51(3), 2006, 369–379.

39. David Scharfenberg, "MIT's Zuckerman on Building a More Cosmopolitan Internet," WBUR News, July 17, 2013 (legacy.wbur.org/2013/07/17/zuckerman-rewire-interview, accessed March 8, 2018).

40. Gina Sclafani, "The Creative Benefits of Exploring the Uncomfortable," *Fast Company*, May 10, 2012 (www.fastcompany.com/1680766/the-creative-benefits-of-exploring-the-uncomfortable, accessed March 12, 2018).

41. Ibid.

教材に適した資料一覧（英語）

創造力のかき立て方を学習する際の教材に適したものをリストアップした。学校の授業や、社内で取り組むリーダーシップ開発プログラム等で活用してほしい。

Case Studies

Ryan Buell and Andrew Otazo, "Human-Centered Service Design," Harvard Business School Case Study 9–615–022, January 29, 2016.

Roy Chua and Robert Eccles, "Managing Creativity at Shanghai Tang," Harvard Business School Case Study 9–410–018, August 3, 2009.

M. Julia Prats, Javier Quintanilla, and Jordan Mitchell, "elBulli's Magic Recipe," IESE Business School Case Study 0–608–017, October 13, 2008.

Stefan Thomke and Barbara Feinberg, "Design Thinking and Innovation at Apple," Harvard Business School Case Study 9–609–066, May 1, 2012.

Simulations

Michael A. Roberto, *New Venture Exercise: The Food Truck Challenge*, Harvard Business Publishing, 2016.

Michael A. Roberto and Amy C. Edmondson, *Everest Leadership and Team Simulation——Version 3.0*, Harvard Business School Publishing, 2017.

Toolkits and Handbooks

IDEO's Human-Centered Design Toolkit (www.ideo.com/post/design-kit).

Stanford d.school's Design Thinking Bootleg (dschool.stanford.edu/resources/the-bootcamp-bootleg).

Google's Design Sprint Kit (designsprintkit.withgoogle.com/).

Luma Institute's Innovating For People Handbook Of Human-Centered Design Methods (www.luma-institute.com/products-and-services/workshops/fundamentals-innovation-human-centered-design/).

Articles

Allison G. Butler and Michael A. Roberto, "When Cognition Interferes with

Innovation: Overcoming Cognitive Obstacles to Design Thinking." *Research-Technology Management*. 61, no. 3 (2018): 45–51.

Ed Catmull, "How Pixar Fosters Collective Creativity," *Harvard Business Review* 86, no. 9 (2008): 64–72.（鈴木英介訳「ピクサー：創造力のプラットフォーム――ヒット・メーカーの知られざる組織文化」『Diamondハーバード・ビジネス・レビュー』33(12): 70–83）

Linda Hill, Greg Brandeau, Emily Truelove, and Kent Lineback, "Collective-genius," *Harvard Business Review* 92, no. 6 (2014): 94–102.（飯野由美子訳「グーグルを成功に導いた『集合天才』のリーダーシップ――イノベーションを生み出し続ける組織」『Diamondハーバード・ビジネス・レビュー』40(5): 98–111）

TomKelley and David Kelley, "Reclaim your creative confidence," *Harvard Business Review* 90, no. 12 (2012): 115–118.（「IDEO流 創造性を取り戻す4つの方法――恐れを克服し、自由な発想を生み出す」『Diamondハーバード・ビジネス・レビュー』39(11): 62–71）

Jennifer Riel and Roger Martin, "An integrative methodology for creatively exploring decision choices," *Strategy & Leadership* 45, no. 5 (2017): 3–9.

TED Talks

Tim Brown, "Tales of Creativity and Play," 2008.

Julie Burstein, "4 Lessons in Creativity," 2012.

Elizabeth Gilbert, "Your Elusive Creative Genius," 2009.

Steven Johnson, "Where Good Ideas Come From," 2010.

Ken Robinson, "Do Schools Kill Creativity?" 2006.

Amy Tan, "Where Does Creativity Hide?" 2008.